中国管理

CHINESE PHILOSOPHY OF MANAGEMENT

哲  学

曾仕强 著

北京联合出版公司
Beijing United Publishing Co.,Ltd.

图书在版编目（CIP）数据

中国管理哲学 / 曾仕强著 . -- 北京：北京联合出
版公司，2023.10
ISBN 978-7-5596-7189-9

Ⅰ.①中…　Ⅱ.①曾…　Ⅲ.①管理学－哲学－中国
Ⅳ.① C93-02

中国国家版本馆 CIP 数据核字 (2023) 第 156340 号

本书经三民书局股份有限公司授权，同意由北京新华先锋出版科技
有限公司及北京联合出版公司在中国大陆地区（香港、澳门及台湾除外）
出版中文简体字版本。非经书面同意，不得以任何形式任意重制、转载。

中国管理哲学

作　　者：曾仕强
出 品 人：赵红仕
责任编辑：管　文
封面设计：王　鑫

北京联合出版公司出版
（北京市西城区德外大街83号楼9层 100088）
北京新华先锋出版科技有限公司发行
大厂回族自治县德诚印务有限公司印刷　新华书店经销
字数261千字　620毫米×889毫米　1/16　20印张
2023年10月第1版　2023年10月第1次印刷
ISBN 978-7-5596-7189-9
定价：68.00元

PREFACE **序 言**

　　中国人希望成为真正的中国人，是古今共有的心态；中国人未必都能了解怎样才是真正的中国人，则是不分知识分子与非知识分子，普遍存在的事实。虽然近代中国人遭遇西方激烈的挑战，一时难以妥善响应，产生严重的屈辱感与浓厚的自卑感。有人崇洋媚外，更有人绝望求去，似乎对于祖国的离心大于向心，幸好这只是当前特殊环境所造成的奇景幻象，并不代表中国人的民族性有何重大的改变。相信时过境迁，不久的将来，弘扬传统文化的强大中国，塑造完成，又是海内外中国人落叶归根、朝思暮想的故土。但是，中国人不了解自己的文化，不明白真正中国人的形象，才是值得焦虑的所在。五四运动以后，对中国文化价值的种种怀疑论调，引发盲目的全盘西化，高级知识分子言谈之间，亦常抱怨传统的包袱太重。根本原因，在于"不识庐山真面目，只缘身在此山中"。

　　近三百年来，西方的科学与民主，成为中国人醉心追求的对象。然而科学化与民主化的结果，除了带给我们物质生活的改变以及产生一些美式的选举活动之外，对于中国人之为中国人并没有太大的影响。因为中国人的长处，就是十分随和，你喊科学，他喊科学，我不妨也跟着喊科学，到底什么是科学，仍旧抱持不求甚解的态度，不认真加以理会。至于民主，要民主马上就有民主，我这个样式本来便是民主，充分显现中国人以不变应万变的沉着本色。何况我国文化，原本含有民主性与科学性，更加强了一些卫道之士"西方有的我们也有"的信心，使得科学无法生根，民主也难以落实。

但是，管理的冲击，却使大多数的中国人，卷入了改变意识形态和生活方式的浪潮。如果我们指出中国近十数年来科技的进步，是管理所促成的；假若我们认为中国的民主化与管理的改革有非常密切的关系。平心而论，应该是可能接受的事实。管理使得科学教育逐渐踏实而趋于正常，管理催促科学实验与研究加速进行，管理本身的科学化加强大众对科学的认识与了解。民主化的管理，也加深管理者和被管理者的民主意识，改变公众对民主的看法和想法，促使社会各界，快速地迈向民主的境域。由于每一个人，不是管理者即是被管理者，或者同时是管理者又是被管理者，切身承受，不能像对付科学和民主那样，漠不关心。所以管理的影响力，委实既大且深！

不幸的是，我们所急切推行的，几乎全盘是西方的管理，无论人事、财务、生产、销售，甚至小如仓库管理、档案管理、图书管理，大至行政管理、交通管理、都市管理，都是西方模式，照本全收。尽管我们大声疾呼，要复兴中华文化，要建设文化大国，乃至要加速文化反攻，前面似乎是堵住了，门警森严；后门却是打开了，一无防守。而且我们又大力提倡管理，强调管理，恐怕不知不觉之中，我们所有的，只是一个没有中国人的中国；我们所持以反攻的文化，也不再是中华文化，那才是中华民族永无翻身之日的悲惨命运。

所幸十几年来，我们的管理，仅注重于工具的运用和制度的建立，对于管理理论，仍乏系统化的整理，更谈不上管理哲学的建构，尚未造成严重的灾害。目前见及的，只是"重物轻人""把人当作机器""技术至上""资金第一"等等不正当观念的普遍流行，以致"技术领导政策""财经重于行政""重视自然科学而忽视社会科学""应用科学优于理论科学"等等不正常现象到处泛滥。各种机构团体，形成士气的虚胀；多数管理人员，处于众叛亲离的困境。中华文化的两大支柱：道德日越沉沦，艺术气氛也越来越被冲淡，必须从速确立中国管理哲学，调整中国管理模式，研究中国管理方法，才能不负孙中山先生"从根救起，迎头赶上"的期望。

作者幼承庭训，父母所寄望的，就是成为一个堂堂正正的中国人。稍长受国家公费教育，衷心感激。二十多年来，坚守教育岗位，屡蒙长官厚爱，有机会亲尝管理者与被管理者的滋味，因而对于管理，发生浓厚的兴趣，虽经审慎观察，用心深思，仍感难于正确地判断，由此对传统的哲学理念，产生深切的爱好。有了初步的认识，回头从事管理的反省，尚具心得。居于国族兴亡、匹夫有责的驱使，不自量力，写成了这本《中国管理哲学》，主要目的，在追求新的融合：一方面使中国的道德理想和艺术精神，能充分融化于现代管理之中；一方面也希望西方的管理，能够在中国走出一条崭新的道路，表现出真正中国化的特色。

一、当前我国管理者的共同难题

管理者遭遇的问题，来自人、事、财、物，非但永不间断，而且变化无穷，难以捉摸！各行各业，固然有其独特的困难，而共同的难题，也是所在多有，例如：

（一）规划（Planning）方面：

1. 目标的制定，不能过低，也不可过高。管理者的实际困难，是高、低的标准何在？究竟从哪一角度来衡量判定？有数字依据的，尚能以每年增加百分之几来研拟，无法用数字表示的目标，又如何具体编订？再说，依本机构的实际情况所拟定的目标，即使合情合理，而又切实可行，但就整个社会来说，此一目标是否合适，如何评定？目标既定之后，能否随时修改？如果答案是肯定的，那定不定目标有何区别？假若答案是否定的，则无法达成目标，又将如何处置？通常编定目标时，由上而下，先指示一个总目标，再由各部门拟定可行的数字；或由下而上，先由各部门提出预期的目标，再汇集成为总目标，孰优孰劣？

2. 决策的正确性，大抵由结果来判断：成功的时候，我们会找出一百条理由，来证明我们的预测接近事实，决策十分正确；失败的结局，又使我们归咎于决策的错误。但是我们平心而论，事实真是如此吗？谁能担保这些不是出于我们一厢情愿的想法？

3. 规划的气氛，如何形成？过分热衷于规划的工作，是否有害？在时间上、成本上应如何加以控制？过分的冷漠或不关心，又将如何补救？气氛能否持久？发生变化时如何掌握？

（二）组织（Organizing）方面：

1. 部门如何划分，才能又分工又合作？本位主义能否完全消除？表面的合作和实质的合作如何辨识？分工而不合作时，管理者应该怎么办？

2. 有些人心目中自有他独特的一套组织，他也许任何人的指挥都不接受，仅仅服从最高主管的命令；他可能编制在销售部门，却因为会计部门的主管是老板的堂兄而宁愿听命于会计主管，不理睬销售主管的指挥；他自认只敬佩机构内的若干主管，对其他上级一概表现不服气的态度。管理者遇此情形，是否即视其为"非正式组织"？应如何予以调整？

3. 权的授予，有没有一定的标准？权的层级，能不能具有弹性？紧急时与平日的情况，是否有不同？权力与责任，应如何转移？如何调整？

（三）任用（Staffing）方面：

1. "班底"如何形成？有哪些好处，又有哪些弊害？没有"班底"行吗？会不会变成孤家寡人？

2. "同乡"好用吗？管理者是不是应该六亲不认？如果真的那样，担保会有良好的效果吗？做人还有什么价值？

3. "管理候选人"如何培养？是否让他知晓？对其他的人有何影响？发现不妥当时又该如何处置？这算不算培养"班底"或"亲信"？

（四）指挥（Directing）方面：

1. 激励有效吗？会不会产生反效果？能不能持续？胃口越来越大怎么办？

2. 人性究竟是"乐于工作的"还是"耽于安逸的"？强有力的领导是必需的吗？无为而治可不可能？我们不愿意被指挥，是否意味着我们不愿意接受他人的管理？管理者的想法，能不能代表大众的希望？如果是的，那大家都不愿意被管理，还谈什么管理？

3. 沟通如果是困难的，主要的症结何在？对方并不是听不懂，却不愿意接纳，该怎么办？有沟通能力的人真的就能沟通吗？那为什么同一个人，对甲易于沟通，对乙却十分困难？同样的道理，管理者也发现对人际关系有研究、有素养的人，未必就有良好的人际关系。

（五）控制（Controlling）方面：

1. 控制的技巧很多，但都未能及于人的心理因素，例如预算（Budget）常常和主管的声望、影响力成正比，而不一定配合实际的需要；作业稽核（Operational Audit）每因执行人员的态度而产生不同的评价，也就是没有严格一致的标准；计划评核术（Pert）则由于少数人的幸灾乐祸而导致"悲观时间"（Pessimistic Time）已届却仍无法完成的尴尬场面。心理因素，往往是管理者苦恼的最大根源。大家存心看热闹，那才是最要命的。

2. 控制极易情绪化：内部稽核彼此熟悉，很容易互相串通，久之流弊自生，假若强调对立，大家闹僵了，也不是机构之福；外部稽核比较客观，但是容易形成内部联合一致对外的姿态，会计公司或管理顾问公司，有时难免顾虑及此，而不敢直言不讳。管理者为了避免情绪化，对稽核的态度，究应如何方称合适？

3. 不革新就是落伍，革新则势必遭遇障碍。管理者墨守成规，大家批评他保守，不能赶上时代。一旦革新，又讥为"新官上任三把火"或"死爱出风头"、"拼命制造升官发财的机会"，何去何从，实有进退两难之感。

二、这些难题取决于管理者的哲学理念

管理者对于这些问题，各有自己的解决方案。作者推论：管理者采取的措施，大抵依据他的哲学理念。因为管理的任何活动，都牵涉到人，人不是机器，人有情绪变化，许多关于人的问题，需要哲学的方法来思索，哲学的观点来判断。前列若干问题，都与管理者的哲学理念有关，试加分析如后：

（一）规划方面：

1. 高低原本是相对的，没有固定的标准。目标如何编拟？端视管理的最后目的而定。为了赚取利润，有它的目标；为了明显的成长率，有其目标；为了社会的进步，有它的目标；为了人类的幸福，亦必有其目标。而这些目标之间，未必能够一致，甚至

有重大的差距。争论最多的，如香烟的产量，是多好，还是少好？从各种角度来衡量，有各种不同的见解。我们首先要解答管理的最终目的，究竟是什么？再据以厘定目标，才是根本解决之道。但"管理的最终目的为何？"显属哲学的范畴。

2.决策是否正确，往往也是一时、一地的答案。有些管理者坚持依据价值前提如组织目标、效率准则、公平准则、个人价值观念等，及事实前提包括个人技术知识、组织提供的事实数据等，以选择最为有利的决定。有的管理者则宁愿单凭直觉，独断独行。也有一些管理者先依科学的方法选定方案，然后打电话征询对此问题并不了解的妻子，以便做最后的决定，因为经验证明妻子的直觉，十分可靠。管理者采取何种途径，主要取决于他的哲学理念。

3.大家热衷于计划，不必要的计划也十分完整地研拟会商，实属一大浪费。我国人还有一种倾向，大家都注意主管的好恶，抱着投其所好的心理来拟订计划，这种"主管导向"的做法，往往是机构不能正常发展的主要原因。主管重视生产，员工一窝蜂在这方面动脑筋，等到主管发现财务失去控制，大家又立即转向，一天到晚研讨有关财务的计划，头疼医头、脚疼医脚，已属下策，头并不疼只因老板认为头疼而拼命医头，后果更是不堪设想！

还有更严重的情况，就是误认为计划一经拟订，即等于大功告成，忽视"行"的重要，缺乏效果的概念。这种以规划涵盖管理全部的做法，气氛越浓厚，则弊害越大。

管理者所抱持的哲学理念，直接影响到整个机构对于规划的看法和做法。

（二）组织方面：

1.分工合作联成一词，并非代表分工即是合作，或者分工必然合作。

表面合作，实质不合作的实例，触目皆是。主管的褒贬、奖惩，更足以激发各单位的本位主义，使用不当，将越增不合作的可能性。强制、劝导、威胁、利诱，往往不能奏效。如何促成真正的分工合作，实有赖于管理者正确的哲学理念。

2. 各人心目中自有其组织体系，未必就能构成"非正式组织"，管理者可以依据他的哲学理念，而有不同的措施。例如采取安抚的方式，调整其职务，尽量使其心目中的组织体系，符合实际的情况。或者强制迫其就范，非接受组织安排的指挥系统不可。当然也可以透过同人的劝导，促其自行调整，改变原有的想法。

3. 权的授予，通常没有既定的标准。上司相信某甲，某甲自然有权；上司不信任某乙，某乙立即无权。权的层级，也不过是系统表上的一种形式，管理者直接找到基层，还可以博得"民主"的美誉。把中层撇开一边，有时是处罚式的冷冻，有时则是无意间的忽略，但有多少中层干部，敢据理力争，能表示反抗的？虽然工业界一再强调"工头的命令优先于厂长的命令"，但实际情况如何，可想而知，否则也用不着强调其重要性了。有权即有责，有相当的责任才能赋予相当的权力，这也常常成为具文，因为管理者的心腹知己，经常有权无责，规定该负责任的人，却往往没有应得的权力。权责的配合，以及权力的转移，假若都按照组织系统施行，哪里用得着争夺？现在各机构、团体的争权，即是暴露大家的不按牌理出牌。

要权责上轨道，大家无所争，最好的办法，仍旧是先解答管理的根本问题，为什么要有权？为什么要负责？如果管理者强调利润，大家就有的争夺，假如有更高层次的哲学理念，当然又有不同的情况。

（三）任用方面：

1. 有"班底"的管理者，常常苦在心头，有说不出的苦衷，因为包袱太重，越来越有背不动的苦楚。没有"班底"的主管，则十分羡慕那些有"班底"的人，因为他孤家寡人，一个可以商量的人都没有，实在为难。除此之外，还有一种对"班底"深具恶感的人，他认为 Team（团队）是有必要的，而"班底"却应该尽早淘汰。凡此种种，无不系于管理者自己的哲学理念。

2. 和"班底"一样，有的主管认为同乡最好用，只有同乡才能用，于是所用皆同乡，后来吃了亏，受了苦，又发誓永远不用同乡，因为同乡皆不可用。第二次当主管，果然任何同乡，一概不用。但是吃亏受苦，并未减少，证明非同乡也不能用。同乡、非同乡都不可用，即无人可用，这才领悟到：不论同乡、非同乡，都有可用之人，也都有不可用之人，实在用不着计较什么同乡不同乡。

管理者不必强调六亲不认，否则有亲戚当管理者的人都跟着倒霉，亲戚当中管理者越多的，越走投无路，形成"优越的失业者"，实在是人为的大不公平。管理者也不必避嫌不用同乡或一味非同乡不用，因为优秀与否，可用不可用，与此均无关系！

具有哲学思辨能力的人，可能很快就脱离这些无谓的窠臼，而要深切体会这些道理，有赖于正确哲学理念的导引。

3. "管理候选人"应否培养？如何培养？均与管理的哲学理念有关。例如认定"人的寿命有限，而机构却应该长久存在并力求发展的"，便有培养"管理候选人"的责任。而如何选定？采取哪一种方式，亦取决于管理者的存心为公或营私。

（四）指挥方面：

1. 激励有其优点，也有其缺点。因为极不容易公平、公正，当然不可因噎废食，却也不可不防反激励的不良后果。管理者如果以金钱为饵，激励员工，势必越陷越深，越来越难满足员工的要求。如果记功、嘉奖，又是几家欢乐几家愁的场面，因为未被奖励的员工显然就是不行，难免心生不平。例如父亲节表扬模范父亲，试问未受表扬的父亲心里有何感想，对其子女如何交代？是不是在他的节日给他相当的打击？同样儿童节选模范儿童、劳动节奖模范劳工、教师节公布模范教师，其哲学理念无不值得重新检讨。

2. 人性的论说，中西并不相同。西方人先有性恶说，后有性善说，大多主张性恶，极少认为性善。我国先哲则大抵视人性为善。孔子提倡由有为而无为，老子强调无为而无不为，可见我们自古以来，既不欣赏强有力的领导，也不认为主管是万能的，一切唯他是赖，更倡导礼贤下士，希望有贤能的部署，来辅助他。西方人所期待的领导，实际上不受我国人的欢迎，因为我们想想：愿不愿意受人指挥，受人管理？假若答案是否定的，将心比心，别人何尝愿意？己所不欲，勿施于人，我们是否应该调整哲学理念，以符合人性的要求？

3. 沟通的困难，主要由于彼此的层次不同，无法获得适当的了解。因为语意的差距、用词的不同、表达方式的互异，再加上我国人特有的"逢人只说三分话""言外有默"等等言谈的艺术，使我们深深觉得，同中国人沟通，委实更加困难。如何才能有效突破这些障碍，必须依据适当的哲学理念。

（五）控制方面：

1. 控制的方法虽多，结果则不外乎"心悦诚服"或"表面服从、内心不服"，当然也有表面化的反抗，不过为数并不很多。管理者认为哪一种后果才是有效的控制，殊难确定，主要关键在于：哲学理念并不相同。

2. 地方上的政府和议会，如果关系太好，互相照顾，形成

"府会一家"，就很难发挥制衡的作用，受苦的是老百姓；假若彼此对立，互不相让，造成"府会决裂"，那也不是老百姓之福，因为同样不能收到制衡的效果。控制一旦情绪化，不论好坏，都是不幸的现象。但是人有情绪变化，也是不争的事实，有些管理者认为情绪也可以完全控制；有人则认为不必加以理会；有人竟以情绪来对付情绪，采取"以牙还牙"的处理方式，端视其哲学理念而定。

3. 革新是必要的，因为变易是宇宙的根本事实之一，所有人、事、财、物，都时刻不断变动，《易传》也主张"穷则变，变则通，通则久"，变化即是创新，所以要求日日新，又日新。管理者希望革新，应该是大体一致的，不同的看法，则是"如何革新？"，也就是各人所采的途径，互有差异。

有人激烈，有人比较温和，有人实有若无，也有人老是新瓶装旧酒，表面革新而已。可见"如何革新？"亦受管理者哲学理念的影响。

三、我国先哲的思想有助于解决这些难题

本书的结论，认为管理的最终目的，在求人生的安宁。这个理念，得自陈大齐先生《平凡的道德观》中推定孔、孟、荀子各以人生安宁为根本要求的启示。作者服膺孙中山先生"古今一切人类之所以要努力，就是因为要求生存"的主张，继生存之后，人生的根本要求即是安宁，而管理为人生重大活动之一，因此管理的根本要求，亦是安宁。凡能维护、巩固、乃至增进人生安宁的管理，才是善的；否则便为不善。

作者认为：在我国实施管理，必须配合我国的社会与文化，才能有效而受人欢迎。管理者整理自己的哲学理念，如能参酌我

国先哲的论说，可望顺利解决这些难题，兹说明如下：

（一）规划方面：

1.归纳我国先哲的主张，"安宁"才是管理的最终目的。假若我们接受这一观点，那么居于社会的安宁、员工的安宁，自然能够合情合理地拟订切实可行的目标。无论在数量、质量、时间、成本，以及人员的编制，都能顾及整体的目标而有所调整。就整个社会而言，对安宁有益的事业必然持续发展，而有害的机构，自应迅速萎缩，或者改变经营的方向，俾符合安宁的需要而日趋壮大。对本机构来说，共同的目标取得一致，上下各以安宁的条件为准，考量的目标，自无以往"非提高工资，不增加产量"（No Money，No Work）与"不增产，即不加薪"（No Work，No Money）的冲突现象，无论由上而下，或由下而上，都能顺利协调，不必硬性施以压力，或借助于"恐怖意识"。我们大可视实际情形，越具体可数的目标，越适宜自下而上；越抽象而无法具体表示的，越应该由上而下。

同时，安宁的条件变迁，机构的目标也配合着适时调整，彼此不易产生猜忌、怀疑的心理，也不会互相责怪，推卸责任。目标应否改变，有了共同的标准，一切以安宁为凭，不至于为应该不应该而争执，遭遇困难时，也才会同心协力，一心一意来克服、破除。

2.人、事、地、物等等因素，都是变动不居的，谁也无法切实完全控制。依我国先哲的启示，大家应该心怀"谋事在人，成事在天"的信念，尽量运用正确的科学方法来掌握不变的条件，让无法预测或难以控制的变量由"形上天"来决定，而又抱着"功成不居"的胸襟，只要"尽其在我"，绝"不以成败论英雄"，岂不是更高的境界！

3.假如我们舍"主管导向"，改采"科学导向"，姑不论成果如何，要能切实施行，而又不惹麻烦，就已十分不易。按我国哲学，"主管导向"并无不妥，只要肯定"安宁"是管理的最终目的，上司部属一律依据安宁的需要来进行规划，相信既不偏倚，也不浪费，而又符合主管的意图，此时"主管导向"，实即"安宁导向"，自是俱受欢迎。再如安宁果真是人生的根本要求，那么规划的气氛，自不致过于冷漠或中断，也不会过分热衷而造成弊害，因为这些都将妨害到大众的安宁而警惕大家尽力予以避免。适当而持久的规划气氛，应该是大家所期望的。

（二）组织方面：

1. 分工的目的，假如只着眼于动作的分割、技术的专精、组合的便利、成本的降低、效率的提高等因素，势必引起本位主义而无法达成实质的合作。如果大家都一致体认安宁是管理的最终目的，分工、合作乃是安宁所需的手段，而其目的又是为了求得安宁，相信不论部门如何划分，整体安宁所激发的向心力，足以促成真正的分工合作。

2. 各人心目中自有其组织体系，只要不妨害安宁，可以不加理会，何况有些单方面的想法，尚难构成"非正式组织"，勉强以此视之，适足促成其加强团结，更增困扰。假若妨害安宁，则同人群起而攻之，其力量胜于主管一人，何止百倍？管理者不必心存管不倒他而难过，应该设法让他了解安宁的重要而自动调整其态度。

3. 权的授予，假若居于安宁的要求，管理者在授予的时候，必经慎重地考虑，于是分配权责，有了客观的标准，彼此不易引起纷争。接受的人，心中有安宁的主宰，也不敢胡作乱为；偶有争执，大家以安宁为标准，自然比较容易平息。原先考虑组织系统、分配权责，假若真正居于安宁的需要，大家自易遵照系统，互相尊重，而无所争夺。紧急措施，临时作必要的变动，大家也才能接受。

（三）任用方面：

1. "班底"其实就是 Team，Team Work 既然重要，"班底"便不可无。我们所重视的，乃是"班底"的目的的何在？有的"班底"以私利为出发点，企图徇私舞弊，真是万恶之源，非连根铲除不可；有的"班底"一切唯功利是图，没有一点点私心，却能结合大家的力量，协同一致，又有何不好？所以一群志同道合的朋友，共以安宁为目的，组成牢不可破的"班底"，实在是管理者之幸。

这种"班底"既不树立门户，形成把持；也不致堵塞贤路，扼杀人才，因为这些都有害于安宁，为大家所不取。一切唯功利，一切为安宁，自是有利而无弊！

2. "内举不避亲"，管理者不必为了自我标榜，对同乡、亲友特予回避，因为那样一来，反而暴露了另一种自私的弱点。管理者先有自知之明，了解自己公正无私，再有知人之明，深具选拔人才的能力，便可以放心物色所需的人员，不必计较其是否同乡或亲友。

3. "舜禹之有天下也，而不与焉。"二圣得时而有天下，并不以位为乐，管理者如果沾沾自喜，自鸣得意，而权力使人腐化，终将有害于机构的安宁。人的寿命有限，而有益于安宁的机构应得永生，所以培养"管理候选人"，是管理者的重要责任。但是慎重遴选，细心教导，需要一段相当长的时间，如果时机尚未成熟，即予明显指示，对于当事人或其他人员，都有不良的影响，容易引起大众的反感，增加培植的困难，而当事人也无法获得真实的体验，尤其不容易保持平静的心境。管理者最好不动声色，不露痕迹，逐步训练若干管理候选人，不断评鉴比较，加强各种必需的经历，却极力避免其本位主义的暗中滋长，如有不妥，尚能及时补救或予以排除。最后训练成功，顺理成章，自为大众所接受。

为私利而培养管理候选人，是不光明的，迟早要受到大家的阻挠；为功利而培植，就算是自己的"班底"或亲信，如果大家公认是合适的，也会一致热烈拥护，没有异议。少数有私心的人，再怎样破坏，也将寡不敌众。先哲"所系正大"的主张，真是评判善恶的准绳。

(四) 指挥方面：

1. 孔子要我们"食无求饱、居无求安"，主旨在告诫我们，不可耽于食求饱与居求安，而忽略了更为重要的事情，所以接着要我们"敏于事而慎于言，就有道而正焉"。管理者宁可舍物质而重精神，以诚待人而爱及部属，才能持久激励员工，利多而弊少。

2. 中国人不喜欢美国式强有力的领导，也不愿意常常听到被管理的话语，因此中国管理者，常用"大家辛苦了！""谢谢大家的帮忙！""多多费神！""不好意思！"来代替发号施令，反而获得更佳的效果。

孔子要求"君君、臣臣"，并不提君不君的话，应该怎么办？主要目的，在提醒为君的人，务必先要求自己做好君应该做的工作，以身作则，臣才会尽臣的力，如果一味要求部属，责怪部属，用威势来压他迫他，是没有实质效果的。忘掉管理、不提领导，是"无为"的最高境界。

忘掉管理并非放弃管理，不谈领导不等于不领导，我们是讲求实际的民族，也是富于艺术的民族，我们自有其合适的管理模式和领导方法，必须从先哲的理念中去探求。

3. 中国人既敏感又重视"面子"，所以沟通非常困难，我国先哲，因此特别注重"体会"，要我们多听少说，主张"木讷"，提示"沉默"的好处，又要我们注意察颜观色，常常设身处地，以增强体认的能力。但是有沟通能力的人，未必就能顺利沟通所有的人，我们一方面要让对方明白我们的诚意，一方面要唤醒他的良心，使他自动来体会我们的真意，才有良好的效果。

（五）控制方面：

1. 不能获得人心的控制，都是不长久的，也多半是虚假的，不可靠的。编列概算的时候，你争我抢，大家狮子大开口，就算按比例缩减，也是非常不公平的。问卷再客观，一旦不诚实作答便毫无价值。所有科学工具，如果不真心配合，结果一定不如预期的好。孔子最重视心理因素，深知人心的向背，才是成败的关键。我们不论运用何种方式，为求控制得宜，必须注意做好心理建设，先使大家心悦诚服，才能事半功倍。

我国先哲，一再提示心是善的，只要我们将心比心，以良心对良心，用我们的心来感应大众的心，必能深获人心，赢得民心。

2. 控制要避免情绪化，唯有主管部属，一律讲求修身之道，先修己然后才谈得上成物，先修身然后才有资格齐家、治国、平天下。我国先哲，始终把做事和道德结合在一起，人的品德，和他的工作成果有密切的关系。时常反省，时时警惕，又能各以安宁为本，自然不会任由情绪来影响正常的控制。

3. 革新是应该的，必要的。但是"为政不在多言"，不必口口声声谈革新，一句"萧规曹随"，可以获得许多旧人的支持，赢得前任管理者的欢心，也减少了许多不必要的困扰和阻碍。革新不能妨害安宁，所以要"从安定中求进步"，不可操之过急，因为"功成不居"，断无必要因求急功而造成想象不到的伤害与浪费。

革新如果对安宁有益，大家必定反应良好，反之即为有害的革新，应该立即设法调整，有了安宁作为客观的标准，革新的是否必要，一目了然，推动起来，势必较为顺利。管理者考虑推行的途径，以安宁为依据，不致招来恶果。

上述解决方案，并不是唯一可行的，也绝对不是凭空想象的。这些方案的依据，正是本书立论的基础，详如第八章，如有兴趣，可先予翻阅。列在最后一章的用意，是看过以前各章之后，比较容易接受，不会一下子便误认为纯粹的卖瓜说瓜甜。如果为了节省时间，也可以只看二至七章的第三节，获得应有的概念，亦能有所助益。

本书撰述的方式，系以西方哲学及管理，衬托我国先哲的智慧，采用比论及批判，提出我国哲学在管理上可能的运用。本书旨在抛砖引玉，若能因而引起有识之士的共鸣，则实喜出望外。作者才疏学浅，舛误之处自多，尚乞学者先进，不吝教正。

感谢家父母不断地鼓励和指导，许多见解都是自幼及长，在家庭闲谈中获得的。本校管理学院唐院长明月兄、管理科学研究所谢所长长宏兄，诸多指教。舍弟仕良专习中国文学，经常给予协助。三民书局刘总经理振强先生及编辑部同人对本书出版，惠予最大的助力，在此一并表示衷心的谢忱。

曾仕强

于台湾交通大学

中国
哲学
管理

CONTENTS **目 录**

中国

管理

第一章
绪　论

一、哲学的对象及其性质

甲　哲学的意义

讨论管理哲学，必先了解哲学的意义。哲学这个名词，我国原来是没有的，是日本人从西方翻译得来，然后传入我国的。它的英文名词是 Philosophy，由希腊 Philos（爱）及 Sophia（智）两字合成。"智"在古希腊思想里，因为当时"哲学"和"科学"尚未区分，哲学的园地是知识的总汇，亦即是科学的总和，所以包含了现代的"智慧"（Wisdom）和"知识"（Knowledge）两个概念。而"爱"则是孔子所说的"知之者不如好之者，好之者不如乐之者"，其中含有三个层次：由认识而喜好，由喜好而朝暮追求，甚至于"朝闻道，夕死可矣"，到了同生共死的地步。对智的爱，是西方 Philosophy 极为重要的因素。苏格拉底（Socrates）不满当时自称为智者（Sophists）的人，才自称为爱智者（Philosopher），也就是哲学家。他这样自称，表示他能时时自认无知。苏格拉底曾经说："我所唯一知道的事，便是什么都不知道。"（The only thing I know is : I know nothing.）西方哲学家一直抱着"自认无知，或时时怀疑他人与自己的所知，又爱去寻找探索真知"的态度，是我们所不可忽视的。[1]

---

[1] 参见唐君毅著《哲学概论》。

亚里士多德（Aristotle）说："有一类科学，研究物之为物（Being as Being），及什么属于物之本身。这类科学与所谓的专门科学不同，因为专门科学是从物中分割出一部分来，看其有何属性，就如数学所做的。但是，我们既然追究起源和基本原因，很显然这些原因一定有个特别性质。"[1] 他给哲学下的这个定义，曾经主宰西方思想，直到十七世纪的近代哲学。专门科学分割物的一部分，而哲学则探索物的常性，不分任何情况。关于这一点，唐君毅说得好：哲学与一切人类的学问，都有关系。因为哲学之所以为哲学，即是要了解各种学问的相互关系，及其与人生的关系。各种学问之外，人必须有一种学问，以种种方式的思维，把它们关联起来，贯通起来，统整起来，或将其间可能有的冲突矛盾，加以消解，这种学问称为哲学。[2]

十六、十七世纪以后，人类知识的实证部分逐渐脱离哲学而独立成为各种科学，哲学的领域因而屡有变动，虽然始终以知的问题和行的问题作为研究的对象，但是门户不同，立论也各异，哲学家对于哲学的定义，几乎一家一说。综合起来，可以说：哲学是研讨宇宙人生的究竟原理及认识此种原理的方法之学问。

如果依据当代哲学的一般趋势，则哲学的定义，可以简化为："哲学是对经验作反省的活动。"[3] 换句话说：哲学是以"经验"作研究题材，而以"反省"为研究方法的学问。

---

[1] 参见 E. Brightman 原著，刘俊余译《哲学浅论》。原引自亚里士多德《形而上学》卷四。

[2] 参见唐君毅著《哲学概论》。

[3] 参见吴森著《哲学的定义和题材》，载吴著《比较哲学与文化（二）》。

乙　哲学的对象

传统哲学，以知的问题和行的问题为研究的对象。苏格拉底以前的希腊哲学家，偏重于知的研究，目的在解释宇宙的种种现象，如地、火、水、风及动、静、变等。苏格拉底开始，才由知转到行，从宇宙问题转入人生问题。中世纪的哲学家致力于调和理性和信仰的冲突，研求知行联络的关系。近代哲学，研究范围逐渐缩小：起初是知的问题先行脱离哲学而独立，产生种种自然科学；继而科学的研究侵入哲学的范围，促使行的问题也形成种种新生的社会科学。这种演变，固然基于分工的原理，因为学问的研究实际上有此必要，但是哲学既分化为许多哲学，其自身是否存在，却引起剧烈的争论。许多哲学家认为科学无法取代哲学，他们所持的理由是：

1. 科学由哲学的胎内生出来，虽已获得独立，却仍须依赖哲学做一番综合的功夫。哲学的普遍性、整体性和综合性，是超越于各科学的。尤其哲学的问题，往往间跨两三种科学，并非某种科学单独得以解决，甚至在各种科学以外，而又不是科学方法所能尽的。可见哲学把所有的题材（Subject-matter）分给了各科学，本身仍有余留，而且哲学除了自身独有的之外，又须对科学有所批评，工作还是相当繁重的。

2. 科学只能解决中层的问题，无法解答最后的问题，任何问题一旦推到最后，势必进入哲学的范围，例如心的要素如何构造？如何作用？当然是心理学的问题，而要研究心到底是什么便不能不由哲学来解答。换句话说：科学只能解释"如何"，不能解释"为何"。科学所研究的是外相而哲学所研究的是本体。哲学从较高的境界，总括知识的全体，以认识科学知识之上的另一种超绝知识。

实证主义者（Positivism）否认科学知识之上，另有超绝的知识，他们不管"经验"[1]以外的知识，断定科学独立以后，真正哲学已不复存在。他们以为人类有科学就够了，不需要哲学来锦上添花。但是所有的实证论者，都处于两难之中：不是变成独白主义（Solipsism），坚持除了他自己和他的知觉外，什么也没有；便是承认别人的存在，而超越了实证论（Positivism），因为这些人一定不是我的感官数据。假若他们只是我的感官数据，则我重陷入于不可能的纯独白主义。[2]

现代哲学家对这种一味抹杀哲学的企图，十分不满。他们认为许多问题，绝非科学所能解决。就知的问题而言，固然并未为科学所独占；而行的问题，集中于人生理想和价值的批判，尤其为哲学所专有。所以哲学研究的对象，自古至今，始终是康德（Immanuel Kant）指称的两个问题："我们能知什么？我们应该怎样行？"

知行问题，驳杂分歧，包罗万象，以人类经验的全体作为研究的题材，若非分门别类，实在无从着手。根据西方传统的说法，哲学可以区分为下列各大门类：

（一）形而上学（Metaphysics）

又称宇宙哲学，因系研究人以外的事物、天生的"自然现象"，所以也称为"自然哲学"（Philosophy of Nature）。包括"本体论"（Ontology）和"宇宙论"（Cosmology）。

---

[1] 实证主义者认为基于感官的知识才是建设性的知识（Positive Knowledge），别的知识都不是建设性的，他们只承认感官性的经验，因此标榜：知觉我们知道，除此之外只有鬼知道。

[2] 参见 E. Brightman 原著，刘俊余译《哲学浅论》。没有一个正常人会认真地相信独白主义，因为任何人不可能坚持到底地主张除自己的知觉外什么都没有。文中的"人"，指的是"精神"，精神并非感官的对象，不能用感官证实，所以说："这些人一定不是我的感官数据。"

(二) 知识论（Epistemology）

又称知识哲学，因系研究人所得的知识、构想的"认识现象"（或叫"思维现象"），所以也称为"认识哲学"（Theory of Knowledge）。包括逻辑学（Logic）和心理学（Psychology），唯近代已独立成为专门学科。沃尔夫（Christian Wolff）认逻辑为哲学入门之学。

(三) 人生论或称价值论（Value Theories）

因系研究人活动的情形、人为的"社会现象"（或叫"人文现象"），所以也称为"人生哲学"（Philosophy of Life）。包括（但不限于）下列各学科：

1. 伦理哲学或道德哲学（Ethics or Moral Philosophy）。
2. 社会哲学（Social Philosophy）。
3. 历史哲学（Philosophy of History）。
4. 宗教哲学（Philosophy of Religion）。
5. 艺术哲学（Philosophy of Art）或美学（Aesthetics）。
6. 管理哲学（Philosophy of Management）。

依据前述"哲学是对经验作反省"的说法，以上各大门类都是哲学家对人类经验反省的成果。从对伦理经验或道德生活的反省而产生伦理学或道德哲学；从对群体生活经验作反省而产生社会哲学；从对历史经验作反省而产生历史哲学；从对宗教经验的反省而产生宗教哲学；从对艺术创造活动和美感经验的反省而产生艺术哲学和美学；从对我们认知的经验作反省而产生知识论或知识哲学。本书的任务，便是对管理经验加以反省，使产生管理哲学。

丙　哲学的性质

哲学具有普遍性、整体性、综合性、批判性及超脱性。分别说明如后：

（一）普遍性

科学对于宇宙人生问题，仅作部分的研究，分门别类，却精而不广。哲学对于宇宙人生问题，要作整个的探讨，不以"局部"为满足，而以求得关于宇宙人生问题的普遍结论为目标。所以科学为"特殊之学"，哲学乃"普遍之学"。科学趋向于个别的问题，哲学则趋向于总体的经验。哲学以人类经验的通性为主要探究对象，而不特别强调个人独特的经验。古今中外许多哲学家谈论"死亡"问题时，都还没有亲身经历过，庄子因妻死而悟解"死为生的天然的结果"，对此而有悲痛愁苦，是"遁天倍情"，若知"得者时也，失者顺也，安时而处顺"，则"哀乐不能入"，不受"遁天之刑"[1] 了。后来庄子又发现"死生可齐"，忘生即得不死，可使我们至于无死生的境界。他对"死"的超脱，并非居于个人的经验。可见哲学的探讨，是超越个人经验范围而力求及于人类经验全体，是具有普遍性的。

（二）整体性

根据前述"经验"一词的最新定义，可知经验包罗万有，举凡主体和客体间的一切，都属经验范围。无论"道德经验""宗教经验""艺术经验""历史经验""认识经验""群体生活经验"，以至于"对宇宙人生全盘性体会的经验"，都无法截然予以划分，也都不是互相排斥的。人类的经验是有机的整体，例如"道德经验"离不了"群体生活经验"，因为脱离了群体便无从衡量其道德；"宗教经验"离不了"对宇宙人生全盘性体会的经验"，所以宗教哲

---

[1] 详见《庄子·内篇·养生主》。"遁天"者所受的刑，即指悲哀时所受的痛苦。

学和宇宙哲学具有十分密切的关系。科学越发达，专门研究的科目就越增加，但在研究的范围上，科学只研究到各个专门领域的个别现象，无法对整体现象作一解释。哲学的分门别类，仅仅为了探讨的方便，丝毫没有严格分割的用意，它将各门科学所发现的定律，从宇宙、人生整体性的观点，给予合理的解说。柏拉图（Plato）便曾说过："能鸟瞰全体的，乃是哲人。"

（三）综合性

笛卡尔（Descartes）说："哲学这个名词，意指智慧的研究。但智慧一词，不仅指行事的审慎有度，并指人类所能知的关于一切事物的知识。此等知识，不论其关于人类道德的行为，或关于健康的保持，或关于一切艺术的发明，都包括在内。"他把哲学比喻为一株树：形而上学是它的根，物理学是它的干，力学、医学和道德学是它的枝叶。科学往往集中在人类经验的一个特殊畛域，对于自己研究对象畛域内的一切，均不厌其详地精细研讨，至于其他部门的研究对象，则常采取不闻不问的态度。研究机械学的可以完全不理会心理学，研究心理学的可以完全不懂天文学，研究天文学的又可以对生物学置若罔闻。这种科学家分工合作、力求专精的做法，哲学家并不激赏。他们希望把人类各部门的知识和经验，融会贯通，[1] 给予综合研究，使各方面经验，获得良好的沟通。

（四）批判性

哲学的旨趣，是就科学或其他各部门学问所发现者，再加反省批判。哲学每借"观念分析"（Conceptual Analysis）的严谨方法来厘清含混笼统的语言、观念、问题、预设等等，期能扫除思

---

[1] 参见吴森著《哲学的定义和题材》，载吴著《比较哲学与文化（二）》。

想上的种种障碍。唯有分析批判，哲学才能与时俱进，达到孔子所说"知之为知之，不知为不知"及荀子所指"是是，非非谓之知；非是，是非谓之愚"的地步。我国儒家早就具有"审问、慎思、明辨"的分析精神，可惜未能善加发扬。亚里士多德也常认为"是其所非，或非其所是，是为假，而是其所是，或非其所非，是为真"。[1] 苏格拉底常问"你所说的是什么？"（What do you mean?）与"你怎么知道？"（How do you know?）都非批判不为功。

（五）超脱性

"超脱"（Transcend 或 Go Beyond）的意思，并非"脱离"（Separate From）现实，采取不闻不问的态度，而是将现实摆在一个适当的距离来观照或省察。苏格拉底认为"哲学家是万有的旁观者"，因为哲学家和常人最大的不同，在于撇开实用的观点来看人生的实相。一般人体察现实，总离不开"苦乐"、"实用"或"利害得失"的态度，"当局者迷"，往往由于切身利害的关系，反而无法清楚观察现实的真相及道理的所以然。哲学家刚好采取另一个角度，"旁观者清"，以旁观者的立场，把现实看得十分透彻。哲人能够超越爱恨、喜悲、得失、毁誉、成败、存亡，才能达到洞穿万物事理的境界。只有超脱，才能不陷溺于现实，才能对现实有所批判，有所改造。我国最超脱的先哲老子，对社会现状的批评，并不是消极地否定现实，而是志在重建理想的世界，使人民"甘其食、美其服、安其居、乐其俗"，获得与道浑然一体而纯

---

[1] 参见 Aristotle, *Metaphysics*, 1011B26, "To say what is that it is not, or of what is not that it is, is false ; while to say of what is that it is, or what is not that it is not, is true."

朴恬淡的人生。[1]

丁　哲学的方法

所谓方法，就是描述应该怎样决定起点和进行的方式。研究方法的学问，称为方法学或方法论（Methodology）。康德认为原始人最初用的方法是"盲人摸象"，亦即"尝试错误"，经过了多少世纪的摸索和试验，终于知道哪些方法比较适用。[2]哲学的方法是"反省的思索"（Reflective Thinking）。如何"反省"？方法很多，有辩证法、批判法、演绎法、归纳法、直觉法、比较法、现象法、发生法等等。最基本的方法，是辩证法、分析法、综合法和体会法，分别说明如下：[3]

（一）辩证法（Dialetics）

辩证是一种来回往复的思维方式或论辩历程，通常由两人对话（Dialogue）产生。但超过两人的对话或一人独白也可以成为辩证。柏拉图的《对话录》往往有三四人参加讨论，而笛卡尔的《沉思录》（*Meditations*）则纯属个人的独白。近代通过康德与黑格尔（George W. F.Hegel），辩证法更产生了新的意义。康德指出：理性在假定为一整体的时空宇宙之中，发现不可避免的矛盾或对论，则须重新检讨最初的假设，才能解除。黑格尔把辩证当作事实和思想过程的普遍理论，主张以经验的某项肯定为起点，称为"正论"（Thesis），是不完整的，被遗漏的东西，便是"反论"（Antithesis），这种矛盾无法使思想满足，因此进而寻求"合论"（Synthesis）。我们对时下的理论或假设，抱持不感满意的态

---

[1] 参见吴森著《哲学的定义和题材》，载吴著《比较哲学与文化（二）》。

[2] 参见 E. Brightman 原著，刘俊余译《哲学浅论》。

[3] 参见吴森著《哲学的定义和题材》，载吴著《比较哲学与文化（二）》。

度，借着正、反、合的辩证过程，力谋超越以期求得真理。宇宙、思想，都是由正而反，由反而合，逐步获得进展。但是黑格尔并不认为一个正反合跟着一个正反合接连下去，他肯定的只是一个大正反合，而在"正"中又有一个正反合，在"反"与"合"中，也都各有其正反合。在这个小正反合中的正又有一个正反合。这样子下去，如此包容下去，直到无穷。其特色在于包含的无穷，而不是连接的无穷。[1] 辩证必须出于求真的诚意，不可纯以难倒对方为目的，否则易沦于诡辩或变成概念游戏。

（二）分析法（Analysis）

分析法和综合法都由柏拉图的辩证法分化出来逐渐演变而成。分析法应用范围较广，一切自然科学、社会科学，以至于各种人文学科，无不加以应用。分析法把整体分割为其组合的部分，如物质分为元素，元素分为原子，原子又被分为电子、质子、中子和别的组成宇宙的单位。每个物理性单位，无论怎样小，总得占有空间和时间。空间又可分成没有容性（空度）的点，时间也可分为没有期续（过程）的瞬息。数学上的点和瞬息不能再加以分割，它们是绝对单纯的东西。分析法所要追寻的，就是这种单纯而不可再分的部分。[2] 分析法的主要功能，在辨同别异，剖析疑义，以求达到最高的准确性和明晰性。最大贡献，在"破"不在"立"，"立"的功夫，往往要依靠其他的方法。分析法也注意部分之间的关系，所以常和综合法一并使用。休谟（David Hume）把分析法看成哲学的唯一方法，实在是夸大其词，分析法是促进研究各种科学的方法，对于哲学来说，固然也是思索的必要过程，却需要其他方法的配合运用。

---

[1] 参见李石岑著《西洋哲学史》。

[2] 参见 E. Brightman 原著，刘俊余译《哲学浅论》。

（三）综合法（Synthesis）

"综合"一词，有将分歧驳杂的数据汇合起来的意义。它不只是"总括起来"或"拉杂成章"，而是"融会贯通"，集"众多"于"一"的方法。"综合"和黑格尔的"合论"并不相同，因为它是把原来分别存在的部分拼合在一起，而不是出于正反的对立。运用综合法的基本条件，是先对该门学问要有融会贯通的见识，有了该门学问的通识之后，再从对通识的沉默体会而获得一种新的认识或新的概念，然后利用这新的概念来解释驳杂繁复的现象。这样才能"以简驭繁""纳众多于一"。综合法的优点，在表现学有所得，发前人所未发；缺点则往往操之过简而易于以偏概全，流于武断。最好先经分析的过程，然后才加以综合；从分析心理到综合心理，我们才能充分了解人生的命运；由分析的道德学到综合的伦理，才能明白人的目的和义务的最后领域；从分析宇宙论到综合宇宙论，才能说明形体事物组织、变化以及管理这些事理的定律的固定性。分析与综合的结合，才是真正的哲学方法。

（四）体会法

体会法是我国哲学传统的特色。西方人不认为这是一种具体可行的方法。虽然柏拉图指出：专门科学假若停留在互相绝离的状态，则知识和教育都是不完整的。他主张把它们拉在一起，成一通鉴（Synopsis）。于是柏拉图、康德、黑格尔提出理解（Reason）、斯宾诺莎（Spinoza）倡导直知（Scientia Intuitiva）、柏格森（H.Bergson）采用直觉（Intuition）等方法，但都与我国的体会法，有所不同。我国哲人向来不尚理论的空谈，重视对人生直接的体会，从而躬行实践他们所笃信的理论。我们对经验的反省，也应该从体会或实践开始。假如对人生经验未能充分体会，纵使在思辩下过不少分析综合、穷源竟委的功夫，亦无非沉溺于观念的游戏。体会法和前述各法迥然不同：辩证、分析、综合均以知识的活动为主，体会法则包含情意的成分。知性的活动比较有路可循，情意的活动有赖意志的锻炼和性情的陶冶，并无一定的规律。体会是从直接经验领会原理或从躬行实践来证明理论的方法，以身体力行来证明理论的妥当性。体会的过程固然有直觉的成分，但纯粹直觉实在不足称为体会。除了直觉的成分外，体会还可以容纳辩证、分析和综合等历程，辅以欣赏、参与、冷眼旁观和设身处地等情意活动。研究我国哲学，最好的方法，仍是体会；事实上也唯有透过体会，哲人的理想才不致空悬，哲学的价值才能实现。[1]

戊　我国哲学的特色

我国古来并无与西洋哲学意义完全相同的名称。然而这并不表示我国没有哲学，而是历来把这种学问混入他种学问里；或者把他种学问，混进哲学里，彼此分不开来，因此无从认识，也就难以独立。大抵先秦时代的"学"，相当于希腊时代的"哲学"，魏晋的"玄学"、宋明的"道学"、清的"义理之学"，所研究的对象，也和西方哲学所研究的约略相当。

哲学可以分成西洋系、印度系、中国系。西洋哲学以科学为中心，离不开科学，处处充满了科学精神；印度哲学以宗教为中心，离不开宗教，处处充满了宗教色彩；中国哲学则以政治和伦理为中心，离不开道德，处处充满了伦理道德。梁漱溟说三者分三个方向走：一向下，一向上，我们却向中。

中国哲学特重"主体性"（Subjectivity）与"内在道德行"（Inner Morality）。它以"生命"为中心，由此展开教训、智慧、学问和修行，形成道德的主体性。西方哲学恰巧相反，不重主体

---

[1] 参见吴森著《哲学的定义和题材》，载吴著《比较哲学与文化（二）》。

性，却偏重客体性。它大体是以"知识"为中心而展开的，有知识论、本体论与宇宙论，却缺乏好的人生哲学。[1]

我国哲学最重人生，人生论是我国哲学的重心，其发生也最早。我国哲学家所思所议，三分之二都是关于人生问题的，世界上有关人生的思想，以我国最称丰富，所触及的问题既多，所达到的境界亦高。研究中国哲学，必定要从人生方面去探讨。如果以孔子的正名，只是一种单纯的论理学，谈名谈观念，那便是误解了孔子。假若把庄子的《齐物论》看作一种逻辑，那也是误解了庄子。中国古人读书求学，并不在于求取单纯的知识，而是在求知道做人，无论怎样高深的道理，也都对人生有所关联。[2]

我国哲学既特重人事，对于宇宙论的探讨，自亦简略。但我国哲人，常先讲宇宙，后提人生，多认为人的准则即是宇宙的本根，宇宙的本根便是道德的标准；宇宙的根本原理，也就是人生的根本原理。由于天人合一，致使宇宙论与人生论，实合而不分。西洋人常常使自己自身站在一边，来研究宇宙，考察外面这个世界，才会发生宇宙本质是心是物的争辩。我国哲人却把人自身装进人群，甚至投入宇宙里面，认为宇宙本根原与心性相通，研究宇宙就等于探索自己，所以我国的宇宙论，系以不分内外物我天人为其根本见地。

我国哲学，不注重细密论证，也缺乏条理系统。考其原因，在于我国哲学只重生活上的实证，或内心的神秘冥证，而不注重逻辑的论证。我国先哲的看法是：体验既久，忽有所悟，以前许多疑难顿然消失，日常的经验乃得贯通，如此即有所得。善于体会，并直截了当地将所悟所得写出，不再予以详细的证明，是我国哲学的特色之一。

---

[1] 见牟宗三著《中国哲学的特质》。

[2] 参见罗光著《中国哲学大纲》，著者自序。

吴怡认为我国哲学有三大特色 [1]，列述如下：

（一）妙乐性

我国哲学以人类幸福为前提，所追求的，是人生的快乐，特别是内心的一种舒适境界。所谓妙乐，包括了儒家的悦乐 [2] 和道家的至乐。它并不是自我陶醉，也不是白日痴梦，而是生于忧患。妙乐生于忧患，唯其有忧患，才有妙乐；也唯其忧患愈深，而妙乐的境界亦愈高，正是孟子所说的"生于忧患，死于安乐"。

中国哲人的"忧患意识"特别强烈 [3]，并不像杞人忧天那样无聊，也不如患得患失那般庸俗。我们哲人所忧的不是财货权势的未足，而是德之未修与学之未讲。他的忧患，虽然终生无已，却永在坦荡荡的胸怀中。这样的忧患意识，逐渐伸张扩大；最后凝成悲天悯人的观念，具有最高的道德价值，而又超越基督教所源的恐怖意识与佛教所源的苦业意识。[4]

（二）道统感

我国哲学的道统感，来自两个方面：一是哲学本身为一种救世主义；一是读书人都自觉地具有使命感。道统是指传统中属于好的、可以发扬的一面，因此它不是过时的、陈旧的；而是日新又新、万古常新的。所谓的"新"，应有两种含义：一是向前发展，一是向上升华。我国哲学上所谓"进步"，并不是专指物质上的进步，而是同时兼指心灵上、道德上的进步。道统日新，没有日新，就没有道统。

---

[1] 参见吴怡著《哲学演讲录》。

[2] 参见吴经熊著《儒家的悦乐精神》。

[3] 参见徐复观著《周初宗教中人文精神之跃动》。

[4] 参见牟宗三著《中国哲学的特质》。

我国道统，具有"中庸之道"的特性，凡是符合中庸之道的哲学，在我国较受欢迎，影响力也较大。蔡元培说过："西洋哲学家，除亚里士多德提倡中庸之道外，（如勇敢为怯懦与鲁莽的折中，节制为吝啬与浪费的折中等，）鲜有注意及此的：不是托尔斯泰（Leo Tolstoy）的极端不抵抗主义，便是尼采（Friedrich Nietzsche）的极端强权主义；不是卢梭（Jean J.Rousseau）的极端放任论，就是霍布斯（Thomas Hobbes）的极端干涉论；这完全因为希腊民族以外，其他民族性，都与中庸之道不相投合的缘故。独我中华民族，凡持极端论说的，一经试验，辄失败；而唯中庸之道，常为多数人所赞同，而且较为持久。"又说："在儒家成立的时代，与它同时并立的，有极右派的法家，断言性恶，取极端干涉论；又有极左派的道家，崇尚自然，取极端放任论。在汉初，文帝试用道家，及其子景帝，即改用法家，及景帝之子武帝，即罢黜百家，专尊孔子，直沿用至清代。可见极右派与极左派，均与中华民族性不适宜，只有儒家的中庸之道，最为契合。"[1]蔡氏的例证，虽不免受到各家门户之见的影响，所提中庸之道的标准，则是十分正确的。

（三）境界美

我国哲学不走纯知识的路，它是智慧的、生命的、艺术的，因此具有境界之美。我国哲学的境界美在于天人合一、物我同体。唯有能上和天、下和物打成一片，我们哲人的思想情趣，才得以表现。但要达到此一境界，必须有其切实的功夫，经过一段长时期的磨炼。功夫就是境界，除了功夫之外，没有另外一个境界。

由于西方哲学是纯思辨的，先在思辨上寻求建立出一套真理来，再回头指导人生行为，求能配合这套真理。我国人寻求真理，

---

[1] 参见《蔡元培民族学论著》。

贵在知行并重、知行相辅交替前进，所以我国哲学，并不能脱离其自身的躬行实践而先自成为一套哲学。我国哲人的哲学体系，完成在他们的全部人格上，表现在全人生的过程上，而并不只表现在其所思辨与著作上。因此我国固有观念、固有名词，只有哲人，并无哲学。[1] 二千余年来，全凭哲学家的一个头脑，冥想开发，没有其他学问的帮助，更没有科学的实证，然而它的进展，依然趋向实在，并不愈走愈玄，和科学站在极端相反的地位。这种功夫，充分显现境界之美。

二、哲学与管理的关系

甲　管理的定义

管理哲学能否成立，以哲学与管理有无关系为先决条件。假若哲学和管理毫不相关，把"哲学"和"管理"这两个名词堆砌在一起，变成"管理哲学"，也是绝无意义。而要了解两者是否有关系，却又不能不先探讨"管理"的定义。

自从泰勒（Frederick W. Taylor）创导科学管理（Scientific Management）以来，"管理"一词，几乎响彻云霄，也深入到每个角落。由于初期的倡导者，都出身于工业界，所以科学管理不仅在工业方面所产生的影响较大，而对于管理技术的发展，也多属于工业方面，诸如"动作与时间研究""生产控制""材料管理""质量管理""奖工制度"等，都有重大的成就。相反的，对于一般的管理原则与方法，却有所忽视。一九一六年法约尔（Henri Fayol）在其所著《工业管理与一般管理》（*General and Industrial Management*）中，首先列出一个管理过程：规划、组织、指挥、

---

[1] 参见钱穆著《民族与文化》。

协调与控制，并且依据其本身经验，归纳成十四个管理原理：分工、权力与责任、纪律、统一指挥、统一动向、个人利益应次于一般利益、酬庸、集中、梯形连锁、秩序、公正、安定其工作、主动性、团结精神。一九二三年，英人谢尔顿（Oliver Sheldon）从事为"整个的管理"拟定一套原理。于是研究管理的人才发现了这种重大的缺陷，都想设法加以补救。例如美国孔茨（Harold Koontz）、奥唐纳（Cyril O'Donnell）合著的《管理学》（*Principles of Management*）即以一般管理为其主要内容，而将上述"动作与时间研究""生产控制""质量管理"等等划入工业管理的范围。

所谓管理，即是英文的 Management，原来又是意大利文 Maneg-giare 演变而成。原意是指训练马群，也就是代表一种有计划的控制，使其能够服从指导，顺利工作，含义和现代的管理，并无不同。人的一生，可以说生活在"管理"与"被管理"之中，例如婴儿时期，要受父母的管理，在校要受师长的管理，在机关要受主管的管理；相反的，做父母要管理儿女，做教师要管理学生，做主管要管理部署；而且在孩童时期要管理自己的玩具，学生时代要管理自己的学业及书籍、衣物、簿本，成年时代也要管理自己的工作与业务。按理我们对于"管理"并不陌生，也都应该具有一些概念，但实际上除了研究管理的人以外，许多人对管理的具体意义，十分模糊。学者专家竟也见仁见智，各有其不同的定义。

孔茨指出：就像基督教有许多派别，而且常常引起纷争一样，管理学也有许多不同的派别与形式，但是都与相同的目标和相同的现实有关。两个主要的差异因素，在于语意的不同和定义的不同。

（一）语意的不同

知识分子对问题的解释不同，原因往往发生在主要的字眼上。

管理学领域中，对"管理"一词的引用，大多数人认为是通过人群的努力来达成目标。孔茨则认为是建立一个有效的环境，使人们能够在规律的组织团体中工作。其他研究者却把上述的认定扩展到"任何一群人"，而不限于规律的组织。有的学者甚至于声称管理包括了一切人类内在的个人关系。我们不难发现：主要的混淆发生在"组织"这两个字上。大多数管理程序学派的学者认为"组织"是一种各个角色的特意结构，但是许多组织理论家心目中的"组织"则是一种人类关系的总组合，与社会组织并无不同。有些人根本把"组织"（Organization）与"管理"（Management）混为一谈，或相提并论。

（二）定义的不同

通常认为管理是通过人们的努力以达成目标，这种"与个人及群体共事，以达成组织目标"[1]的广泛定义，意味着管理可应用于任何一种组织，包括商业或工业组织、教育机构、医院、政治组织，甚至家庭在内。就这种广义的管理而言，每个人至少在他生活的某些部分是个管理者。有些学者，认为管理就是"为了有效达成一定的目的，透过组织体的活动"，这些活动究竟有几种，各人的意见并不一致。古利克博士（Dr.Luther Gulick）列出计划（Planning）、组织（Organizing）、用人（Staffing）、领导（Directing）、控制（Controlling）、报告与复核（Reporting and Reviewing）、预算（Budgeting）七种，因而创造了 Posdcorb 一词。其他还有各种不同的划分，包括五种、六种，甚至十种以上的。另外有些学者，则强调"业务研究""会计""经济理论""社会度量""精神测定"等等，事实上这些都是管理的工具，而它们本身，却不是管理。

---

[1] 参见 Hersey，Blanchard 合著，王琼玲译《行为管理学》。

孔茨和奥唐纳合著的《管理学》中，对管理所下的定义是："设计或创造并维持一家企业的内在环境，使之有利于各员工能共同努力有效率与有效用地对团体目标之达成提出贡献。"

彼得·德鲁克（Peter F. Drucker）认为我们必须在管理的使命范围内为管理下一个定义[1]，他指出管理的使命有三，重要性相同，而本质不同：

1. 机构的特定目的与任务。

2. 使工作具有生产性及工作人员能有成就。

3. 完成社会影响力与社会责任。

雷蒙·韦勒斯（Raymond Villers）警告我们：人们必须了解一个中心问题，即我们可能被工业所奴役，或我们将役使工业以达到人生的更高目标。假使我们不能以合作的精神面对这个问题，则管理和人类文明的前途，将是危机重重的。[2] 因此如何促进组织成员的自我实现，也是管理的重点之一。

综观上述，可知管理不仅仅是一种抽象的概念。从内面来看，它是工作，是包含许多必需活动的实质工作；从外面来看，它又是使命，是必须获取实践成效的特定使命。现在试拟"管理"的定义如下：

"管理是运用规划、组织、指导、协调、控制等基本活动，创造并维持机构的良好环境，使其中所有人员（Manpower）、金钱（Money）、物料（Material）、机器（Machine）、方法（Method）等构成要素，获得有效利用，以顺利实现团体目标，促进组织成员的自我实现，并达成特定的使命。"

---

[1] 参见 Peter F. Drucker 原著，侯家驹校订中文版《管理学》。

[2] 参见 Raymond Villers，*The Dynamics of Industrial Management*。

乙　哲学在管理上的需要

就广义的管理而言，每个人在他生活的某些部分是个管理者，势必对管理有所认识。而就狭义的管理而言，孔茨和奥唐纳认为至少有三种人需要了解管理的本质：第一种人即系管理人员，应当切实知道自己的职责，因为观念模糊会影响工作的时效，也会使主管的工作应做而未做；第二种人是非管理者，亦即受雇的员工，他们的个人目标是与机构的成败密切相关的，所以他们关心管理人员是否懂得管理，为了使这些员工获得正确的判断，必须设法使他们了解管理人员的责任；第三种人则是管理学者和研究管理的师生。可见管理人员或非管理人员均有了解管理的必要。

再从管理的发展来看，不论是技术革新，或是制度、方法的改善，一切动力都应归结于人。虽然人员、金钱、物料、机器、方法等五 M 是机构组成的基本要素，亦即管理的具体对象，工作有无高度效率，机构任务能否顺利达成，就要看这些要素能不能密切配合。但是十分明显的，这些要素当中，管理者是人，工作者也是人，购置资源者与提供服务者也都是人，管理者并不在乎管理机器与资金，而是着重于使用机器与资金。因此我们可以说：人是所有管理活动的核心。我们并不将管理囿于狭义的"人事管理"或"人群关系"，而是以人为中心，探讨人与人、人与物、人与一切人所创造的组织、制度等的多边关系，探究其有效运用的途径，以寻求完美的人类社会，这才是管理的最终使命。

假若"物质环境"与"工作效率"有绝对必然的关系，再假定"工作效率"即是管理追求的目的，则单凭"科学"的力量，或许可以获得有效的管理。但是，一九二三年霍桑研究（Hawthorne Studies）证明了：人之所以为人，在他对于其自身所从事的工作、其监督人员以及其工作环境所执有的看法，较一切物质条件更为重要。于是管理除了"科学"之外，尚须"哲学"的指引，殆无疑义。何况管理史实的演进，充分显示管理受到当代文化背景的影响，亦即深受当代哲学的支配，兹说明如后：

（一）管理行动接受哲学的指引

自古以来，管理者对于人类自身，存有若干相沿成习的看法，无形地支配着我们的管理行动。由于西方对于人性的论说，是先有性恶说，而后有性善的观点。西方邪恶的人性观，基于邪恶的宇宙观；而邪恶的宇宙观则受宗教观的影响。基督教主张人类的始祖亚当因犯罪谪降尘世，便堕入恶道，嗣后人类身体上及道德上腐败的天性均与生俱来。中世纪经院派的哲学家，自奥古斯丁（Saint Augustine）以降，均持性恶的观点。马基亚维利（N.Machiavelli）、霍布斯、叔本华（Schopenhauer），亦无不如此。虽然卢梭在其名著《社会契约论》（*Social Contract*）与《爱弥儿》（*Émile*）中强调自然状态，称道自然生活，认为人类自然的本性是善的，但因受历史的文明与社会制度的影响，终于变恶了。卢梭从理性与感情两方面说明人性起初原是纯善无恶，"天造之物，一切皆善"，可是"一经人手"，便"又变为恶"了。方东美直陈原罪说实在是哲学上的陷阱，需要睿智才能予以避免。西方也有伊拉斯谟（D.Erasmus）、洛克（John Locke）、霍尔巴赫（Holbach）、康德、杜威（John Dewey）等人，继柏拉图、亚里士多德之后，提出不同的人性论说，但是就整个世界而言，除了中国以外，西洋和印度思想，都深受宗教的支配。而影响管理最大的，当推性恶说。美国麻省理工学院教授道格拉斯·麦格需戈（Douglas McGregor）在其名著《企业的人性面》（*The Human Side of Enterprise*）一书中曾有极为深刻的分析。他指出管理人员多少年来有一种错误的看法，并称之为"理论X"（Theory X），其最主要的一点，便是把人仅视为一种衣冠禽兽，而忽略人有高度的精神需要。他发扬性善说的观点，提出若干修正的想法和做法，称之为"理论Y"（Theory Y），成为今日"行为科学"（Behavior Science）研究的主要内容。

（二）人群关系依据哲学的准则

第二次世界大战以后，人群关系在管理上几乎形成一阵热潮，普遍受到重视。主要原因，除了与民主潮流或人道观念有关之外，工业革命对于人类文明最大的影响，在以"机器"替代"劳力"，此种趋势日益加深，人的地位又将如何？许多学者研讨这个问题，发现无论机器文明怎样进展，它所能替代的，只是"劳力"，而无法替代人的"创思"。任何一个机构、团体，欲求其进步，必须结合此一机构或团体中所有分子的智能，使其运用创思，有所贡献。由此可知"创思"对于一个机构或团体前途影响的重大，舍"人"之外，并非其他物质设备所能替代。人群关系学者，因而肯定"创思"使人类走到现代文明，亦将带向更为灿烂的明天。人的可贵，已不在其劳力的贡献，因为越来越灵巧、越吃重的机器，已日渐显现其优异的性能；人的可贵，是在如何运用其"创思"，事实证明，再进步的计算机在这一方面都无法超越人脑。良好的"创思"，固然有赖于智慧，也需要有一副清晰的心灵、灵敏的头脑。而哲学对于智慧、心灵与头脑均有启迪或促进的作用。哲学家好学深思，注重推理，一种哲学学说往往是哲学家智慧、脑汁与心灵的结晶。苏格拉底说："食物是身体的滋养料，而学识是心灵的滋养料。"他所谓的学识，即是哲学。所以研究哲学，不但可以启迪人的智慧，使人深思；而且可以训练心灵，使人头脑清晰、思想灵活，对于"创思"大有帮助。何况在机构或团体中，如何与人和谐相处，如何对事胜任愉快，也是良好管理的必要条件，而做人处事道理的探讨则是人生哲学的中心问题，一种正确的人生哲学，对于做人处事的准则必定有所阐究，我们如能奉为行为的指针，必能对于管理有所裨益。

（三）管理本质需要哲学的批判

就管理本质而言，管理的功能，是否具有普遍性？我们是否可能为一般的主管定出一套管理原理？功能与技术能否混为一谈，抑或必须划分清楚？都有待哲学的批判。在心灵论方面，对于人类心灵的构成有不同的看法，假若我们接受心灵实体说的观点，把心灵看作是异于物质的一个实体，因其作用的不同，具有种种的能力，包括记忆力、想象力、判断力、理解力等等。这些能力，虽然如此划分，可是只代表一个本体的几种作用，训练任何作用，都可使整个的心灵加强力量。海文（J. Haven）在其《心灵学》（*Mental Philosophy*）一书中指出："心灵的活动，严格说来，是单一而不可分的。心灵并非是数部合成的繁复体，乃是单一的。"我们自可肯定管理的功能是具有普遍性的，我们可以为一般的主管定出一套通用的管理原理，而且功能与技术应该予以划分，只要不涉及技术性问题，管理的知识与经验是可以引用于各种不同的机构或团体的。如果我们承受赫尔巴特（J. F. Herbart）的心理原子论（Psychological Atomism），把心灵看作心理状态，认为人类没有固定的心能，人类的心灵活动，发源于外界输入的种种观念，每个单位的观念，都是构成心灵的分子；心灵的活动，就是观念的集体活动。那么我们对前述管理本质的看法，势必适得其反。在知识论方面，各种不同的派别，也对管理的本质产生不同的影响。例如我们采取理性主义（Rationalism）的观点，认为理性活动的结果便可构成知识，经验不仅不能构成知识，反而增加知识的混乱，于是我们自然重视管理知识而轻视其经验，难免倾向于决策理论学派或数量学派的主张，因而偏重于管理的"科学性"。假若我们认为经验才是知识重要而可靠的来源，所谓理性不过是经验的产物，那么我们便会同意经验主义（Empiricism）的观点，自然重视管理经验而轻视其知识，难免倾向于管理程序学派或管理经验或实例学派的主张，因而偏重于管理的"艺术性"。可见管理本质需要哲学来加以批判。

丙　哲学与管理应有的关系

管理的本质、对象及其行动，既然都和哲学具有密切的关系，那么我们是否可以肯定管理有赖于哲学呢？哲学的意义，如前所述，是对经验作反省的活动，而经验又包罗万象，管理是吾人的经验之一，自亦包含在哲学之内。即就传统的看法，认为哲学的对象，系对于知与行的价值之判断，则管理的理论与实施，都和知行的价值判断有直接或间接的关系，可见管理不能不依赖哲学。

我们若从管理的实际加以分析，更可发现管理的全部历程，与哲学无不息息相关。先就管理目的来说，一切管理目的都和社会理想和人生观有关，全凭社会哲学或人生哲学来决定。例如个人主义的管理目的，在于个人人格的发展，甚至可能忽略管理的社会的意义。怀特（William H.Whyte）在其所著《组织人》（*The Organization Man*）中，即批评我们当前所建立的社会伦理观念，便是人对组织要做无限制的附托与忠心，无异于一种人为的牢狱，束缚了人类心灵的成长。若干学者坦率指出：当前的许多组织，似乎先天上与个人个性的发展有着基本的冲突，一个个性发展不太成熟，甚或是心智有缺陷的人，反而可能成为优秀的工作人员。这种理论，即是过分强调个人主义而发出对当前组织安排的不满……为了调和个人本位与社会本位的观点，利克特（Rensis Likert）提出了他的“相互利益的理论”（The Supportive Theory），认为：“无论是领导或组织，都应该确保每一个人，能够依据他的背景、价值观念与个人期望在相互交往与彼此关系中，获得最大可能的满足。也就是在组织中的经验，使他们感觉到，组织是建立在相互利益的基础上，完成了组织的目标，也同时获得了个人价值与成就的满足。”[1]

---

[1] Rensis Likert，*New Pattern of Management*。

次就管理的方式来看，可能有两种极端的典型：一是独裁专制的统治，一是以友谊、帮助的民主领导方式。当然还有介乎其间的，例如"软硬兼施"，或"暂时欺骗"之类。这些方式的产生，和哲学的心灵论与道德观有十分密切的关系。专制者经常把自己描绘成具有"超人"的能力，要求其随从者死心塌地为他效劳，多半居于心灵实体说的假定，认为人的天然禀赋各不相同，正如柏拉图在其《理想国》（*The Republic*）所说的："你们都是兄弟，可是上帝对于你们的造法不同。你们之中有些人有命令他人的能力，在这些人的组织之中，上帝和了黄金，因此他们也享有最大的光荣；有些人乃是上帝用银子所造成，只是附属品；还有些人是要做农工的，则是上帝用铜铁所造成。"既然只有他是上帝用黄金造成的，而他的部署都是用银子或铜铁所造成的，他当然要求无条件地服从，不容许批评与建议的存在，甚至采用或多或少的残酷手段，来铲除不服从或不忠诚的分子。民主领导者对于权力的运用，不只是个人的自我表现，同时也在帮助每一位组织成员有所自我表现，这种方式，可能是承受试验主义（Experimentalism）心灵论的影响，认为心灵作用能明白觉知人类所企求的目的，又能明白经验中各种施受的交互作用的因果关联，所以更能凭着他的目的，选择适当的手段，以求圆满达到目的。试验主义既然肯定智慧的行为，则人类对于行为的结果，自然应该担负道德的责任。同时民主领导者也相信试验主义的道德观，凭着自身完美的人格与正确的权力运用，使部署获得激励、满足，更具创造性、更具生产力，组织内更见友谊气氛，人际关系更为融和，因而促成了管理民主化。

再就管理的效能来说，究竟管理是万能的，还是无能的？或者是仅具有限的效能？心理学家麦康奈尔（James McConnell）说过："给我几个人，几周的时间，……我可以把他现在的行为，改变成你所需要的那样，当然必须以人类体能的限度为准。"这种可以任意控制心智的论调，加上近代管理理论逐渐放弃技术的研讨而倾向于记述性的科学（Descriptive Science），热衷于说明"A与B之间存在的一定关系"，进而预测"若采取A的行为，将产生B的结果"，视决策（Decision-Making）为重要的方法（Approach），似乎均在尽力提升管理的效能，使我们觉得管理的成就越来越大。但是，无论管理自身如何力求发展，彼得·德鲁克认为：它是以文化为转移的，并且受其社会的价值、传统与习俗的支配。诚如怀海德（Alfred North Whitehead）所说："现代管理的心力，需要一些科学的与社会学的教条。有关知识的许多事实的细节，往往是无法预知的，但是我们必须有一种非专门化的态度，在不同情况、不同事实之下，引用我们的原则。这种反应能力，可说是种哲学的习惯，亦即以哲学的观点，来探测社会。"管理者要寻求解决新问题的最佳决策，必须习惯性地以哲学的眼光，来透视理论与实际、传统与未来，才能提高管理的效能。

基于上述，可知哲学与管理具有十分密切的关系，我们不妨套用杜威的一句话：哲学是管理的普通原理，管理是哲学的实验室。[1] 兹说明如下：

（一）哲学是管理的普通原理

管理的理论和实施，都由哲学而获得正确的方针，管理的全部历程，都与哲学有关。任何机构或团体，主持者具有何种哲学思想，便会产生相关的管理理论与管理设施。我们欲了解此一机构或团体的管理原则，必先试探主持者的管理哲学，正如美国切斯特顿（Chesterton）所说的："我们欲考察别人时，最切要的事情，还是考察他的宇宙观。公寓主人考察房客，知道房客每月的收入多少，固然十分重要；还有更重要的，就是应该知道房客的

[1] 杜威原语为："哲学是教育的普遍原理，教育是哲学的实验室。"

哲学。将领抗敌，知道敌军的人数固然十分重要；还有更要紧的，就是知道敌人的哲学。"再从管理自身来看，它必须随时随地，从哲学的观点来厘定适当的目标、内容及方法，使其适合于时代和社会的需要。所以就管理而言，哲学的适当界说，乃是管理的普通原理。

（二）管理是哲学的实验室

管理固然要根据普通原理（哲学）来实施，而普通原理（哲学）也因管理实施的结果，获得正确的评价与考核。因为一切哲学不过是一种假设，而判定假设的价值，则有待于实验。管理的实际效能，可以判明其哲学思想的价值；哲学原先的使命，即在注意社会人生的现实问题，因而提出一种假设，如今透过管理上的实地运用，才能判定其是否合乎社会人生的实际需要，否则便需加以修正或放弃。由此可见：管理是判定哲学假设的实验室。

三、管理哲学的意义及其研究方法

甲　管理哲学的意义

管理哲学为实践哲学之一，系自全体人生经验上，全部民族文化上，解释整个管理历程的意义与价值，批判整个管理活动的理论与实施；综合各管理科学及其他相关科学的知识，以研究管理上的根本假定、概念及本质，而推求其最高原理之学。兹分别说明如后：

（一）管理哲学乃检讨管理上的根本的假定、概念及原理之学

管理哲学系以管理的眼光来讨论哲学的根本问题，包括心灵问题、人性问题、知识问题、道德问题、社会进步问题、艺术问

题等；复以哲学的眼光来探讨管理的根本问题，包括管理的目的、管理的本质、管理的范围、管理的对象、管理的方法、管理的价值、管理的活动、管理的效能等。管理哲学未必包含哲学或管理的全部，但必然需要论及二者的根本问题，因此管理哲学乃对于管理的假定予以批判，并阐明管理的概念及原理之学。

（二）管理哲学乃解释管理的意义、价值及本质之学

管理哲学的目标，在建立一套引导管理历程的价值系统，其内容涵盖社会与个人所面临的管理问题，例如在民主的社会与专制的社会，个人对于权力的运用，势必产生不同的效力。专制者即使维持或设置一些民主的机构，让被管理者保有"参与的幻象"（Illusion of Participation），亦无法赢得"接受"与"合作"。管理哲学采取的方法，即是关于这些问题及其价值的反省之思考，亦即将管理的意义、态度、价值及本质加以反省。

（三）管理哲学乃解决管理理论实施的困难及其矛盾之学

管理哲学必须处理管理在理论上、实施上的全盘问题，其主观基础为能力及意志，而其客观对象则为社会文化。因为同样的管理理论，由于彼此不同的背景，或由于个人的知能及精神，或由于历史及文化的影响，势将产生种种困难或矛盾。同样以"一团和气"为前提，便可能产生"一团和气，一事无成"或"一团和气，万事顺成"的不同后果，必须详为判明。又如许多学者都指称：组织范围增大，内部协调益形困难，管理者需花费更多的精力与时间，往往有得不偿失之感。但是实际情况显示：组织在一般情形下必定逐年增大，这并不一定表示业务增加，却代表了管理者希望员工增多，以提高其自身地位的心态，形成"帕金森定律"（Parkinson's Law）。管理哲学，即针对此等矛盾或困难，寻求其根本解决原理。换句话说，管理哲学即以全部人生经验为

背景，全部管理历程为对象，采取综合的观点、整个的见地，以研究管理之学。

简言之，管理哲学是对管理经验作反省的活动。

乙　管理哲学的演进

管理哲学是一门新兴的学问，但是有关的知识与活动，却自古即已存在。两千多年前，孔子提出"正名主义"，认为要"拨乱世而反之正"，莫如"君君、臣臣、父父、子子"，也就是上司尽上司之道，部属尽部属之道；家庭中则父尽父道、子尽子道。名实相符，实如其名，是我国最早的管理哲学。古希腊的管理史实，缺乏明确的记载，但是雅典共和国具有议会、法庭、行政机构及军事会议等等组织，可以证明当时已有良好的管理制度。苏格拉底认为"管理是在专门知识与经验以外的一项独立技巧"，实在和近代管理功能的理论，十分接近。可见社会组织，由简趋繁；学术由不明晰而至于明晰；管理哲学，亦随着历史的发展、文明的进步，而逐渐演进。

人类文化中，有组织的社会里，自然或多或少会考虑到管理有关的问题。但是早期的管理活动，几乎都是实务工作而非理论学者，他们热衷于实际的管理工作，偶尔提及若干片断的理论，尚谈不上脉络分明的系统。所以米宜（John F.Mee）断言管理哲学为二十世纪的产物[1]，他将管理哲学演进的年代及具有重大影响和贡献的人物列举如下：

1. 十七世纪的"理性时代"（the Age of Reason），以笛卡尔、培根（Francis Bacon）、霍布斯等为代表。

2. 十八世纪的"启明时代"（the Age of Enlightenment），以洛

---

[1] 参见蔡麟笔著《诸葛亮之管理哲学与艺术》，原引自 John F. Mee, *Management Thought in a Dynamic Economy*。

克、休谟、伏尔泰（Francois M.A.de Voltaire）等为代表。

3.十九世纪的"意念时代"（the Age of Ideology），以黑格尔、康德、孔德（Auguste Comte）等为代表。

4.二十世纪的"分析时代"（the Age of Analysis），以杜威、罗素（Bertrand Russell）、斯宾塞尔（Herbert Spencer）等为代表。

5.二十一世纪将为"统合时代"（the Age of Synthesis），即将各家各派的观念，予以整合统一，作整体而有效的运用。米宜的看法，就西方的观点而言，原无可厚非。因为有史以来，西方管理哲学，虽言人人殊，总脱不了效率（Efficiency）、绩效（Effectiveness）和现值（Cash Value）等短视的窠臼。米宜所列各个时代，系以当时突出的思想，引为标示，实际上历来均有其连续性，无法断然予以分割。即以统合而言，亦不能断定其必然开始于二十一世纪，一九六九年贝利斯（William H.Bayliss）便已集诸家学说，自创"SCROMPE"一词，以统合当代流行的七大学派，而独立一说[1]：

1.S——Management by System（MBS），即指牛雪尔（Richard F.Neuschel）等所创导的"体系管理"。

2.C——Management by Communication（MBC），即系毛里秀（W. V.Merrihue）等所提倡的"意见沟通管理"。

3.R——Management by Result（MBR），即是席莱（E.C.Schleh）等所强调的"成效管理"。

4.O——Management by Objectives（MBO），即称奥第尼（G.S.Odiorne）等所主张的"目标管理"。

5.M——Management by Motivation（MBM），即为格勒曼（S. W.Gellerman）等所提示的"激励管理"。

---

[1] 参见蔡麟笔著《诸葛亮之管理哲学与艺术》，原引自 William H. Bayliss,
Management by SCROMPE。

6.P——Management by Participation（MBP），即系曼罗（A.J. Marrow）等所倡行的"参与管理"。

7.E——Management by Exception（MBE），即是毕特（L.R.Bittel）等所倡导的"例外管理"。

至于我国的管理哲学，则以儒、道、墨、名、法诸家为著，各有其悠久的渊源与远大的影响。兹先述其主要精神如下：

（一）儒家

信仰仁义，主张以同情忠恕来追求至善。体悟天地生万物的仁心，奋然兴起发挥生生不已的创造活力，并不只求个人生命的完成实现，而是连同一切人群，与一切万有的生命都一起要在雍容恢宏的气度中完成实现，这是儒家的精神传统。[1] 原始儒家，如孔子、孟子，均主张"道德管理"，后来的儒家自荀子起盛倡"德、礼管理"，除了"德治主义"之外，兼采"礼治主义"。汉代以后的儒家，如贾谊、董仲舒、扬雄、程颢、程颐、朱熹、陆象山、王阳明、王夫之、戴震、焦循等人，大抵都强调"仁亲管理"，实际上即是原始儒家"本乎天心，推及人心，以行泛爱之亲"的延伸。因为"仁"这个字，在孔子以前就已出现，例如《诗经》《尚书》，都有仁字，它的意义也是指爱。但是把"仁"发展成为一种哲理，同时又把仁视同为人行为的最高准则，是孔子的创见。[2]

（二）道家

信仰道德，主张"无为管理"。认为契入大"道"，才能臻于至"德"内充的境界，消极的能够据以不役于物，消弭一切私心，

---

[1] 参见方东美著，冯沪祥译《中国的人生观》。

[2] 参见韦政通著《先秦七大哲学家》，原引自屈万里《仁字涵义之史的观察》。

积极的则能据以冥齐物我，怡然与大道同体，这就是道家的卓绝气魄。原始道家，如老子、庄子，也是主张"道德管理"的，梁启超将道家称为"无政府主义"，张采田说"道家者君人南面之术"和"道家所明者君道也"，都是谬误的成见。[1] 老子一方面对玩权弄术、戕丧人性的管理者深恶痛绝，极力反对。另一方面他却怀抱着伟大的理想，本着宽容慈惠的精神与大公无私的美德，教人放下一切私心成见，唯有大公无私，才能上下一心。管理者应该效法"道"的生畜创造，"天"的化育完成，或"自然"的创造进化，一方面善于救人，使人尽其才；一方面善于救物，使物尽其用。看似"无为"，其实"无不为"，也是十分积极的。在我国历史上，"汉兴七十年间，是道家思想头一次采用到实际政治上，而实用的结果，证明是大大地成功了"。[2]

（三）墨家

主张以墨为道。所谓墨道，就是尚同兼爱自苦利人的意思。管理者如果透过墨家，则能力行兼爱，避免互害，遵照"尚同天志"的原理，原天以律人，使人的所为能契合天的所欲，据此以全天志好生之德，并使一切万有都能在广大同情之下视为平等价值，这就是墨家的根本法仪。[3] 儒家的"差等之爱"，适合于宗法社会的家族组织。因为我国传统的家族，依照现代社会学对团体所做的分类，是属于初级的（Primary）或面对面的（Face-to-face）的团体，在这样的团体里，个人之间的关系，如父子、夫妇、兄弟、姐妹、长幼等，是直接而亲密的。这种亲密的关系，是内在于这个团体而言。如外在于这个团体，则团体与团体之间，就很

---

[1] 参见方东美著，冯沪祥译《中国人的人生观》。

[2] 参见张起钧著《智慧的老子》。

[3] 参见方东美著，冯沪祥译《中国人的人生观》。

自然地产生亲疏的差序，[1] 因而出现了"差等之爱"。墨者的首领，名为"巨子"，他所领导的墨者团体，则是属于次级的（Secondary）团体，他们基于共同的志趣或理想，组织而成，分子之间既没有亲疏的差别，比较容易产生普遍平等的"兼爱"观念，同时也容易产生普遍性的"法律观念"，所以墨家是主张"德治"兼"法治"的。墨家虽然衰微于秦而灭绝于汉，但是他的"兼爱的伦理观"有助于推行现代化的管理，不可忽视。

（四）名家

主张辨名实，析物理，明荣辱。孔子说："必也正名乎！"又说："名不正，则言不顺；言不顺，则事不成。"名家诸子的学说，虽各有不同，但其要旨，不外力主"名实相符"，使"万事万物，咸得其正"，以为管理的根本。名家又多与法家相关，如尹文常常提及法治，韩非子多引述惠施，我们可以说：名家所以明法治之理，法家所以讲法治之用。名、法二家，实在是不容易相离的。

（五）法家

儒、道、墨的政治思想，虽然不相同，但是都从人民的观点，来讨论政治。法家则专门从君主或国家的观念，以探讨人君的统治技术。春秋时管仲始立霸道，提倡"国家道德论"，折中于德治、法治之间，以功利为本。战国中期以后，法家分为三派：赵人慎到为"重势派"，主张国君须有威势；韩申不害为"重术派"，主张国君须有操纵臣下的技巧；秦商鞅为"重法派"，使"宪令著于官府，刑罚必于民心"。韩非子集三派的大成，认为势、术、法三者，都是"帝王之具"，不可偏废，他的言论，与被西方尊为"政治学之父"的马基维里相当。不过韩非"喜刑名法术之学，而归

---

[1] 参见韦政通著《先秦七大哲学家》。

本于黄老"，一方面承受荀子的性恶说，主张以威与刑来管理，认为威势可以禁暴，德厚不足以止乱；一方面又接受道家"无为而治"的观点，认为君主的职责，有如大轮船上的掌舵者，仅须深居高处，略举手足，轮船即能随其意而自行运行，这就是"以一驭万，以静制动"的道理，君主如果能够把握此一"必然之道"，即可上下无为，形成"帝王端拱于上，任人民自为"的局面。不过韩非的无为而治，是行法的结果，与一部分道家把自然理想化，采纯粹的不干涉主义，是不相同的。法家提倡"法的管理"，虽然在我国历史上没有获得良好的效果，但是他们对于法的重视，在管理上是超越其他诸家的。

我国先哲，大多数认为"德治"最佳，"礼治"次之，不得已才采用"法治"；而"术治"诡诈，"力治"野蛮，均不足取。一般人多认为德治、礼治与法治格格不入，无法调和，心仪于德治与礼治的攻击法治刻薄寡恩，害政害人；偏爱法家的又反驳前者政无常规，贤智不足慕[1]，实际上只要把合情合理的"法"与权谋巧诈的"术"分开，便知法治仍是一种理想政治，不像术治或力治一样不足为取[2]。

以上诸家的学说，经孙中山先生的整理，也和西方的趋向一样，逐渐统合了。

丙　管理哲学与管理科学的关系

十七世纪以前，哲学统摄一切知识系统，近代所谓物质科学、生物科学、心理科学、社会及文化科学等，无不包含在哲学的范围内。欧洲文艺复兴以来，知识系统渐次分化，百学竞出。加以人类理性觉醒，思想上解除了宗教对理智发展的压抑，科学脱离

---

[1] 参见方东美著，冯沪祥译《中国人的人生观》。

[2] 参见方东美著，冯沪祥译《中国人的人生观》。

哲学之后，不断得到鼓励，获得长足的进展。科学万能，逐渐变成人类的梦想，导致实证主义者根本否认传统哲学的继续存在，认为科学可以替代一切，主张所谓"科学主义"（Scientism），科学中人甚至有将哲学家比喻为盲人的，取笑他们整日在暗室中寻伺黑猫，始终摸不着头脑，使人不免怀疑"既有管理科学是否还需要管理哲学？"。

维护哲学研究价值的人士，则认为哲学和科学的研究，在范围和程度上有所差别。在研究范围上，科学只研究个别的现象，哲学却能综合各门科学所发现的定律，从宇宙、人生全体，作一合理的解释，无论物质与精神、实体与现象、过去与未来、存在与变迁、事物与价值，都包括在内。

至于研究程度，则科学着重个别现象的研究与解释，只作如此这般的陈述或描叙，而不作何以如此之故的说明。法人贝特洛（Berthelot）说得好："实证科学之于物象，不求第一因，不证最后果……只依观察与实验的方法，搜求事实，叙述之，比较之，以阐明其关系；科学所得之普遍的事实，例有观察与经验为之证明，为之保障，故不失为确切的真理。"[1]然而自历史上观之，哲学对于科学的假定、科学的结果，常存批评的态度，因为哲学家蓄意于朴素的事实之后，阐明其根由，咀嚼其意味。这种理性化的要求，实在是哲学的特征。[2]加以科学所研究的，是现实的外相，而哲学所研究的，才是现象的本体，因此我们可以断言：科学无法替代哲学。管理哲学与管理科学的区别十分明显：管理科学以局部管理事实为对象，管理哲学则以全部管理历程为对象；管理

[1] 参见方东美著《科学哲学与人生》，原引自 Cf.J.A.Gunn, *French Philosophy*。

[2] 参见方东美著《科学哲学与人生》，原引自 Cf.J.A.Gunn, *French Philosophy*。

科学通常采用分析的方法，管理哲学通常运用综合的方法；管理科学的主要任务，在发现管理事实的法则，管理哲学的主要任务，则在发现管理理论与实施所依据的最高原理。例如我们一旦厘定管理的目标，管理科学即可以种种方法、工具及技术协助其顺利达成，而目标的决定，则有赖于管理哲学，可见两者有相辅相成的关系。

既然管理哲学在研究范围和程度均与管理科学有所不同，而两者又各有其存在的意义及价值，彼此又相辅相成，缺一不可，则管理哲学显有研究的必要，自非任何管理科学所能替代。事实上管理科学的形成，在西方也不过三十多年的历史，而管理哲学，则上溯埃及、希腊、罗马、印度、巴比伦及我国古代，十分久远。我们不难发现：人类先有管理的实务，而后产生管理哲学，近三十年来由于竞争日趋激烈，逐年进入"超竞争时代"，各种机构、团体为求生存，不得不寻求管理的改良，因而推动了管理科学的发展。由于研究的对象相当复杂，使得管理科学迄今仍为最"不确定的科学"之一。我们既无法等待确切的管理科学发展成功，再来着手管理，就应该秉承管理哲学的原理原则，参照管理科学的事实法则，并且归纳管理实务所得的经验，互相配合，予以灵活的运用，才能在管理上获致显著的功效。

总之，管理哲学与管理科学具有非常密切的关系：没有管理科学，则管理哲学的原理原则失去了管理事实的凭借，势将不切实际；没有管理哲学，单凭管理科学的事实及法则不足以使管理的目的和理想超出现实的约束，而立于较高的境界。

丁　管理哲学的研究途径与方法

研究管理哲学，是假定研究者不但具备了管理理论的基础，而且也涉猎过一般的哲学，有着哲学的知识与修养。研究管理哲学的途径，有下述三种：

1. 以哲学与管理具有密切关系的各种根本问题，如心灵问题、人性问题、知识问题、道德问题、社会进步问题、艺术问题等为主，找出各派哲学对这些根本问题的解答，再加以评述其在管理上所生的影响。这种程序，略偏于哲学问题的讨论而归结于管理的应用。研究的结果，似乎比较接近于"哲学在管理上的应用"。本书即将依此一途径而进行，以利未习哲学者之易于具体了解。

2. 以各派哲学，如儒家、道家、墨家、名家、法家（或采其他分法，如分为儒、道、墨、名、法、阴阳六家，或再加农家、纵横家、杂家、小说家合为十家，或如蒋维乔将我国哲学思想分为六派[1]，即：自然主义派、人为主义派、享乐主义派、苦行主义派、神秘主义派、理性主义派）等为主，列述其对管理有关的各种根本问题，如"目的""本质""范围""对象""方法""价值""效能""活动"等的解答，然后评述各派哲学体系在管理上所产生的影响。这种程序，略偏于各派管理哲学的系统研究，其结果似乎比较接近于"各派管理哲学体系的综论"。

3. 以管理自身的根本问题，如目的论、本质论、对象论、方法论、价值论、效能论等为主，找出与这些根本问题有关的各派哲学的解答，探究其对于管理的主张及其影响，然后就管理上的实际结果，加以批评。这种程序，略偏于管理根本原理的评述，其结果似乎比较接近于"管理的哲学"。至于管理哲学的研究方法，也难有定论。本章前述各种哲学方法，都可以使用。由于"中国文化是艺术型的，和西方科学型的文化有显著的分别"，[2] 我们很注重"沉潜体会"和"潜移默化"，所以研究我国的管理哲学，和研究西方的管理哲学，应该采用不同的方法。例如前已述及"体会法"在西方哲学根本不算是一种方法，但在我国哲学领域里，

---

[1] 参见蒋维乔著《中国哲学史纲要》。

[2] 参见吴森著《哲学的定义和题材》，载吴著《比较哲学与文化（二）》。

它却是从直接经验领会原理或从躬行实践来证明理论的最佳方法。

　　研究我国管理哲学的方法，似可：首先放开眼界，从整个宇宙历程中看整个人生历程，从整个人生历程中看整个管理历程，运用综合法以获得通识。然后用直觉法、体会法深入生命心灵及管理的奥秘，洞察其本质、价值及意义。再以历史法、辩证法探求管理思想与制度演变的轨迹及其发展的法则。最后则用比较法、批判法，来评判管理上的理论、实施及基本假定。

第二章
管理与心灵问题

一、西方的心灵论

心灵问题，主要在探究心（Mind）是什么，心和身之间有何关系。心灵是知觉和知识的中枢，了解它的能力和作用，来源和限度，对认知一切真理都是很有用的。哲学家研讨内界问题，首须谈到自我，为了明白我的性质，自必重视上述两大问题。

西方哲学家对心的主张，派别繁多，至少有六种不同的说法[1]，简述如后：

（一）心如物质说

古代人民及希腊初期的哲学家，多把心灵当作一种物质。初民所谓心，就是鬼。他们以为生则为灵，死即为鬼。现今除愚昧民众，已无人相信。早期哲人，或视灵魂为火，或视为空气，或视为原子，均不离物质。

（二）心灵实体说

柏拉图肯定灵魂和身体是可以分离的，心或灵魂的性质是不变的、简单的，并且不可分割的。笛卡尔分心灵和物质为两种截

---

[1] 参见谢幼伟著《哲学讲话》。

然不同的本质，心物互相对立。斯宾诺莎也视心的要素为思想。他们假定所意识的种种心理作用的背后，有一个实体的存在。

（三）心灵状态说

休谟否认心为一种本质，他主张心只是一束感觉的集合（a Boundle of Perceptions），亦即经验汇合的总体。心灵初生时空无所有，后天逐渐累积许多经验，将各种不同的感觉，依联想律（Laws of Association）加以结合，构成永恒不绝的意识流。

（四）心为组织原理说

康德认为联想律不能脱离记忆的根据，因为没有记忆，我们无法以一次的经验而造成联想。联想律既依赖记忆，则不能没有一种主持记忆的司理，这种司理，康德名为"统觉的综合统一"（Synthetic Unity of Apperception），他认为心是经验的组织，必有其统一的原理或司理。

（五）心为行为表现说

近代唯物主义者，深受生理学的影响，视心为行为的表现，除行为外，没有所谓心灵。霍布斯谓感觉与思想观念，是我们体内的运动；胡克（R.Hooke）认记忆为脑髓中一切观念之物质的储藏；赫胥黎（T.H.Huxley）更肯定心灵只是伴随神经系统中一切程序而运行变化的一些现象，称为伴随现象论（Epiphenomenalism）。

（六）心为一组意谓说

霍金（Hocking）认为心是"意谓"的表现（the Expression of Meanings）。事物所以有意谓或意义，就是因为有心灵；如果没有心灵，即无意义。一串行为或一组事实，有心的作用，然后才有意义可言。身体所供给的事实，由于心的存在而有其意谓。

至于心灵和身体的关系，则有两宗数派的论说如下 [1]：

（一）双元宗

1. 直接派——主张心身有直接的关系，但迄今仍未能说出如何直接及其所以直接的理由。

2. 平行派——主张心灵及身体为两组平行的过程，各成一关闭的完整系统，彼此并不互相影响。每个心灵状态同时配合着一个身体状态，构成一个全体。

3. 形而上学的双元宗——笛卡尔主张精神有思想性，物质有延长性，各有不同本质而对立，不能互为因果，其关系实上帝的安排有以致之。

4. 预定调和派——莱布尼茨（G.W.Leibniz）主张"纯一"（Monad）[2] 中有精神、物质两性，也是上帝使其互相调和的。

5. 活力派——主张机体为物质与精神相制的模范。机体越复杂，其功用越显著，才有精神作用的表现。

6. 生理派——主张精神的性质异于物质，但精神实有其本体，虽然与物质分离，仍足以制物质。

（二）单元宗

1. 精神派——泛心主义主张万有唯心。精神微子主义认为精神有普遍性，充满宇宙，物质并无存在的可能。精灵主义肯定宇宙万物都无关紧要，只有精灵才有实体，物质不过是其表现的外观，所以精灵才是紧要的。

---

[1] 参见刘强著《哲学阶梯》。

[2] Monad 或译为"单子"，莱布尼茨吸收希腊原子论的精神，而加以修正。他主张"原子"不占空间，是力的中心（the Center of Force），因此命名为 Monad。参见李石岑著《西洋哲学史》。

2. 唯物派——主张心灵是身体的一种形态。有一种变形的唯物论把心灵全看为身体的结果，称为副象说（Epiphenomenalism）[1]。物质为本体，精神为副象。

3. 一体两面派——主张精神与物质为一物的两面。物有两性：即物质与精神。至于二者何以能相制，并未论及。

二、我国先哲的心灵论

甲　儒家

儒家思想，起自尧、舜，传经禹、汤、文、武、周公，但在周公以前，偏重实行。孔子开始建立理论，成为儒家的领袖。秦始皇焚书坑儒，儒家思想大受影响，汉代董仲舒起而维护儒家，做了一个中兴人物，后代学者，只有整理的工作，缺乏创造的意愿，对于儒家的思想，没有新的开创。[2]

孔子以人格的实践与天合一，建立了大圣的典型，使我国的礼俗传统获得确定的形式，是儒家学术的第一期发展，表现于汉帝国的伟大建构。第二期形态则为宋明儒的彰显绝对主体性时期，其功效见于移风易俗。[3] 儒家主张实行仁义以感化天下，我们复兴中华文化，即宜把握人性人伦所以辨人禽、历史文化所以辨夷夏的儒学本质，使第三期儒学，得以发扬光大。

孔子最注重行为，整部《论语》二十篇里，孔子说过的心字，仅有六个。归纳成三种意义：

---

[1] 参见 E. Brightman 原著，刘俊余译《哲学浅论》。

[2] 参见蒋维乔著《中国哲学史纲要》。

[3] 参见牟宗三著《儒家学术之发展及其使命》，载《中国哲学思想论集·现代篇3》。

（一）一般人的心，即人之所以为人的心理

1. 子曰：饱食终日，无所用心，难矣哉！[1]

2. 简在帝心。朕躬有罪，无以万方；万方有罪，罪在朕躬。[2]

3. 兴灭国，继绝世，举逸民，天下之民归心焉。[3]

（二）宗教家的心，即悲天悯人的心理

子击磬于卫，有荷蒉而过孔氏之门者曰："有心哉！击磬乎？"[4]

（三）圣人的心，即万物一体、天人合一的心理

1. 七十而从心所欲，不踰矩。[5]

2. 子曰：回也！其心三月不违仁；其余则日月至焉而已矣。[6]

另外还有一句是孟子说的："孔子曰：操则存，舍则亡，出入无时，莫知其乡。惟心之谓与！"[7]大概是根据孟子自己的主张，认为心是思官，如同耳目等感官一样，所以思想的时候心即存在，不思想的时候有如心亡。假若心不在焉，就虽有如无。心灵原本没有出入，出入无时系指在与不在而言。

孟子是第一个注重心灵的哲人，他所持的，是一种先天良心论。他说："耳目之官不思，而蔽于物；物交物，则引之而已矣。心之官则思，思则得之，不思则不能得也，此天之所与我者。"[8]耳目等感官，不具备思想的能力；只有心是能思的，思想就是心

---

[1] 语见《论语·阳货》。

[2] 语见《论语·尧曰》。

[3] 语见《论语·尧曰》。

[4] 语见《论语·宪问》。

[5] 语见《论语·为政》。

[6] 语见《论语·雍也》。

[7] 语见《孟子·告子上》。

[8] 语见《孟子·告子上》。

的职责。

心的本质是思，要素则是"情"，包括恻隐、羞恶、恭敬、是非，也就是仁、义、礼、智四端，都蕴含在人的心中。孟子说："恻隐之心，人皆有之；羞恶之心，人皆有之；恭敬之心，人皆有之；是非之心，人皆有之。恻隐之心，仁也；羞恶之心，义也；恭敬之心，礼也；是非之心，智也。仁义礼智，非由外铄我也，我固有之也。"[1] 此仁义之心，孟子称为"良心"或"本心"，是与生俱来的，属于先天的。

论心最详的，首推荀子。他认为心是感官的总枢，感官只能感物，感而有知，乃是由于心的作用。荀子说："耳目鼻口形能，各有接而不相能也，夫是之谓天官。心居中虚，以治五官，夫是之谓天君。"[2]

五官各有所接触，分别接受一类印象，心则有察而知之的能力，所以缘耳而知声，缘目而知形。察而知之是心的特殊机能，没有心，虽然有感觉，却不能有知识。荀子说："心有征知，征知则缘耳而知声可也，缘目而知形可也；然而征知必将待天官之当簿其类，然后可也。五官簿之而不知，心征之而无说，则人莫不然，谓之不知。"[3] 征知即察而知之，耳目供给印象，心即察而知之。当簿系记录的意思，如无五官记录其印象，心的机能也将无从施展。

心的征知能力，并不是先天具有的，荀子认为它是后天经验所给予的。我们的心，初生下来的时候，原本没有征知的能力，必定要借五官把有生以后天天和外界接触所得到的认识，一点一滴记录下来，然后我们的心，才根据五官得到的经验，去辨正下

---

[1] 语见《孟子·告子上》。

[2] 语见《荀子·天论》。

[3] 语见《荀子·正名》。

次五官和外界接触的事物。

荀子认为欲才是与生俱来的，先天的欲，需要心来主宰，因为心是欲的主宰，有制约情欲的力量，例如人虽欲生恶死，但如心认为应当死不该偷生，则人也能舍生赴死。荀子说："天性有欲，心为之节制。"[1]

心是人的全角的君，精神的主，能自主，能出令制欲。荀子说："心者，形之君也，而神明之主也，出令而无所受令，自禁也，自使也；自夺也，自取也；自行也，自止也。"[2]心的力量很大，我们的欲望虽多，如果心还可以控制得宜，就不致有害。

荀子也认为心是善的，他说："心也者，道之主宰也，……心合于道。"[3]又说："人何以知道？曰心。心何以知？曰虚一而静。……虚一而静，谓之大清明。"[4]虚，就是不以所记忆的妨害即将容受的；一，就是注意力集中；静，则是不以梦幻乱其知识。虚静是老庄常用的名词，荀子受道家影响，而加以修正变化。心能知道，能节欲，所以人性虽恶，而人人可以为善。因为心有大清明的状态，才能察而知之。

董仲舒认为心受身的影响：形体安静，心也得安；形体妄动，心也不安。他说："若形体之静而心得以安，……若形体妄动而心为之丧。"[5]张载第一个对心确定界说，认为："合性与知觉，有心之名。"[6]"心统性情者也"[7]。心是总括性情而以知觉为其本质的。

张子的话，到朱熹才获得圆满的发挥，要点如下：

[1] 语见《荀子·正名》。

[2] 语见《荀子·解蔽》。

[3] 语见《荀子·正名》。

[4] 语见《荀子·解蔽》。

[5] 语见《春秋繁露·天地之行》。

[6] 语见《张子全书》卷二《正蒙·太和》。

[7] 语见《张子语录》。

（一）心的特殊功能，是知觉

人得天地之理为性，得天地之气为形。理与气合，然后有心，便能知觉。朱子说："问知觉，是心之灵固如此，抑气之为耶？曰：不专是气，是先有知觉之理。理未知觉，理与气合，便能知觉；譬如这烛火，是因得这脂膏，便有许多光焰。"[1] 心的知觉能力，十分灵妙，能测知万物、察辨极微、思虑无穷，举凡古今未来，上下左右，心都能突破时空的限制，念而知之。这种思维想象力，实在神奇。

（二）心是身的主宰

人体的动静，都受心的支配，我们的起居言行，都是以心为主。朱子说："心，主宰之谓也。动静皆主宰，非是静时无所用，及至动时方有主宰也。言主宰，则混然体统，自在其中。"[2] 又说："夫心者，人之所以主乎身者也，一而不二者也，为主而不为客者也，命物而不命于物者也。"[3] 此说与荀子的主张十分相近，人的举止言行，都以心的知觉为其主宰。

（三）心统性情

性是根本，有性更有知觉，便成为心。性发为情，情也在心之中。心不但是知觉，而且包括了性和情。朱子说："性是静，情是动，心则兼动静而言，或指体，或指用，随人所看。"[4] "性是未动，情已动，心包得已动未动。盖心之未动则为性，已动则为情，所谓心统性情也。"[5] 心有体有用，其体即性，指仁义礼智而言；

---

[1] 语见《朱子语类》。

[2] 语见《朱子语类》。

[3] 语见朱子《观心说》。

[4] 语见《朱子语类》。

[5] 语见《朱子语类》。

其用即情，指恻隐、羞恶、辞让、是非而言。性是静的，情是动的，心兼有动静，也就是总包性情。

（四）以天理人欲来分别道心人心

人只有一心，而或公或私，或原于理或出于欲，造成道心和人心的差异，其实人只有一个心。朱子说："心之虚灵知觉，一而已矣；而以为有人心道心之异者，则以其或生于形气之私，或原于性命之正。……然人莫不有是形，故虽上智，不能无人心；亦莫不有是性，故虽下愚，不能无道心。"[1] 道心人心的分别，乃在天理人欲，朱子说："夫谓人心之危者，人欲之萌也；道心之微者，天理之奥也。心则一也，以正不正而异其名耳。"[2]

陆象山赞成知觉是心的特质，却不认为心、性、情有所分别。他说："情性心才，都只是一般物事，言偶不同耳。"[3] 心、性、情只是一物，心即性即理，不过名词不同而已。他也反对分别天理人欲，不赞成以天理人欲来分辨道心人心。

陆子的心学，到明代王阳明才更为充实。王阳明和朱子、陆子一样，都认为知觉是心的特质，事实上这一见解可以说是我国哲学家对心的共同观念之一。

王阳明认为心不具形体，凡有知觉作用的，即是心。他说："心不是一块血肉，凡知觉处便是心；如耳目之知视听，手足之知痛痒，此知觉便是心。"[4]

能知的作用，谓之灵明，它是全身动静的主宰。阳明说："先生曰：你看这个天地中间，甚么是天地的心？对曰：尝闻人是天

---

[1] 语见朱子《中庸章句序》。

[2] 语见朱子《观心说》。

[3] 语见《陆象山全集·语录》。

[4] 语见《陆象山全集·语录》。

地的心。曰：人又甚么叫作心？对曰：只是一个灵明。曰：可知充天塞地中间，只有这个灵明。"[1] 这种天人合一的观点，也是我国先哲所特有的。

阳明好言本体，他以为心的本体是性，也就是知或天理。在他看来，心外无理，心即是理，而且"心即性，性即理"[2]，理、气、性、心、知，并无分别。他也不主张将道心和人心分开，却仍以天理人欲解说其差异，他说："心一也，未杂于人谓之道心，杂以人伪谓之人心；人心之得其正者即道心，道心之失其正者即人心，初非有二心也。"[3]

王船山论心，认为心的本质是觉，它以感官为凭借，感官能感，心才能想象，否则便无知觉，似乎是一种身心合一论。船山说："一人之身，居要者心也。而心之神明，散寄于五脏，待感于五官。……无目而心不辨色，无耳而心不知声，无手足而无能指使。一官失用，而心之灵已废矣。"[4]

陈立夫深究孔、孟的心灵论说，提出要点如后：[5]

1. 心为思想、行为之总枢纽。人的一切思、言、行动，皆经过心的思维而决定。心为形体的主宰，人之所以为人，人之所以能为其崇高的理想而奋斗，以及人之所以超凡入圣，都是由于心的统御有方。

---

[1] 语见《王阳明全书·传习录》。

[2] 语见阳明《王阳明全书·传习录》。阳明此一主张，实系发挥象山的"心即性即理"说。

[3] 语见阳明《王阳明全书·传习录》。程子指程伊川或程明道，因二程皆主分别人心与道心。伊川说："人心惟危，道心惟微，心道之所在，微道之体也。"明道说："人心惟危，人欲也；道心惟微，天理也。"

[4] 语见《船山遗书·尚书引义》。王船山即王夫之。

[5] 详见陈立夫著《人理学研究》。第十二讲"人心"尚有二目：一为"心、性与天异名而同理"，一为"为政首要，在得民心"。

2. 人的思、言、行动，既皆由心所决定发动，而其成败，即系于其心是否坚定。有坚定的信心，则无事不可成。

3. 心失正则偏。人先有平正的心，才能通达内圣外王之道，收到修齐治平之效。因此我心不可为外力所动、所移、所屈。此事并非容易，必须平时注重养心。

4. "欲"可使人心失其正，所以养心功夫，首重寡欲。但寡欲为养心的消极方法，居仁由义才是养心的积极方法。孟子所谓放心，即在追求、寻回放失的仁心。

乙　道家

先秦诸子中，儒、道、墨、名、法、阴阳六家，都对中国后世的学术、社会、政治产生过或大或小的影响，但对中国人的生活模式、价值取向，以及心灵形态影响最大最深最久的，无疑地要推儒、道两家。所以要了解二千五百年来中国文化的"根源"（Source），最好从这两家着手。[1]

老子是我国最早的哲学家，却始终没有论心的话。他仅仅提示我们，内心如果狂乱不能自制，其结果不但是内在地失去宁静，并且还要外在地影响到我们的行动。因为心官是人的司命，内心既然向往趋骛，尤其到了纵恣不能自制的程度，那么便一定要得之而甘心。内心既有此势在必得的目标，于是一切行止举动，便势必为了配合这个目标，而受到拘束干扰，以致身心交瘁，反而不能适意。[2] 老子说："驰骋畋猎，令人心发狂。"[3]

与老子并称的庄子，是道家人物中论心最多的，兹说明其要点如下：

---

[1] 参见韦政通著《先秦七大哲学家》。

[2] 参见张起钧著《智慧的老子》。

[3] 语见《老子》第十二章。

1. 心是至善的。庄子说："万恶不可内于灵台。"[1] 郭象注"灵台"即心。庄子说："灵台者，有持、而不知其所持，而不可持者也。"[2] 灵台之光也就是生命之光，要保持它的"清静大明"，便要做持恒的功夫。只要功夫不止，灵台即能常明。有人也许有"不可持"的看法，庄子则认为那是虚妄的，他认为人如果已经尽其在我，必能安之若命，所有忧患、得失和烦恼，都将不再纳入"灵台"，也就是不再妨碍我们内心的恬静和谐，可见心原本是善的，我们应时刻提高警觉，不让它陷入欲浪的追逐，才足以保持原来的清明。庄子这种观点，和儒家十分相近。

2. 近死之心是一种被缚的心态。庄子的心论和儒家最大的不同，在于他由反省的照察而透视到心的负面意义。庄子认为人有其理想的人生境界，通往此一境界，主要的障碍是"近死之心"。[3] 庄子说："近死之心，莫使复阳也！"[4] 一个人的心，假若陷溺在情绪、思虑、幻想以及欲望等种种因果现象的困境中，庄子视之为"近死之心"，是很难使它恢复活泼生机的。[5] 在这些因果现象中，人心被重重链锁所束缚，既不自由，又不能自主，偶尔反省，也是一片茫然，不知何以自处，实在可悲！庄子希望我们从这个"近死之心"的可怕情境中将心解救出来，不再自寻烦恼。

3. "灵台"和"近死之心"并不是两个心，而是一个心居于两个不同的层境。他们的关系，好像在功夫的立体历程的两端，一代表终极的目标，一代表奋进的起点。一念退堕，灵台就会立刻下坠而为近死之心。[6]

---

[1] 语见《庄子·杂篇·庚桑楚》。

[2] 语见《庄子·杂篇·庚桑楚》。

[3] 参见韦政通著《先秦七大哲学家》。

[4] 语见《庄子·内篇·齐物论》。

[5] 参见韦政通著《先秦七大哲学家》。

[6] 参见韦政通著《先秦七大哲学家》。

丙 墨家

墨者是一个有组织的团体，其弟子出仕后，假如所事的主上，不能奉行墨家的主张，必须自行辞职；出仕后所得的收入，也要分供墨者使用。墨者的首领，称为"巨子"。墨子即是第一任"巨子"，巨子对于团体内犯法的，具有生杀大权。这种作风，与侠者相近，所以从战国到汉代，墨家的人，一变而为游侠尚义犯禁，急人之难，历史上不乏实例：现在实行这派思想的人还是到处都有，虽然他们并不一定了解这派思想的真义。[1]

墨子和道家、名家、法家一样，没有具体的心灵论，他仅仅在认识论当中，提及下述几点：

（一）心是构成知识的本体

墨子认为我们拿本有的"知材"，去和外物接触，摄取外物的状貌，构成印象，譬如用目去接物，留印象于我们的眼中，成为见，这时还不足称为知识。必须同时用心，把各个印象，分别加以比较，有条有理，然后下定判断，才能构成系统的知识。墨家这种观点，和儒家荀子的心说相当。

（二）心具有察辨的能力

墨子认为：听人家说话，固然是耳的专职，但是要了解说话者的意思，却完全依靠心的明察。心不在焉的时候，就会产生听而不闻的现象；有时即使听了，也弄不清楚对方的话意，甚至于会错了意。自己说话，虽然是口的专职，然而要用言语表达意见，也全靠心的辨别。不全心全意去表达，经常会辞不达意，导致错

---

[1] 参见蒋维乔著《中国哲学史纲要》。

误或偏失。《墨经》说："闻，耳之聪也。循所闻而得其意，心之察也。言，口之利也。执所言而意得见，心之辨也。"这种主张，实际上和儒家荀子的心有征知能力说，也十分近似。

（三）心察辨外物，以"天志"为凭证

荀子认为心的征知能力，是后天经验所给予的，墨子却以为"天志"才是可靠的察辨凭证。"天志"既不是先天的，也不是后天的，那是离开这二者而独立永存的。这个"天志"，说起来是非常渺茫的，但墨子不从渺茫的"天志"自身去追研，却从实化的（Realizational）事物中，去认识"天志"。换句话说，墨子不认为"天志"是超事物而独立的，而是内在于事物的中间的；就在事物中间有"天志"，不是事物之外，另有"天志"。[1]我们必须实行、实验、实证，以期从事物中间领悟出"天志"，作为心的察辨凭借。

墨家认"知"为"心之知"，心高于感觉，心灵敏，知道论说物之所以然。这种心知所得的知识，才算是人的真正知识。依墨子的看法，感觉只能得有一个物象，心则能知道物象的意义。而且又能以所知道的推到所不知道的，以获得新的知识。[2]

丁　孙中山

孙中山著《中国革命史》提及"余之谋中国革命，其所持主义，有因袭吾国固有之思想者，有规抚欧洲之学说事迹者，有吾所独见而创获者"。1924年（民国十三年）又说明其所主张的三民主义，"实在是集合古今中外的学说，顺应世界的潮流，在政治上所得的一个结晶品"。可见孙中山思想的渊源是多方面的。[3]

---

[1] 参见蒋维乔著《中国哲学史纲要》。

[2] 参见罗光著《中国哲学大纲》上册。

[3] 参见江观纶著《孙中山思想新论》。

孙中山的心灵说要点如下述:

(一)心是万事的本源,人是心的用具

孙中山认为:心是万事的根本而非枝叶,是万事的源始而非派流,所以心是人类万事的原动力,人类任何一事都无不从心而来。[1]孙中山在《孙文学说》自序中说:"夫心也者万事之本源也。"我们处理任何事情,均以心为原动力,革命成功与否,系于革命党人与革命军人的精神。孙中山说:"革命精神者,革命事业之所由产生也。"[2]孙中山又认为人的言行举止,都受心的役使;一动一静,无不以心为主宰。孙中山说:"人者心之器也。"[3]

主张采用兵法上的攻心策略,认为革命必先革心。为了建立一个健全的心理,以打倒革命党人心理上的大敌,孙中山才于1918年(民国七年),从事知难行易学说的著述,并定名为"孙文学说",以表重视。孙中山的心论,与朱子和阳明的主张,有其血肉上的关联,可以说是宋明诸儒"主宰的心论"之现代化,而主动心的真谛,无疑就是自主与自由。[4]

(二)心能主动进化、能创造

孙中山在《军人精神教育》中说:"现今科学进步,机器发明或亦有制之人,比生成之人,毛发无异者,然人之精神不能创造,终不得谓之人。"心的意义,在能创造,而所以能创造,则由于人的心能主动进化,"由无知而至有知",从原始的力弱而无意识,进化到意识日显、思维日强。虽然"凡为需要所迫,不独人类能

---

[1] 参见崔载阳著《孙中山哲学研究》。
[2] 语见孙中山《军人精神教育》。
[3] 语见孙中山《孙文学说》自序。
[4] 语见孙中山《孙文学说》自序。

应运而出，创造发明，即物类亦有此良能也"，[1] 但是人的心能不断产生新的心理活动，以创造新的生命、新的人格、新的文化与新的世界，这是物类所不能及的。

（三）心具有良知，人天生即有好恶的心

孙中山说："人智尽同。天与我以良知，学问虽有深浅，是非之心，则人皆有之。"[2] 又说："达尔文主张，谓世界仅有强权而无公理，后起学者随声附和，绝对以强权为世界唯一之真理。我人诉诸良知，自觉未敢赞同，诚以强权虽合于天演之进化，而公理实难泯于天赋之良知。故天演淘汰，为野蛮物质之进化。公理良知，实道德文明之进化也。"孙中山一方面承受阳明"人有天生能知是非之心"的观点，一方面以达尔文（Charles Robert Darwin）的进化论为根据，指出心灵长期进化，具有良知，足以明辨是非善恶，更进而抉择善恶，自比阳明的心论，尤为科学化与现代化。

（四）心有知觉灵明、心能自觉自明

孙中山以"人为万物之灵"，[3]《孙文学说》中也指出"生元之为物也，乃有知觉灵明者也"。心的知觉灵明、自觉自明，实在是心灵进化的最高巅峰。我们能认识自我，主要在于心的自觉，而人格意识的清明统一，主要也由于心的自觉。人有自明自觉的心，才能觉悟自己在宇宙间的意义与价值，才能本着良知，努力去创造，养成顶天立地的伟大人格。

意识为人类心灵进化的最大特征。心灵是进化的，又是绵延一贯与有机统一的。我们不能只重视意识的心，而忽略了主动的

---

[1] 语见孙中山《孙文学说》。

[2] 语见孙中山《地方自治为建国础石》。

[3] 语见孙中山《军人精神教育》。

无识的心。我们只有从进化的观点看心，心才在它的整体中显出它的主动、创造、良知，与自觉的层创意义。[1]

三、心灵问题在管理上的运用

心灵问题在管理上的运用，十分广泛。特别是我国重视人文、人生，而心灵则为其根本。既然所有管理活动，均与人有关，即与心灵发生密切的关系，兹就其主要者，分别说明如下：

甲 管理资源方面

如何了解人以及人的行为，使有效运用人力？

西方管理也重视个人的心理历程，例如利维特（Harold J.Leavitt）便强调：[2]

1. 管理者应该了解人的一般特性，才能够了解各种机构员工的特性。

2. 管理者面对员工与父母面对初生的婴儿不同，员工过去都有相当的工作经验，如果不了解人的基本特性，就无法了解员工以往经验对他的影响。

3. 管理者必须了解自己才能真正管好别人。

为了了解人的一般特性，西方心理学家将人类行为概判（Generalization）为一种普遍性的假设，认为行为有原因（Causality）、动机（Motivation），还有目标（Directedness），这个假设可以同样地适用于各种人、各种年龄、各种文化，以及各个时代。接受此一假设，会促使人进一步去观察别人的行为，寻找其行为的动机，以及动机背后的原因。人的行为既然不是随机的、盲目的，或是

---

[1] 参见崔载阳著《孙中山哲学研究》。

[2] 参见 Harold J. Leavitt 原著，刘君业译《管理心理学》。

没有理由的，那么人的"心理目标"就和"生理目标"同样值得重视，甚至由于心理目标瞬息万变而且没有止境，更应该成为我们悉心研究的焦点。

人除了有前述的共同性之外，还有其差异性，包括：接受不同的刺激、动机的种类和强度不同，以及个别的方式追求不同的目标、生理构造的大小和功能的强弱也不相同。其中和管理具有密切关系的，即是人有不同的心理需要，而且受到早期经验和依赖性（Dependency）的影响。至于了解自己，则是管理他人的先决条件。自知之明，是管理者应有的修养之一。例如他应当知晓：人在追求目标历程中，如果遭遇严重的阻碍，会变得富于攻击性。这时对自己能力充满信心的人，往往采取向外的进击，甚至直接朝向阻碍；对自己能力缺乏信心的人，则常向内攻击，把自己当作发泄的对象。良好的管理人员，应该尽力使自己避免走上这两个方向：既不攻击别人，也不埋怨自己。他应该有很多办法，来面对阻碍，克服挫折。换句话说，管理人员应该具有开阔的胸襟和广泛的安全感，深深了解自己比一般人更能忍受挫折，才会更理智、更客观地处理问题。同时一个工作努力、动机强烈的人，在遇到一些意料之外难以克服的阻碍时，偶尔发发脾气，应该视为正常的反应，不必引以为憾。再如任何人都会有或大或小的冲突，如果冲突涉及的需要相当重大，而且没有解决的办法，就会引起激烈的情绪反应。这时幻想、幻觉或遗忘，固然都是解决冲突的极端办法，因为将需要加以压抑（Repression），冲突即告消失，但就心理健康的观点来看，却不是最好的办法，它会耗去很多精力、减弱重组知觉的能力、并且使人无力寻求新的解决之道。良好的管理人员，也应该了解自己是否已把需要压抑而进入潜意识，以期及早调整而免自苦。

这些论说，依我国哲学的观点，并无不当。但是我们觉得柏格森的警语："心理学模仿别种科学的榜样，运用分析法，遂把从直觉里面得来的自我，裂为许多感觉、情感、意象，然后再作分别的研究。心理学的事实，不是全整的自我，只是一群心理的质素。"[1] 使我们深切体会先哲在"人之道"作整体提示的苦心。

我国先哲，认为要真正有效运用人力，主要在"得到对方的心"，管理人受员工内心的爱戴，得员工衷心的拥护，才是最为确切的成功的保证。管理问题，大多产生于人与人之间，我国先哲乃重视人之道，也就是人与人相处的道理。我们相信，人与人之间总有一条通畅的道路，这条路，便是仁。仁是发于人心的，是由心而生的，因此仁道也就是人的心。两个人相处，彼此了解，共处舒适而愉快，即是人道，也就是仁道。依我国哲学来解说：一切道理本于心，出于心，由人心可以发展出人道。人道管理才能深获人心，同舟共济，同甘共苦，遇到重大危难，也才能呈现忠诚，尽心尽力；不合人道的管理，结果必定众叛亲离，人心皆反，弄得大家痛苦不堪。

就人的心理来看，我国先哲认为心是思想、行为的总枢纽，我们的一切思想言行，无不由心的思维所决定，而其成败，则系于信心的是否坚定。管理者必须首先确认：

1. 心和身的关系，正如舵在船上的位置。心的方向不正，行为就不免偏差；心有定向，则行为就算偶有不当，也可以随时调整回来，使其复归于正。

2. 希望员工表现良好的行为，必须帮助他做好"正心"的功夫。心正才能不为外力所动、所移、所屈。

3. 要帮助员工正心，则须先正自己的心。正心是管理者修身的先决条件，自己先具有平正的心，才足以辅助员工建立平正的心，然后平正的心对平正的心，自能获得良好的沟通，达到"以

---

[1] 参见方东美著《科学哲学与人生》，原引自 H.Bergson, *Introduction to Metaphysics*。

心交心"的境界。

至于治心的功夫，作者以"自省、变化、专一"为急要方法，说明如下：

1. 自省——自己考察心病的原因，是由于名利心太重、忧郁心太浓、还是恐惧心太强？曾子要我们每日三省吾身，管理者如能时时冷静反省，进而诱导员工养成反省的习惯，相信很快就能发现自己"自卑感、夸大狂、自怜自怨、归咎他人、报复别人"的种种行为，都源于"私心、偏心、欺心、疑心"，正如《大学》所说的：心有所忿懥、有所恐惧、有所忧患，则不得其正。

2. 变化——自省自悔，发现自己心病的所在，是自知之明。知行合一，即知即行，所以要善自变化气质，才有真正的效果。克制自己、关切别人，做到富贵不能淫；爱惜节操、发泄郁结，自然贫贱不能移；认清目标、坚定意志，才是威武不能屈。这种变化气质的功夫，历来先哲均再三告诫，殊非易易。孟子要我们"寡欲""放心"，都是希望我们重视平日的养心功夫。

3. 专一——荀子最注重"专于一"，因为"精诚所至，金石为开"，专于一则无事不办。专一就是"择善固执"，变化气质已属非易，不见异思迁更是困难。孙中山曾写出"静敬澹一"四字予人。"静"是诸葛孔明"宁静致远"的"宁静"；"敬"为"庄敬自强"的意思；"澹"即诸葛孔明的"澹泊明志"；而"一"则是"专一""纯一"。

如何了解个人的心理历程，使其乐于接受新的管理方法？

任何管理方法，在适当时期，都必须有适切的改变。但是无论何种改良，多多少少，都会引人反感。特别是心理方面，员工首先会想到："这项改良对我的影响如何？将来我的工作会有何种改变？"他也可能怀疑："我的工作能力会不会难以胜任？"甚至害怕影响到他的既得利益。再说，任何新的管理方法，势将驱使工作人员放弃现有的习惯，改变目前的行为。行为的变易，关键在心，也就是员工对新的措施，是否抱持积极主动的态度。贾逊（Arnold S.Fudson）指出，除此之外，任何人在机构内总会与他人建立关系，包括他与别人的个人关系，他与管理阶层的关系，他与整个机构的关系等等，但是推行改良措施之后，这种种社会关系，很可能受到影响而有所改变，因此大家都免不了自问："这项改良，对我的社会关系将有何种变化？"上述三种影响，都应该积极加以考虑，设法疏导和分析，以期减少阻力，促成改良。管理者固然不能害怕遭受重大阻力而不敢从事改良；也不应该不顾一切后果，盲目蛮干，因为两者都将带来严重的弊害！艾默生（Ralph Waldo Emerson）说得好："愚昧地坚持到底，是缺乏理智的表现，只能得到愚昧的政治家、哲学家和神学家的称扬。"

依照我国先哲的观点，我们要贤明地坚持到底，成为贤明的有效的管理者，必须以良心对良心，加强心理建设，然后以无比的毅力，锲而不舍地朝向新的改良境界去拓荒，随时调整目标和推行的方法。关于这一点是否行得通，我们不妨看看赛尔旺·施赖贝尔（J.J. Servan-Schreiber）的意见，他考察日本的工业发展，发现在近二十年来，显然比美国更为急速地进步，但其特征，从好几方面来观察，都和美国的模式相离太远，证明了日本是在不失去其社会与文化的特征，不陷入只模仿人家的毛病，而达到最高竞争水平的大国之一。[1] 日本以其自己文化的优点，来推行日本模式的管理，既然获得优异的成效，这个事实，更促使我们，对先哲的论说增加无比的信心。管理的改良，必须重视员工行为、心理和社会所生的影响，才能阻力最小而收效最宏。否则一味模仿，或全盘引进，对于实际的反应，完全置之不理，不是推行困难，进展不易，便是勉强施行，无法获得大家真心的合作，断难

---

[1] 参见 J. J. Servan-Schreiber 原著，林锦胜、何清钦译《美国人的挑战》。

收到宏大的效果。

说到"良心对良心"，乃是所有中国哲学家共同的认定。中国人对"心"的看法，与西方大不相同，对我们来说，心代表了精神的作用、理知的核心、良知的本质、感情的源头，以及斡旋的官能。心是所有这些整合的一体，而"心善论"更使得我国先哲把一颗良心紧紧握住，绝不放弃。[1]"良心"的观念，是我国哲学的特色。

西方行为科学家，很少谈到良心，主要原因在他们认为人是被环境决定的，偶尔讨论到，也以为良心不过是文化模式的反映，或由社会规范的内射作用而形成。其实不论良心是否是文化或社会规范的反射，或者由于人的潜能，或者由二者互动关系而形成，在人类不同的社会里，良心的存在，却是普遍的事实。哲学家有的称之为"自觉的能力"，有的名之为"道德的觉醒"，也有的命名为"道德的自我意识"[2]，实际上所指的都是良心。

管理者持有良心，很快就会被员工所觉察，增强他们的向心和信心。员工一旦相信管理者是大公无私的，是公正不偏的，是仁慈为怀的，则管理者的任何改良措施，他们都会深具信心，认为是为大家好的，是合情合理的，是有其必要的。此种信心，形成坚强的向心，足以消除任何阻力，推动新的管理方法，自必顺利有效。

如何把握心理因素，使其妥善运用物力、财力？

西方管理，十分讲求方法。例如采购原则，在"适质""适价""适量""适时"。至于购地、购机、购料，也都有其适当的方法。我国哲学观点，则认为此等方法，固然十分重要，但方法之

---

[1] 参见方东美原著，冯沪祥译《中国人的人生观》。

[2] 参见韦政通著《中国的智慧》。

外，仍有一根本，就是员工的心理因素：如果他内心真正愿意去做，便能妥善运用适切的方法，并且逐步审慎考察，以确保成效；假若他心里不舒畅，则所有计划、原则，都难收到预期的效果。例如近年来有关厂房的布置、机器的安装与维护、生产线的调配、安全、保养，以及整套的财务计划及管理，几乎耳熟能详，而其是否有效，端视员工的心理向背而定。节约水电的必要性及轻而易举的方法，众所周知，但随手关灯、节制用水的行为多少人已经养成？可见心理建设，是非常重要的。

心理建设，依我国哲学的观点，主要在"唤醒良心"。我国传统的说法，认为良心或良知，是无法以"了解"的方式去了解的。我们只能从生活中去体会、印证，因为良心不是"我"的对象，它就在"我"之内，与生俱来的成为"我"的主体、"我"的主宰，所有的德行，皆从此流出。良心固然"与生俱来"，但它出入无定时，亦无定所，当我们神清气定时，它就悄悄地呈现出来；当我们神浊气躁时，它又悄悄地隐没了。良心只能被自觉意识唤醒，不能化为自觉意识的对象。[1] 幸好良心只会僵化，不会死亡。一个人纵然陷溺很深，久假不归，当他偶然听到一句真心话，或遭遇到真诚的责难时，马上又会激起隐藏在内心深处的良心之声，正如阳明所说的："人心是天渊，心之本体无所不该，原是一个天，只为私欲障碍，则天之本体失了。心之理无穷尽，原是一个渊，只为私欲窒塞，则渊之本体失了。如今念念致良知，将此障碍窒塞去尽，则本体已复，便是天渊了。"[2] 俗云："天不怕，地不怕，只怕自己良心来说话。"这是我国人所说良心的特殊功能。[3] 唤醒良心，有赖于我们自己与良心的沟通。可惜现代人由于下述两大

---

[1] 参见韦政通著《中国的智慧》。

[2] 语见《阳明集要理学编语录》。

[3] 参见韦政通著《中国的智慧》。

原因，往往无法获致良好的效果：

1. 人之所以不同于禽兽的，仅在于人有理性。能思即有理性，能思之心为人所特有，是"天之所以与我"[1]的，就是孟子所说的"大体"。耳目之官，则是人和禽兽所同有的，就是孟子所指的"小体"。偏偏现代人大多数都宁可张大"小体"，听任四周的疲劳轰炸，例如电视、电影、报纸、收音机，以及到处可闻的"喋喋不休"，而不肯从其"大体"，自然无法接受自己的良心之声。

2. 现代人缺乏独处的能力，患有严重的独处恐惧症，宁可跟一些最无聊，甚至最可厌的人在一起，宁可参加一些毫无意义的活动，而不愿静下来独处。[2]关于这一点，我国先哲亦早有妙方，即是"慎独"的功夫，非但不陈旧落伍，而且是拯救现代人心灵危机的最好方法。

管理者最好的办法，是设法提醒员工在成长的过程中，人会变得宁可服从魔鬼之声，而不听从良心之声。开始时，自己会与良心交战，慢慢地"理由化"掩饰了过失，听任良心日渐僵化。[3]因此我国先哲特别强调反省的作用。

曾子说："吾日三省吾身：为人谋而不忠乎？与朋友交而不信乎？传不习乎？"[4]荀子也说："君子博学而日参省乎己，则知明而行无过矣。"[5]阳明则认为人自有生以来，便有种种习染，积叠成私欲，夹杂在心，而失却了良知，必须致力于"廓清心体"，才能去心中之贼。管理者如何促使自己或有关人员不断从事反省的活动，以求与良心沟通，唤起良心之声，自能达到真正妥善运用物力、财力的地步。

---

[1] 语见《孟子·告子》。

[2] 参见韦政通著《中国的智慧》。

[3] 参见韦政通著《中国的智慧》。

[4] 语见《论语·学而》。

[5] 语见《荀子·劝学》。

乙 管理活动方面

如何领导，才能获得人心？

西方领导，重视行为的控制与有力的说服所构成的"影响力"[1]（Capacity of Influence）。为了增强影响力，西方管理者将领导的功能扩展到：计划、组织、协调、沟通、团结、指导、激励、考核等等活动。希望能够达到：发现、了解、分析并解决问题；确定工作计划；促使员工了解并接受自己的观点；监督策励所属员工，使其完成工作等目的，最好还要进一步培植有用的部署。

这些有形的功能，我们并不忽视，却认为在此等因素的背后，有一更为深远广大的共同目标，那就是：领导首要，在得民心。如何获得民心？孔子主张"为仁之方"在于"能近取譬"[2]，重点即在推己及人，将心比心。陆、王认为人有完全的良知，他们假定"满街都是圣人"，所以认为人只须顺其良知而行，就不会发生错误。这种看法，似乎过分乐观，因为完全顺着人的性情做纯真地流露，有时也是行不通的，所以孔子注重"克己复礼为仁"[3]，以礼为行为的外部规范，人的性情要做真纯及合礼地流露，也就是本同情心以推己及人，并且合乎适当的分际；同时我们的内心，也要建立自己的行为标准，这个标准是内在的而非外在的，是活的而非死的，是可变的而非固定的，致使我们的行为，能够因时因地，随着性情的真纯合礼地流露，而有相当的不同，也就是孔子所说的："毋意，毋必，毋固，毋我。"[4] 孔门哲学，向来极为注重人的心理方面，孟子也认为"人皆有不忍人之心"[5]，管理者具

---

[1] 详见陈立夫著《人理学研究》。

[2] 语见《论语·雍也》。

[3] 语见《论语·颜渊》。

[4] 语见《论语·子罕》。

[5] 语见《孟子·公孙丑》。

有"不忍人之心"，才会实施"不忍人的管理"，也就是人道管理。"不忍人之心"最具体的表现，便是要把对方当人，不要把对方不当人，看作非人，看作物。譬如在人事管理方面，我们不论要把某人降职、平调或者升迁，事先都应该取得他的谅解，使他心理上有所准备，然后才发布人事命令，公布周知。否则突然冒出一纸命令，如天雷一般，出人意表，则虽属升迁，当事人心理上一时难以适应，至少也有被视为"皮球人"，爱踢到哪里就踢到哪里的感觉，是无法赢得人心的。

如何控制，才能真正有效？

控制（Controlling）是麦卡夫（Metcarf）经营三过程计划（Plan）、执行（Do）、考核（See）的最后一个过程。[1] 控制的方法很多，例如专人负责考核、定期报告进度、定期会报以解决问题、利用管制图板或网状图以控制进度，重点均在催查（Follow up）及监督。

无论采用何种控制方法，管理者均有赖于一群优秀的幕僚作业人员，以资配合。管理者控制这些幕僚，再由他们控制其他员工，层层节制，才能有效。因此我国哲人，认为在各种实际方法之上，另有一种不变的动力，那就是心的感应。

钱穆说：人心有感应，我以此感，彼以此应。整个人的言行，由他的心来决定，而整个社会的风气，也可以从一个人的心去感应。他举例说，从前宋朝亡了，元朝入主，一批流亡者在路上休息，看见路旁有一棵桃树，大家都争着去摘桃子解饥渴，有一位讲理学的先生，他不肯摘。别人说：那桃树无主，任何人都可以摘，你为什么不摘？他却说：桃子没有主，我心有主，我不能随

---

[1] 参见施俊文著《管理学概论》。

便摘。[1] 天下大乱的时期，每一个人的心，都可以不乱；天下无主的时候，自己的心，仍然可以有主。世界上不乱有主的人多了，社会自然太平祥和。我们不论在任何国家，盼望拨乱反治，都要由此心的感应做起；我们不论在任何机构，希望人人奋发、个个努力，也应该由此心去感应。

如何协调，才能建立良好的人际关系？

不同思维形态的人，彼此很难沟通。任何人都有其思维历程，但是每个人的思维形态都不相同。近代分化组织中的主要问题，就是如何将各种思维形态不同的人融合成为完整的组织，因此特别重视沟通。研究指出：

一个人假若否定了沟通的功能，如看、听、触、摸等等，容或可能忍耐于短期，但超过一定的时限，将导致心理上严重的损害，甚至死亡。中国人的思维方式，可以说更像法国哲学家帕斯卡尔（B.Pascal）所说的"精细的精神"（Esprit de Finesse），而不是西方人擅长的"几何学的精神"（Esprit de Ge'ome'trie）[2]。一位曾在长沙湖南大学担任过讲师的德国人，亲身体会中国人独特的心灵，他说："一个欧洲人，是傻子或是聪明人，无论在什么地方都不会改变他的身份。但是在中国，一个对自己估价过高或装腔作势的人很快就会被发觉，因为中国人深黑而似乎毫无表情的眼光是安静、客观而又毫不留情的。用这个眼光，中国人比任何别人都更快地知道，站在他前面的是怎样的一个人；他自己也不知道究竟是怎样一回事，干脆称为是一种天赋。一个处处要翻箱倒柜、什么都要记录、什么都要说清的欧洲人，在这里他很快就会

[1] 参见钱穆著《中华文化十二讲》。
[2] 参见项退结著《中国民族性研究》。

被人看穿，而且是静悄悄地，任何表示也没有。"[1] 这是中国人心灵的细致与矜持，我们协调时必须真正出于至诚，否则众人静悄悄地，任何表示也没有，却早已看穿了管理者的阴谋诡计，又哪里能够建立良好的人际关系呢！

丙　组织目标方面

如何由心理因素调和个人目标与组织目标？

西方管理者一再强调"说服"或"诱导"的方法，希望员工意识到组织目标毕竟优于个人目标，而发生"认同作用"（Identification），把组织目标当作自己的目标，以齐一步调，提高效率。[2] 中国人则另有一套动之以"情"的做法，从心理因素彻底调和个人目标与组织目标，彼此互相关怀，达于忘我的境界。

吴森在《情与中国文化》一文中 [3]，提出两种不同的心态：一是 Concern（关心、顾念），一是 Wonder（探究、好新），他说："在 Wonder 的心境里，主体和客体是分立的。……客体和主体间有着一段距离。因为有了一段距离，客体对主体便有一种招引的力量，招引主体去探究客体的自身。在主体探究客体的过程中，……主体所追求的问题只有一个：'它（客体）是什么？'至于客体是否会对主体不利，是否有益世道人心，本身是美的还是丑的，这些问题，主体一概不管。只要能解答'客体是什么'一问题，Wonder 的历程已到达彼岸，客体不复是主体的对象，倘若主体尚有余兴时，便要另寻客体作对象了"。"在 Concern 的心境里，主体和客体不采取对立分明的关系。换句话说，就是主体不完全把客体当作客体。在此心境中，主体可能把客体当作共主

---

[1] 参见项退结著《中国民族性研究》。

[2] 参见 Ordway Tead 原著，钟振华译《管理的艺术》。

[3] 原载香港《明报》月刊一〇五期。

体（Co-subject），有时亦会把客体当作共客体（Co-object）。……Concern 的对象，不只是一个客体，而是整个环绕客体的整个相关的世界。"[1]

我们是 Concern 心理特别发达的民族，关怀者和被关怀者休戚与共、患难相扶，甚至于相依为命。我们所关怀的，不限于被关怀者自身，而且扩展延及有关的一切。管理者如果抱着 Wonder 的心境，则他与他所领导的成员，不但是分立的，而且是对立的。虽然这里的"对立"并无敌对的含义，它只是一种"主体永远是主体，客体永远是客体"的状态，彼此有一段距离，既难以消除旁观者（Spectator）的立场，也无法维持较为长久的关系。他不是没有"爱"心，而是他抱着柏拉图哲学中的"爱"（Eros），这种爱是不爱任何个人的，却以"纯理批判"来"探究"和"试新"，"好奇"重于情感，自然难以产生互相关怀（Mutual Concern）的心态。相反地，管理者假若抱着 Concern 的心境，那么他和他所领导的部署，将会建立一种休戚相关的关系。主体对客体，不但不是袖手旁观的，主体对客体，有了一种"共存亡"或"共患难"的责任，因而产生了较为持久的关系。我国社会着重人与人间的互相扶助和互相倚赖，正是 Concern 精神的发展造成的特色。管理者心中的"爱"，乃是出自人类本性的关怀心，也就是儒家孔子所说的"仁"，由于关怀的对象不同而产生"差等的爱"，充分显现人性的自然流露。

管理者果能发扬以 Concern 为主的管理，则员工与组织产生密切的相关，哪里还有个人目标与组织目标不相调和的难题！

丁　业务改善方面

如何减少心理阻碍，以促进革新？

任何改变，都会招致员工内心的不安，但是我们如果切实做

---

[1] 参见吴森著《比较哲学与文化》。

到：第一，管理者首先与自己的良心取得良好的沟通，真正了解自己；第二，管理者由个人的心理历程进而探究员工的共同心理和个别差异，因而建立以 Concern 为基础的休戚相关的人际关系；第三，管理者引导员工不断从事反省的活动，以求与良心沟通，唤起良心之声；第四，管理者一无私心、二无偏心、三无欺心、四无疑心，公正诚信，获得员工的人心。那么，业务改善的措施，只要管理者一声"劳烦"，一句"辛苦大家了"，即能彼此感应，衷心支持，大力推行了。

总之，卓越的管理者，必须注重变化气质，先去自己心中之贼，然后引导所属员工，尽去心中之贼。这一番功夫，崔载阳认为："实在可用近代心理学中所谓精神分析术的理论来加以解释。……人心到此境界，其潜意识已全部融化，直从心坎深处到达外面行为，表里如一，全人格充实光明，更无丝毫掩饰伪装，或丝毫隐藏躲闪。即其全部潜意识发展成全部的显意识，显潜全体融合。"[1] 团体中的每一分子，其心态都能如此真诚纯一，奉行阳明"尔那一点良知，是尔自家准则"的主张，自能顺利领导，不断改进，同心协力，共臻佳境。

居于我国先哲的心灵论说，我们不难发现儒家孟子所主张的"德行心"（先天性的良心）、荀子所倡导的"主宰心"（心能制欲）和"统摄心"（心为感官的总枢）、道家庄子所体认的"灵台心"（虚灵明觉的心）、墨子所重视的"知识心"（心是构成知识的本体），已共同构成了我们的"民族心灵"，使我们重视"良心"，强

---

[1] 唐君毅分析儒道墨三家的心灵论，认为诸家所说的"心"，实指不同性质的"心"：儒家孟子为"性情心"或"德行心"，荀子为"理智的统摄心"和"自作主宰心"；道家庄子为"虚灵明觉心"或"灵台心"；墨子则为"知识心"或"理智心"。参见唐著《中国文化之精神价值》第六章《中国先哲之人心观》，及唐著《中国哲学原论》导论篇。

调"人道"，所以我们在管理方面，应该特别注意做到下述几点：

1. 要以"人道管理"为努力的目标——"人道管理"也就是"仁道管理"，无论处理任何人事财物，都要"将心比心"，己所不欲，勿施于人。管理者重视仁道，才能得到员工的爱戴，获得众人衷心的拥护。管理者终究不是圣人，难免有错误的措施，此时如果人心归向，尚能设法挽回；假若民心背弃，注定自食恶果，招致失败。

2. 要以"沟通良心"为努力的途径——心善论是我国先哲共同的看法，管理者尤须以自省、自悔沟通自己的良心，然后以良心对良心，唤醒员工的良心，即能变化气质，蔚为良好风气。上下一心，通力合作，相信任何困难，都将为之克服；所有活动，无不充满信心。

3. 要以"民族心灵"为选择的标准——管理者选用各种管理工具或方法，务须衡量我国的民族心灵，视其是否"深获我心"。因为不合乎员工心理要求的措施，迟早会引起反感，而归于失败。如何修正，使能顺乎民心，应该是管理者的重要课题之一。

第三章

管理与人性问题

一、西方的人性论

古今中外所有以人为研究或管教对象的人，无不对人的心性问题发生兴趣，人不仅是难懂的，较物复杂得多，而且是时时变动的。[1] 人性问题，主要在探讨"人性的本质"与"人性的改变"。前者包括人性是共同的或互异的？人性是善的？恶的？亦善亦恶的？或非善非恶的？后者研究人性能否改变？如何改变？其改变是否有限度？

有关人性异同，我们已经指出：人有其共同性，如行为有原因、动机、与目标，生理构造大致相同。也有其差异性，如接受不同的刺激，动机的种类和强度不同，以不同的方式追求不同的目标，生理构造的大小和功能的强弱也不同。人性既不完全相同，也不完全相异。大抵通性相同，为人类所共有；特性相异，为个人或一群人所独具。人的通性可能永恒相同，不致发生根本的改变；人的特性无论怎样演变歧异，总不能完全远离通性而变成人类的新种。个人独具的特性，称为"个别的差异性"。在生理方面：外貌不同，比较容易辨认；构造或功能不同，有赖于测量和鉴定。在心理方面：智力的高低、性向的差异、情绪稳定的程度、兴趣的大小等等，都要利用科学的测验方法，予以适当的

---

[1] 参见陈立夫著《人理学研究》。

量度。

有关人性善恶，历来中外论说甚多。但是多半把智愚善恶混为一谈。例如孟子主张性善，以仁、义、礼、智为性的善端，仁智并举，苏格拉底主张"知行合一""知德一致"都是智愚善恶相提并论。事实上智者知善，但其行为未必尽善；愚者不知善，而其行为也未必都不善。智愚应该是数量上的差异，可量度而不同等；善恶则属于价值上的区分，能评估而不同类。孔子所说："唯上智与下愚不移"[1]，乃指智愚，与善恶无关。和他主张的"性相近也，习相远也"[2]，是没有什么关联的。

西方人性学说，据康德"论人性之根本的恶"（On the Radical Evil in Human Nature），有两大派四种不同的观点，简介如下：

（一）严格主义派

1. 人性善的观点——西方性善观念并不普遍，仅流行于少数哲学家及教育家之间。卢梭强调人性本善，受历史文明与社会制度的影响，才变为恶。

2. 人性恶的观点——西方先有性恶说，然后才产生性善的观念。基督教的原罪论，认为人性宿恶，不容怀疑与置辩。西方许多哲学家，基于宗教观点，而执意主张人性有先天的恶。马基维里、霍布斯、叔本华等，均持此论调。

（二）融通主义派

1. 人性亦善亦恶的观点——柏拉图的"共和国"，分灵魂（Soul）为三种要素：一为头部的理智之灵，属理性；二为胸部的

---

[1] 语见《论语·阳货》。

[2] 参见陈大齐著《论语臆解》。"性相近也，习相远也。"语出《论语·阳货》。陈氏释为：人人所禀受的天性，是差不多的，没有甚大的分别，一经后天的熏染，人与人之间便渐渐有距离，不复相近了。

意志之灵，属意性；三为腹部的嗜欲之灵，属欲性。理性为合理的、单一的；意性与欲性则是冲动的、非理性的；但欲性是复杂的，而意性是单一的。理性是善，欲性为恶，意性则似近于善而远于恶。假若理性驾驭得宜，意性可为所用，而欲性似亦可变为善。亚里士多德分灵魂为理性与非理性两大部分，人可善可恶。他认为善恶均起于人生同一活动，而德与不德，则视其活动状态如何而定。[1]

2. 人性非善非恶的观点——西方持此种看法的，亦不在少数。如伊拉斯谟说"人初生如未成定型之烛"；洛克主张"人心原是一张白纸"；霍尔巴赫认为人性与物性并无根本不同，人的爱憎，与物的引拒相同，实无道德善恶可言。康德、黑格尔、杜威，也都持人性非善非恶的观点。

至于人性改变问题，说"人性绝对不能改变"或"人性绝对可以改变"，显属两个极端，不可能成立。杜威在其《人性会改变吗？》（*Does Human Nature Change?*）一文中指出："当人性科学发展到像物性科学一样，关于人性如何最有效地改变的问题，自是十分重要。所问者不是能不能改变，而是在一定条件下如何加以改变。"他认为人性的表征可变，而其元素不能变，其改变是有限度的；最有效的改变必须依赖一定的条件，同时有其固定的限度。一般说来，人性有改变的可能与限度，大致获得公认，所争执的，不过是有人认为改变的限度是固定的，逾此限度即无可能；有人则认为限度即使存在，亦不固定。

---

[1] 参见陈立夫著《人理学研究》。

二、我国先哲的人性论

甲　儒家

儒家对于性的解说，有"性纯可塑论""性善可塑论""性恶可塑论""性非善非恶论""性有善有恶论"，及"性三品论"等六种。除了"性纯可塑论"及"性三品论"为西方所无外，其余四种论说，内容大抵中、西相当。

（一）孔子的"性纯可塑论"

孔子是我国先哲中第一位讲性的，但他只说："性相近也，习相远也。"这一句话的真义，分析如下 [1]：

1. "相近"和"相远"为人与人间的相近、相远。"性相近也"指人人所禀受以生的性互相近似。"习相远也"指原本相近的人因习染而拉长其距离。

2. 习之为用，是双向的，不是单向的。既可导人向善，亦可导人向恶，孔子说"学而时习之，不亦说乎"。习的作用假若只会导人向恶，孔子应当深恶痛绝，怎会教人学后要继之以习，且赞美其为可悦！《学而篇》所用的习字，是偏就其导人向善的作用说的，我们固不能因此便谓习的作用只导人向善，但至少亦当因此不能谓其只会导人向恶。所以习的作用，不是单向的，而是双向的。正因其双向，是以习的结果，使人在行为的善恶上互相远离，不复接近。

3. 孔子此则言论，并未寓有性善的意义。人性二字之为善称，未必已流行于孔子时代，孔子此言，对于性的善恶，未尝有任何

---

[1] 参见陈大齐著《论语臆解》。

表示。

　　人性是善是恶，孔子并没有提及。他只肯定地主张，人性是可以改变的：人由先天所遗传下来的性，初生时并没有什么固定的形态，完全是纯白的纸片一般，可以任后天的环境塑染的。环境的形态不同，塑染成功的形态也不相同。人性既然可由环境塑染，孔子便以"仁道"作为塑染人性的理想模型，希望把人类所有的性，都塑染成和他所拟订的理想模型一般。性纯可塑的概念，就是孔子创立仁道的根据，也正是他创立仁道的最大原因。

　　孔子以后，孟子主张性善，荀子主张性恶，两相对垒，于是性究竟是善是恶，成为主要争论点。

（二）孟子的"性善可塑论"

　　孟子以为性中有仁义礼智四端。这四种根本善，乃性所固有，不是本来没有而勉强练成的。他说："仁义礼智，非由外铄我也，我固有之也。" [1]

　　仁义是人的良知良能，一切道德，莫不出于人性，孟子说："人之所不学而能者，其良能也；所不虑而知者，其良知也。" [2] 但是性有善端，未必就没有恶端，孟子说："人之所以异于禽兽者几希，庶民去之，君子存之。" [3]

　　又说："人之有道也，饱食暖衣，逸居而无教，则近于禽兽。" [4] 可见孟子所谓性者，正指人之所以异于禽兽的特殊性征。人之所同于禽兽者，不可谓为人之性；所谓人性，应该是专指人之所以为人的"自性"。孟子最注重物类的不同，他说："生之谓性

---

[1] 语见《孟子·告子》。

[2] 语见《孟子·尽心》。

[3] 语见《孟子·离娄》。

[4] 语见《孟子·滕文公》。

也，……然则犬之性犹牛之性，牛之性犹人之性与？"[1]此种人之所以为人的特殊性征，孟子认为并非已告完成的，他称之为"端"，而且为数不过四端，可见仅在萌芽阶段，论质只是"几希"，论量有待扩充。孟子并未否认性有其恶端，他只是强调人之所以为人的自性而已。孟子又主张性是随着环境变化的，他说："性犹湍水也，决诸东方则东流，决诸西方则西流。"[2]孟子的"性善可塑论"，几乎成为我国的正统学说，在儒家中占很大的优势。许慎、李翱、王阳明、王夫之、戴震、焦循等人，对于人性的看法，与孟子都十分相近。

（三）荀子的"性恶可塑论"

荀子主张性恶，他认为人性好利多欲，性中并无礼义，所有善的行为都是后天勉强训练而成的。他说："人之性恶，其善者伪也。"[3]荀子所谓"伪"，并非虚假的意思，因为虚伪不能称为善。荀子认为："可学而能，可事而成之在人者，谓之伪。"[4]伪是纯然来自经验的人为。人性当中恶的成分，实际上也不是与生俱来的，是由人后天的贪欲所引起，荀子说："今人之性，生而有好利焉，顺是，故争夺生，而辞让亡焉；生而有疾恶焉，顺是，故残贼生，而忠信亡焉；生而有耳目之欲，有好声色焉，顺是，故淫乱生，而礼义文理亡焉。然则从人之性，顺人之情，必出于争夺，合于犯分乱理，而归于暴。……用此观之，然则人之性恶明矣。"[5]"顺是"就是顺着自然的性或情，不知加以节制，因而发生贪欲。人的不知节制，原非由于人的本能，而是取决于文化的取向。所以

---

[1] 语见《孟子·告子》。

[2] 语见《孟子·告子》。

[3] 语见《荀子·性恶》。

[4] 语见《荀子·性恶》。

[5] 语见《荀子·性恶》。

由不知节制而产生的恶，也是由文化所决定，是文化涵化的结果。[1] 我们如果利用文化中的合理成分来取代反理的部分，便可以纠正人的恶行，使其除恶返善，荀子说："故必将有师法之化，礼义之道，然后出辞让，合于文理而归于治。"[2] 主张运用礼义所产生的教化功能，使人受礼义的节制而免流于贪欲。这种导人为善的方法，是传统礼治社会所普遍奉行的。既然人性可塑为善，为什么荀子力持性恶的论调？原来他对性的界说，与孟子不同。荀子说："不事而自然谓之性。"[3] 又说："凡性者，天之就也。"[4] "天之就"即天生自然，凡是人生下来就具备的，才是人性。依荀子的观察，人性只是一张白纸，并无任何价值内涵。这和孟子强调人之所以为人的性征，而以人性即为价值主体的看法，截然不同。但是孟子和荀子都认为性是可变的，一致主张：人人可以为圣人。

(四) 告子的"性非善非恶论"

告子认为性本身无所谓善恶，后来改变为善，或者改变成恶，均由学习而来，是后来才有的。告子说："性无善无不善也。"[5] 又说："人性之无分于善不善也，犹水之无分于东西也。"[6] 而他对性的界说，则是"生之谓性"[7]，认为与生俱来的才是性，后天学习得来的不是性。只有食色是不需学习，生来就会的，所以"食色性也"[8]。至于人要为善，必待教诲；人要变恶，也要有所诱导，

---

[1] 参见韦政通著《先秦七大哲学家》。

[2] 语见《荀子·性恶》。

[3] 语见《荀子·正名》。

[4] 语见《荀子·性恶》。

[5] 语见《孟子·告子》。

[6] 语见《孟子·告子》。

[7] 语见《孟子·告子》。

[8] 语见《孟子·告子》。

所以善恶都不是本性。人的善恶，都是性的改变，性自身犹如一张白纸，原本非善非恶。性既可加以改变，则人便可能塑造成为圣人了。

王安石也主张性无善恶，而情则是可善可恶的。胡宏将性当作宇宙的本根，是至上的，善恶都不足以形容它，似乎是一种"性超善恶论"。

王守仁也讲性无善无不善，但他进一步指出无善无不善即是至善，一种超越善恶彼此对待的善。他说："至善者，性也。"[1]阳明的观点，也是性超乎善恶的。不过他力主性是至善，所以我们前面把他列入孟子"性善"的一派。

（五）世硕的"性有善有恶论"

世硕认为性兼含善恶，善人发展其中的善性，恶人则尽量扩张其中的恶性。但是讲性有善有恶最具体详细的，还是董仲舒，他指出人性中有善也有恶，原因在性中有情，而情是不善的，所以性有善但非全善，而且这善也要受教导然后成善，并不是原本就能表现出善的。董子认为人性中非情的部分是善的，情的部分是恶的，他说："情亦性也，谓性已善，奈其情何？"[2]如果性是专指与情相对的性，那么可以说是善的；但就整个性来看，就有善有恶了。

刘向讲性有善有恶，而情也是有善有恶的，他说："性情相应，性不独善，情不独恶。"[3]

扬雄也讲性中兼含善恶，互相混杂，不能说是独善或独恶，人要发展性中的善，才能成为君子，所以扬子要求"修性"，他

---

[1] 语见《王阳明全书·传习录》。

[2] 语见《春秋繁露·竹林》。

[3] 语见荀悦《申鉴·杂言》。

说："学者，所以修性也。"[1]

（六）王充的"性三品论"

王充主张人性有善、中、恶三等，因此人有善人、中人、恶人三类。中人以上的性善，中人以下的性恶，中人之性则不善不恶而可善可恶。他说："人性有善有恶，犹人才有高有下也，高不可下，下不可高。谓性无善恶，是谓人才无高下也。……余固以孟轲言人性善者，中人以上者也；荀卿言性恶者，中人以下者也；扬雄言人性善恶混者，中人也。"[2] 王充又主张性是可塑的，善可变恶，恶也可变为善，他说："人之性善可变为恶，恶可变为善。……在所渐染，而善恶变矣。"[3] 性恶的人，教导以学，渐渍以德，也可以教导而成中人甚至于中人以上。

荀悦、贾谊、韩愈，都有同样的看法。

儒家的人性论，方东美评述如后[4]：

1. "性善论"是先将人之性追溯其本——也就是"心"，然后再向上追溯本源——也就是"天"，以性承心，以心继天，天既以生物为心，生生为德，所以纯粹是善，而性顺承天心，所以也绝无恶理。

2. "性恶论"其实并无确实的有效证据，荀子所谓的"性者成于天之自然"或"凡性者，天之就也"，充其量也只是顺应自然的无善无恶论。荀子将"性"与"情"混为一谈，所以谓性为恶。"情"从逻辑上讲，比性低了一层，荀子牵性就情，犯了逻辑上混淆的错误，可以说只是一种"情恶论"。

---

[1] 语见扬子《法言·学行》。

[2] 语见王充《论衡·本性》。

[3] 语见王充《论衡·率性》。

[4] 详见方东美原著，冯沪祥译《中国人的人生观》。

3. "性无善无恶论"属"中立论",若依近代科学的观点来看,不无理由,但如落实到人生哲学则缺点极大,因为我们对于人生,必须从价值方面肯定其意义,而不能将价值漂白了变成中立。

4. "性有善有恶论""性三品论"都不曾直透人性的本源,而只是就后天习气着想,强为分别而已。

乙　道家

道家持"性非善非恶论",其要点如后:

1. 道家所谓性,是自然的、朴素的,其中既不含有仁义,也不包含情欲。

2. 道家不承认仁义是人的本性。老子认为仁义是人为的,而非自然的。张起钧解释"大道废,有仁义"[1]说:"在一般人看来,一切仁义全都是人们修养的成就,而为高名美俗之所在。假如在这方面能有推进,不仅民乐、俗美,并将是社会进步的表现。殊不知这全是肤浅的表面看法。若从进一步来看时,仁义不仅是使人痛苦的原因,并且还正是人们堕落的表现。须知在至德之世,民性素朴淳厚,大家莫不仁义。既都仁义,便也谈不到谁仁义,谁不仁义了。正好像,鱼在水中,反不觉有水一样。等到后世,民性浇薄,举世都离违仁义,然后才觉仁义为贵,而有人起来表彰宣扬了。所谓'道德不废,安取仁义?'[2]仁义一旦出现,就正表示人们远离'上德不德'的'至德之世',所以老子要人'绝仁弃义,民复孝慈'。"[3]庄子虽然没有废弃仁义,却也批评仁义不是至德。在庄子的眼中,至德就好像太阳的光辉,是无所不照的,

---

[1] 语见《老子》第十八章。

[2] 语见《庄子·外篇·马蹄》。

[3] "绝仁弃义,民复孝慈"语见《老子》第十九章。本段内容参见张起钧著《智慧的老子》。

而仁义好像一支蜡炬，它的光芒，只能照亮一处。仁义比起至德的境界，显得褊狭而不具普遍性。仁义只是一种德目，而每一个德目，仅就某一种行为立言，如果过分偏执某一德目，便会破坏了至德的中和性，所以标举仁义，多方而用之，反而破坏至德的真谛。仁义只能作为治理百姓的一种权变，至德是本，仁义是末，如果只讲仁义，而透不上去，反成了人性的枷锁。[1] 庄子甚至指出认仁义为性的思想，系属乱人之性。他说："请问仁义人之性耶？……夫子亦放德而行，循道而趋，已至矣！又何偈偈乎揭仁义，若击鼓而求亡子焉！意夫子乱人之性也！"[2]

3. 道家也不承认情欲是人的本性。《庄子·内篇》记述："惠子谓庄子曰：人故无情乎？庄子曰：然。惠子曰：人而无情，何以谓之人？庄子曰：道与之貌，天与之形，恶得不谓之人？惠子曰：既谓之人，恶得无情？庄子曰：是非吾所谓情也。吾所谓无情者，言人之不以好恶内伤其身，常因自然而不益生也。"[3] 老子认为各种感官的能力，以及生理方面的欲求，乃是私欲和罪恶的根源，成为人生的"大患"，他说："吾所以有大患者，为吾有身；及吾无身，吾有何患！"[4]

4. 性不含仁义，所以非善；不包含情欲，因此也是非恶的。那么性是什么呢？道家以为性是"德"的显见。原来道家一方面批评儒家所谓的道德，要"绝仁弃义"；但在另一方面，却对道德十分推崇，老子赞美"常道""上德"，庄子以"道德为主"，可见道家对于"道德"的解说，和儒家不同。道家取法天道，采取自然法则，他们所指的德，也是无为的，顺任自然的。老子说：

---

[1] 详见吴怡著《逍遥的庄子》。

[2] 语见《庄子·外篇·天道》。

[3] 语见《庄子·内篇·德充符》。

[4] 语见《老子》第十三章。

"上德不德，是以有德；下德不失德，是以无德。上德无为而无以为；下德为之而有以为。"[1]庄子也说："道者，德之钦也，生者，德之光也，……动以不得已之谓德。"[2]

5. 道家又认为性是"性命之情"，这里的"情"是"真"的意义，所以即是"性命之真"。性命之情是自然的，人唯有任其性命之情，也就是顺着性命之情，才能至正，而为德之显见。庄子说："彼正正者，不失其性命之情。"[3]又说："吾所谓臧，非仁义之谓也，臧于其德而已矣。吾所谓臧者，非所谓仁义之谓也，任其性命之情而已矣。"[4]

6. 综合起来，道家崇尚自然，认为人性原本圆满，只要顺着本性，不矫揉造作，不掺杂人为，便是最好的境界。这种顺着本性尽量自然发展的论说，实际上是一种绝对的性善论。换句话说，道家认为本性的善，是绝对的，不是与恶相对的善，而仁义礼智则是与恶相对的善，道家并不承认。但是道家一向不主张有善恶之别，老子说："唯之与阿，相去几何？善之与恶，相去若何？"[5]唯、阿，善、恶，彼此间实无多大区别，相反地却是彼此互涵互变的，所以我们不以道家的人性论为绝对的性善论，仍旧归之于"性非善非恶论"。

丙　墨家

墨子对人性的看法，近于孔子的"性纯可塑论"，不过孔子以他独创的"仁道"作为塑染人性的理想模型；墨子却把"天志"当作最高的道德标准，希望大家法天而成善人。兹说明其要点

[1] 语见《老子》第三十八章。

[2] 语见《庄子·杂篇·庚桑楚》。

[3] 语见《庄子·外篇·骈拇》。

[4] 语见《庄子·外篇·骈拇》。

[5] 语见《老子》第二十章。

如后：

1. 墨子认为人性本无善恶，他说："天下之为父母者众，而仁者寡，若皆法其父母，此法不仁也。法不仁不可以为法。……天下之为学者众，而仁者寡，若皆法其学，此法不仁也。法不仁不可以为法。……天下之为君者众，而仁者寡，若皆法其君，此法不仁也。法不仁不可以为法。" [1] "不仁"便是不善，不善未必就是恶，只是不善不足以为法而已。天下的父母、师、君甚多，而仁者极少，可证人性非善，但也未必就是恶，所以人性非善亦非恶。

2. 人表现出善恶，不是本性使然，而是后天环境所促成的。墨子说："……时年岁善，则民仁且良；时年岁凶，则民吝且恶。" [2] 环境好的时候，老百姓大抵是善良的；环境恶劣的时候，老百姓可就既吝且恶了。墨子认为人性如丝，未染之前，原本没有颜色，亦即无所谓善恶。但丝"染于苍则苍""染于黄则黄"，人性也染于善则善，染于恶则恶。他说："……染于苍则苍，染于黄则黄，所入者变，其色亦变。……故染不可不慎也。非独染丝然也，国亦有染。舜染于许由、伯阳，禹染于皋陶、伯益，汤染于伊尹、仲虺，武王染于太公、周公。此四王者所染当，故王天下，立为天子，功名蔽天地，举天下之仁义显人，必称此四王者。夏桀染于干辛、推哆，殷纣染于崇侯、恶来，厉王染于厉公长父、荣夷终，幽王染于傅公夷、蔡公谷。此四王者所染不当，故国残身死，为天下僇，举天下不义辱人，必称此四王者。……" [3] 舜、禹、汤、武王受善人的影响而成为功名蔽天地的善王；夏桀、殷纣、厉王、幽王受恶人的影响而国残身死，成为恶王，可见人性是后天塑染成功的。

---

[1] 语见《墨子·法仪》。

[2] 语见《墨子·七患》。

[3] 语见《墨子·所染》。

3.由于人性纯而可塑,所以墨子才苦口婆心,教人兼爱、贵义。他认为人性无善无恶,原本没有爱、义的概念,需要后天的教育,使人兼爱、贵义。他也相信人性是可以改变的,极力要用爱、义来塑染人性,使其兼爱、贵义。墨子对于人性能以后天的力量来改变,深具信心,因此表现出无比的救世热情。

4.天下的父母、师、君都不足以为法,而人要塑染成善人,又非有取法的对象不可,所以墨子说:"故父母、学、君三者,莫可以为治法。然则奚以为治法而可?故曰莫若法天。"[1] 墨子的"天",含义如下[2]:

(1)天有意志——天志是人生幸福的根本。天志指天的意志。天有意志,便有其自由,也才有其理智。墨子所称的天,是一"人格天"。

(2)天无所不知——天监临万物,无所不知。世人行善或为恶,都逃不过天的耳目。

(3)天至高至贵——世上最高贵的,莫过于帝王,但帝王仍须向天求福。何况帝王只有一国,天则兼有天下。人得罪了帝王,还可以出国逃避,获罪得天可就无处可逃。所以天高于一切,也贵于一切。

(4)天操赏罚大权——世人顺行天意的,将会受赏;违反天意的,终将受罚。

(5)天欲义而恶不义——天的意志在于行义,义是利民,天志便是要人民得利。天既欲义,一切的人就该奉行仁义,以求利人[3]。

---

[1] 语见《墨子·法仪》。

[2] 参见罗光著《中国哲学大纲》上册。

[3] 墨子说:"万事莫贵于义。"他所主张的"义",重在利人,以利为目的,为得利而有义。依墨子的观点:以一事能利于人的,才称为义。利人愈多,义的价值愈高;能兼利天下的人,则为最高的义。

（6）天为行政之本——墨子主张尚同，认为臣下应该完全遵从人君的意见，而人君又应该遵从天意。

（7）天以下有鬼神——墨子攻击当时的儒家不教人敬鬼神，他却认为敬鬼神是利民的一种大事，他引古圣王的言行，证明真有鬼神，尽力提倡敬鬼神以求福。墨子主张人的祸福出于自造，但天和鬼神赏善罚恶，人如果行善，自然得福。

墨子发现人性原本无善无恶，其为善为恶，全由后天的力量所造成，因此变化无常，有时行善，有时却为恶。要人为善，既不能求之于其本性，便只好依赖他力，而所有他力之中，必善而最可靠的，莫过于天、鬼。所以设定天、鬼为最高的道德标准，具有赏善罚恶的至高无上的大权，以励人为善、戒人为恶。

丁　法家

先秦各家思想的兴起，共同背景，为周制的崩溃。但各家承受周制的影响，则有深有浅，因而造成反应上的分歧。儒家对周传统采取维护的态度，希望更新，支持周制的精神，以保存周制的形式。道家冷观世态，以退为进，想从内在心灵中找出路。墨家从事社会改革，希望改变社会结构和价值观念。而法家则对应着激变的时代，面临社会文化的大转型期，相应地提供新的观念，积极推动当代社会文化的变迁。[1]

但是，法家过分投合统治者的心理，只重视单向的、消极性的、防范性的"法"，一味帮着统治者向人民提出种种要求，以致"法"即是"禁"，变成专制帝王统治人民的利器；对于积极的保障人民权益的法，一概不提，因此引起广大人民的反感。甚至为了确保人主的权力，主张"法""术"相济，认为有术然后才能行法，结果陷于权谋巧诈，为正人君子所不齿。

---

[1] 参见韦政通著《先秦七大哲学家》。

韩非是荀子的弟子，师承了"性恶"的观点，"人情有好恶，故赏罚可用"[1]，人的本性只知趋利避害，唯有利害可以驱使之，这是法家的性恶论。

韩非对于人性的考察，多半偏重于利害关系，他发现天下的人，莫不自私自利，例如：

1. 父母用"计算之心"以待子女，韩非说："且父母之于子也，产男则相贺，产女则杀之。此俱出父母之怀衽，然男子受贺，女子杀之者，虑其后便，计之长利也。故父母之于子，犹用计算之心以相待也。而况无父子之泽乎？"[2] 正因为人"皆挟自为心"[3]，互"用计算之心以相待"，所以"赏""罚"足以表现君势，成为君王的"二柄"[4]。

2. 人臣为求富贵而尽力，韩非说："富贵者，人臣之大利也。人臣挟大利以从事，故行危至死，其力尽而不望。"[5] 利之所至，所以不怨；如果没有富贵的指望，恐怕是不会卖力的。

韩非和荀子一样，认为性是天生自然的，不可学不可事的，他说："夫智、性也；寿、命也。性命者，非所学于人也。"[6] 但是韩非却否定了荀子强调礼义教化功能的主张，而提倡不当以仁义教人，这又和荀子大不相同了[7]。

荀子重礼义，韩非重法治；礼是教民为善，法是禁民作恶。商鞅说："法令者，民之命也，治之本也，所以备民也。"[8] 备民就

---

[1] 语见《韩非子·八经》。

[2] 语见《韩非子·六反》。

[3] 语见《韩非子·外储说左上》。

[4] 语见《韩非子·二柄》。二柄者，刑德也。杀戮之谓刑；庆赏之谓德。

[5] 语见《韩非子·六反》。

[6] 语见《韩非子·显学》。

[7] 参见韦政通著《先秦七大哲学家》。

[8] 语见《商君书·定分》。

是防止老百姓作恶，人本想作恶，法家设法使其不敢作恶，这是法家基于人性为恶的观点，而提出的主张。他们不是否定德治高于法治，因为"道行于世：则贫贱不怨，富贵者不骄，愚弱者不慑，智强者不陵，定于分也"。但是德治的效力，法家却断定其不及法治，因为人心不适于德治，人性既恶，教化并无多大作用，唯有厉行刑赏，才能有治，所以"法行于世：则贫贱者不敢怨富贵，富贵者不敢陵贫贱，愚弱者不敢冀智勇，智勇者不敢鄙愚弱，此法之不及道也。"[1]

戊 孙中山

孙中山以进化论的观点，来讨论人性，使我国传统的性善论，获得最高的发扬。孙中山又对人性分析，提出极为新颖的见解，而为我国先哲探讨人性论时所未曾注意及的[2]，兹分述其要点如下：

（一）以"生元论"即生命论，说明人类的起源，即说明人性的起源

Cell 一词，译为"细胞"，不易显现原义，孙中山译为"生元"，取其"生物原始"之意。生元由微而显、由简而繁，逐渐进化而成人类。先长成人形，更进而长成人性。而人性的长成，则由"生元之知"的发展。"生元有知"的含义，孙中山先就原有的医学观点来说："人间饮食不节而来。所有动物，皆顺其自然之性，即纯听从'生元'之节制，故于饮食之量一足其度，则断不多食。"[3]又说："身内饮食机关有如此之妙用者，非机关自为之为

---

[1] 法不及道，尹文子与慎子都说过这一句话。

[2] 参见崔载阳著：《孙中山哲学研究》。

[3] 语见孙中山《孙文学说》第一章。

也，乃身内'生元'为之司理者也。"[1] 既然一般的生命现象当中，已经表现出生元有能，孙中山便肯定人类"精神现象"中的良知良能，也就是生元之知、生元之能。物种是没有"精神现象"的，人类初出，与禽兽无异，那时候还没有"精神现象"，必待几许万年的进化，等到我们的人性开始长成时，才有"精神现象"，考其原因，即是"生元之知"的发展。因为物种构造体中的生元，只有"能"而无"知"，所以物种只有"生命现象"而无"精神现象"，孙中山说："物类则永无能知之期。"[2] 人类的构造体中，生元才能"有知有能"，孙中山说："人身结构之精妙神奇者，生元为之也。"[3] "人性之聪明知觉者，生元发之也。"[4] 物种与人类，虽然同为生元所构造，一则"有能无知"，一则"有能有知"，所以孙中山指出"惟人类终有觉悟之希望"[5]，果然长成了人性。

（二）以人性的长成，说明人类进化的起源，而人性乃从成人经几许万年之进化而成

人类既由动物进化而来，人性当然也是由兽性进化而来，所以人性当中，仍不免有兽性之遗留。孙中山认为物种进化，以造成人类为其目的，人类的进化，则自人性长成开始，以进入世界大同为其目的。孙中山不重人形的进化，而偏重于人性，实在和孟子的主张，十分相近。孟子所说："人之所以异于禽兽者几希。"[6] 这几希之差，并不在"形"，而是在"性"。人如果没有人性，便不具备"人之所以为人"的特殊性征，简直与禽兽无异，所以孙

---

[1] 语见孙中山《孙文学说》第一章。

[2] 语见孙中山《孙文学说》第五章。

[3] 语见孙中山《孙文学说》第一章。

[4] 语见孙中山《孙文学说》第一章。

[5] 语见孙中山《孙文学说》第五章。

[6] 语见《孟子·离娄》。

中山认为"人类之进化，于是乎起源"[1]。但是人类由物种进化到现在，从周口店猿人头颅化石的推算，也不过四五十万年，在整个宇宙进化史上，并不算长。由猿进化到猿人，再进化为人，时间既不甚久，所赋天性，难免仍带有物种时期遗留下来的性质，也就是兽性，相反地人性刚刚长成，所占比例，并不太大。孙中山说："依进化的道理推测起来，人是由动物进化而成，既成人形，当从人形更进化而入于神圣。是故欲造成人格，必当消灭兽性，发生神性。"[2] 按照孙中山的看法，人性中含有三种成分：兽性、人性、和神性。神性代表至善。我们所以为恶，乃是兽性作祟；我们能够为善，则是人性的力量；我们要造成神圣，还须努力发扬神性！

（三）以互助论为人类进化的原则，且认为是人类有史以来之数十万年的历史法则

人类为了求生存，不知不觉地发挥人性，而在互助合作的道路上迈进。人类由于能够互助，才出现了社会，社会组成之后，人们更需要互助，孙中山说："社会国家者，互助之体也；道德仁义者，互助之用也。人类顺此原则则昌，不顺此原则则亡。"[3]

（四）以人类互助与物种竞争相对立；互助既为人类之本性，故人性是善的

孙中山说："达尔文发明物种进化之物竞天择原则后，而学者多以为仁义道德皆属虚无，而争竞生存，乃为实际，几欲以物种

---

[1] 语见孙中山《孙文学说》第四章。

[2] 语见孙中山《国民以人格救国》。

[3] 语见孙中山《孙文学说》第四章。

之原则，而施于人类进化。"[1] 又说："物竞争存之义，已成旧说，今则人类进化，非相匡相救，无以自存。"[2] "相匡相救"，也就是彼此互助。可见孙中山采取折中态度，认为达尔文的生存竞争学说适用于物种，而不适用于人类；克鲁泡特金（P. Kropotkin）的生存互助学说适用于人类，而不适用于物种。人类自古以来，生活在自然界中，以自然界为其生活环境。在这个生活环境里，同时又有各种其他动物生活着，彼此杂处而居，各自为了生存，不免发生冲突与争斗。人类具有人性，自然而然互相关怀，彼此合作，来攻击其他动物或抵抗其他动物的袭击，以保障生命的安全。孙中山说："古时人同兽斗，只有用个人的体力，在那个时候，只有同类相助。……当时同类的集合，不约而同去打那些毒蛇猛兽，那种集合是天然的，不是人为的。"[3] 人类互助是天性所使然，足证人性本善。

（五）以大同为人类天性之所趋，世界大同乃人类进化的目的

孙中山说："人类自入文明以后，则天性所趋，已莫之为而为，莫之致而致，向于互助之原则，以达人类进化之目的矣。人类进化之目的为何？即孔子所谓'大道之行也，天下为公'。耶稣所谓'尔旨得成，在地若天'。此人类所希望，化现在之痛苦世界，而为极乐之天堂者是也。"[4] 进化的最后目的，是实现孔子的"大同世界"，这个人我一体的大同世界，是以人性作基础，以互助为原则而来达成的。因此人类进化向上就要增加人性、消灭兽性、发扬神性，大家凭互助、讲人道、重服务，过着高尚的道德生活，

---

[1] 语见孙中山《孙文学说》第一章。

[2] 语见孙中山《非学问无以建设》。

[3] 语见孙中山《民权主义》第一讲。

[4] 语见孙中山《孙文学说》第四章。

有以致之。

中国先贤，惯从"人生而静"方面，通观人性，成了百家争鸣的"性理哲学"；近世西方学人，多就"感物而动"方面，析观人性，标榜"心理科学"，各成一派。能以进化观点，注视人性长成，复见证于科学上"生元有知"之理，在学问上另辟一天地的，只有中山先生一人。[1] 孙中山以"长成人性"为基础，建立"人性科学"，把人性分成"生性"和"知性"两方面，主张"生性同等，知性不齐"[2]，说明如下：

1. 生性同等——生命（Life）的表现，各人大体上是一致的。孙中山说："人类要能够生存，就须有两件最大的事：第一件是保，第二件是养。保养两件大事，是人类天天要做的。"[3] 就"生性"而言，人性是相同的。

2. 知性不齐——人的智愚不等，现代科学已有明证。孙中山将人分为：先知先觉、后知后觉、不知不觉三系，人的思虑测度，各有不同，智力高下，尤为不齐。就"知性"而言，人性是相异的。各人聪明才力有天赋的不同，造就的结果，当然不同，自然不能有平等。这是资本主义者的知性不齐论。社会上的地位平等，是起点的地位平等。这是社会主义者的生性同等论。但是如果不管各人天赋的聪明才力，就是以后有造就高的地位，也要把他压下去，一律平等，世界上便没有进步。社会主义者只能要求实现生性中"需要阶段"的平等，至于"舒适、繁华阶段"，仍得任其自由发展，不可抹杀知性的不平等。为了调和不齐的知性，用以一体服务于同等的生性，使三系人得以相需为用，孙中山特提出一个具体的科学方案，那就是"民生法则"，也就是人类求共存的

---

[1] 参见《邱有珍文集·孙中山思想在现代学术上的地位》。

[2] 参见《邱有珍文集·孙中山思想在现代学术上的地位》。

[3] 语见孙中山《民权主义》第一讲。

法则。[1] 强调：大家的"知性"，必须获得"自由"的发展；大家的"生性"，必须获得"安全"的保障。这不但是科学的，而且也是合乎道德的！

此外，"能思"是人的特质，而人性即人之所以为人之理。人和一般生物相同，都具有求生之欲，不过只有人才有"能思"之心，因此人性也是人与禽兽所以不同之处。人性是善的，生民先天即赋有仁爱的德行。

三、人性问题在管理上的运用

性是人类天赋的生存本能，人有共性，也有个性，对于管理的影响，自是复杂而重大。人性问题在管理方面的运用，分别列举要点，说明如下：

甲 管理资源方面

如何了解人性，并据以满足员工在人性方面的主要需求？

西方管理，承受西方性恶哲学，驱使工人在恶劣的工作环境下挣扎。泰勒倡导科学管理，着重于控制制度的建立，虽然已经觉察到人的重要性，却依然视人性为恶，厉行硬性的管理，形成组织内部的不安与紊乱。一九二〇年"人性管理"运动（Humanistic Movement）、霍桑研究推翻了许多以往在管理上所作的假定，了解到：人之所以为人，在物质条件之外，还有更为重要的精神要求，因而掀起了"人群关系"的热潮。但是性恶的恐怖意识仍然笼罩着整个的管理，似乎难有重大的突破。

道格拉斯·麦格雷戈比较理论 X 与理论 Y 人性说。他认为理论 X 属于传统的看法：一般人生性厌恶工作，尽可能避免工

---

[1] 参见《邱有珍文集·孙中山思想在现代学术上的地位》。

作；必须运用强迫、控制、督导，以及惩罚的威胁，才能使人们努力于组织目标的达成；而且一般人都宁愿为人所督导，规避职责，甚少具有雄心壮志，只求生活上的安全。理论 Y 则有助于个人与组织目标的融合，其对人性的观点为：一般人并非天生厌恶工作，因为工作环境的不同，可以是乐趣之源，也可能是痛苦之渊，前者人们将乐于工作，后者尽量逃避；外力的管制和惩罚的威胁，并非唯一达成组织目标努力的方法，人们对自己所承诺的目标必能自治自律地努力达成；自我满足和自我实现乃达成组织目标所做努力的直接产物，亦即其主要的报酬；一般人在情况许可下，会主动设法寻求工作，规避责任，并非人的天性，而系经验的结果；大多数人具有应用高超丰富的想象力、智能和创造力，以解决组织里面问题的能力；而且在现代工业生活的环境里，一般人所具有的潜在能力，并未充分发挥。[1]

理论 Y 的见解，固然较之理论 X 有长足的进步，但是和我国的人性理论仍有一段差距，因为只有我们中国人，才真正看到了"人性之美"。方东美指出我国先哲的人性学说看似相互冲突，有时甚至无法调和，但若仔细思量，便知都只是来自方法学上的缺点，仍然可以消融冲突，化解无憾。如果我们在评价人性之前，能先将心理的全部历程做一种纵贯观察，便可得到很重要的结果，那就是由天地生物之仁心来推测人心的纯善，更从人心纯善，进一步欣赏赞叹人性的完美。[2] 性善的主张，是人类最高的自由与平等的论证，人人能达到善的目标，是真自由；人人同有向善的本性，乃真平等。

人介乎兽和神之间，仁义之心一旦放失，丧失了人之所以为

---

[1] 参见朱承武著《现代管理科学》。

[2] 详见方东美原著，冯沪祥译《中国人的人生观》。

人的尊严，即如明代哲学家陈白沙在其"禽兽说"[1]所描述的，不过是一包脓血，裹一大块骨头。这样的人，只知为了满足生理和心理需要而活，在道德上毫无成就，实在与禽兽无异。相反地，我们本着孟子所说"人皆可以为尧舜"，认清人人俱有的善端，顺性存养以扩充之，发扬宋儒所说的"圣人之性"，做到《大学》指引的"至善"，则人仍然是现实的人，并非变成抽象的神，可是人性中的神性部分尽量扩充的结果，必定造成恢宏伟大的人格。人变兽与人如神，全在我们的一念之间，人之恶者为兽，善者为人，至善者为神。

管理者如果缺乏"性善"的信心，是无法达到真正安全、真正自由、真正平等的佳境的。常听一些管理人员感叹"人心不古，世风日下"，如果心存性善，积极地予以改变，则是正视问题，面对困惑的正当心态；假若因此而丧失了性善的信心，势必陷入不敢信赖员工的境地，徒然自寻烦恼，无法达成真正平等的管理。

员工在工作中的愿望，不外：（1）工作的保障与安定；（2）良好的工作环境；（3）情投意合的工作伙伴；（4）开明的主管；（5）晋升的机会；（6）优厚的报酬；（7）发挥才干的时机；（8）学习新工作的时机；（9）合理的工作时间；（10）轻松愉快的工作。其中工作的保障与安定，最为员工所重视，而发挥才干的"自由"，也越来越受到大众的关切。中外人性，有其共同的要求，不过我国哲学，却提供最大、最快的可能，以满足员工在人性方面的需要。因为就整个世界而言，前已述及，除了我国以外，西洋和印度思想，都深受宗教的支配，充满了恐怖意识或苦业意识，难获解脱。性善论者必须多方满足人性的需求，以达真正平等的管理。例如：

1.给予部属合理的自由，工作效率将会提高。让他们在某种限度内自行决策，也就是适度的分层授权，分层负责，他们将会

---

[1] 参见陈献章《白沙子全集》。

更加勤奋。不要让部属把自己看成一部大机器的小螺丝钉，他们将有更好的绩效。人唯有在肯定获得立足点平等的待遇，才会愉快地发挥潜力。

2. 确立员工参与（Employee Participation）制度，举办有系统的工作方法分析与改进（Technique of Job Methods Analysis and Improvement）的训练，使员工明了如何从经验中提供改善工作方法的意见，并切实加强意见交流（Communication），以杜绝"非正式组织"（Informal Organization）的谣言（Rumor）困扰，适时举办态度调查，以最大的诚意化徒具平等形式的民主领导为名副其实的实质平等。

3. 提供平等的机会，让员工接受教育，现在的在职训练（On Job Training）及建教合作计划，多半偏重于知识和技能。管理者应同时帮助员工，通过各种座谈或研讨，使他们获得人格的成长与成熟，加强其"自我教育"（Self-education），使他们充分体认"自我控制""自我负责""自我决定"的重要性，使人格更成熟。

4. 强调服务的平等。由于"知性不齐"，虽然同在一种机会之下，最后结果还是不平等，唯一有效的补救办法，只有彻底实行孙中山所提倡的服务道德平等，使聪明才力较高的人替聪明才力较低的人服务，聪明才力越高，则服务亦应越多，而绝对不能凭借各人较高的聪明才力来压迫别人。机构内适才适用，有权即有相对的责任，固然重要，如何建立服务观念，切实付诸实行，也是刻不容缓的。

5. 完全的绝对平等是不可能的，也是不必要的。管理者应该在"需要阶段"维持绝对的平等，以适应生性的相同；而在"舒适、繁华阶段"，立即调整为相对的平等，以符合知性的不齐，使其自由发展。这种精神，可以注入于物质待遇、精神待遇、工作分担、奖惩等方面。

如何体认人性的潜能，使员工自动自发，积极创造？

西方模式的管理，很可能带来人类的不幸。制式化、规律化、单调、枯燥无味、权力斗争、夸张虚伪等，不但丑陋，而且毁灭人性。现代管理，无论是计时系统的压迫、速度的要求、强制性的模仿，或者是计件给酬制，都给员工带来无比的紧张，使人际关系不再祥和融洽；为了大量生产，人不但成了机器的奴隶，而且人本身也成了机械。西方管理使我们变成自由社会里的"难民"，民主国家里的"被奴役者"，考其原因，显然由于西方文化，从来就偏重从物质方面谋求满足人的欲望。这是根据他们人性是自私的理论而来的。西洋重视个人主义及功利主义，达尔文"物竞天择，优胜劣汰"的学说，尤其形成了社会达尔文主义，助长恶性竞争的风气，使整个社会成为权利角逐的场所，而征服性、优越性、对抗性、榨取性，更为人们极力显现而引以为荣。日人川喜田二郎，自承"不知不觉中深受中国文化的影响"，从小学五年级开始，就喜欢田野生活，因此与爬山和田野研究结了缘，积长久的经验，深深体会出"人不是可以用诱饵来耍的猴子"。他在农场做工的时候，"每到早上，领班下令分配工作。'你到那边田里拔草，你在这边犁土。'大家都默默地做完被指定的工作。接下去又是一个被指定的工作。到了晚上，吃完了大锅煮的伙食，一个个只是沉默地看看杂志，下下棋罢了。可是有一个机会当了监工，偶尔想起改一改大家做工的方式。比如说：大家要做的工作，不在当天临时宣布，改在前一天晚上预先告知。接着更把下一周的预定工作先告诉大家。等这个作法上了轨道后，甚至可以把下一个月的或一个季的、下一年度的计划逐渐扩大展望。避免由个人作主，设法将不太爱说话的人们拖进讨论里，于是大家便兴高采烈地谈论明天的工作了。……在这个新风气下，我们激赏别人的创新求变；奖励自动自发；对于分配出去的工作，予以完全的信任；彼此尊重各人的工作进度。并且要是有人陈述他的工作成果，也都乐意倾听。"他又发现这样一来，效率大大地提高，同人间不满的情绪减低到以前的一半或一半以下。[1] 一点点的改变，能够产生这样大的差异，足证顺着人性者昌，不顺人性的，早晚会自食恶果。

我国哲学对人性潜能充分了解，从其刚开始的鼓舞作用到最后的精神高峰，皆能深自体悟，所以能够使人善尽其责，在仁爱的意识下，根据智慧的导引而完成神圣的使命。[2] 我们的性善哲学，深信人人生而伟大，只要让他自发创造，必能殚精竭智，发挥所有潜能，协合和谐地充分实现自我。

一般人谈起"创造"，往往只看到"手段"的一面，也就是"发明"或"创新"。实际上"创造"还有其"目的"的一面，一个人的行为，对他自身而言，如果属于完全独创的经验，便是"创造"。川喜田二郎认为创造的行为，应该是能尽量满足下列三个重点，而且合乎的程度越高越好：[3]

1. 越是自发的行为，越富创造性。

2. 越是没有模式或标本的行为，越富创造性。

3. 越是对本身有切实意义的行为；而越不是"结果成败如何都没有关系"的游戏，越富创造性。

人的不满情绪，多半是无法满足本身创造性的表现，我们应该了解人除了"怎样才能生存下去"的"活命"需求之外，还有"应该怎样生活"的"价值"要求。管理者要技巧地将"交代属下作业"转变成为"设法让部属做事"，例如：

1. 委任部属工作，只指示目标，不说明途径。让他自己去发挥创意，摸索方法和程序。

---

[1] 参见川喜田二郎原著，邱庆彰、林彻、洪小乔合译《群策群力学》。

[2] 详见方东美原著，冯沪祥译《中国人的人生观》。

[3] 参见川喜田二郎原著，邱庆彰、林彻、洪小乔合译《群策群力学》。

2. 不要任意使唤部属，把他所要做的事，整个交给他，由他自己去安排时间，决定优先级。换句话说，让他适度自主，不要使他觉得自己是"主管"这一机器的零件。

3. 训练部属完整的做事方法，然后让他自己去处理个别的工作。设法让他享受首尾一贯完成工作所获得的愉快，也就是有相当的成功感。

4. 用人不疑，疑人不用。有些主管未曾亲尝被人怀疑的滋味，不能体会"不受信任的痛苦"，他不知道信任部署是管理者的责任，当然，我们可以把"人格"和"行为"分开，相信属下的人格，却要常常考核其行为。

5. 尽量让每一成员都具有创造的行为，也就是将值得做的事，由自己自动自发地克尽责任去主动完成。

如何以高尚人格作为共同的认同目标？

每当我们说及人是生而伟大的时候，总免不了有人怀疑，人果真如此伟大？莎士比亚（William Shakespeare）说过："有人生而伟大，有人行而伟大，有人则受感召才伟大。"问题似乎不在"人是否伟大？"而在"谁来感召？"及"如何感召？"行为科学者对"说服"做过许多实验和分析，发现"洗脑"、"潜意识广告"（Subliminal Advertizing）、催言剂（Truth Serum）、催眠术，以及运用电力刺激大脑企图改变人类的行为，都不是有效的说服技术。心理学家麦奎尔（William McGuire）研究"人对说服的抗拒"，发现障碍重重，虽然极力试图突破，却苦无重大进展。诚如波耳（Prof Raymond Bauer）所说："这些年来，美国民众对说服的抗拒力已经增加，其增进的比率，和说服技术增进的比率，大约相同。……我们现在的新技术，就比过去的旧技术有效得多。可是民众已不同于往昔。竞赛的步调越来越快，但是究竟鹿死谁手，现在还很难说。"[1] 无论如何费尽心机、想尽办法要影响别人、改变别人，都是非常不容易的，依我国的经验，唯有以高尚的人格去感化对方，才是最良好、最有效的方法。

古人云："兵随将转。"将领怕死的，他所率领的士卒，必定不会有勇敢的表现；主将英勇的，真是"强将手下无弱兵"。我们不难发觉：主管喜欢听小话的，部属都将争先恐后地打小报告；"上梁不正下梁歪"，现代管理特别强调"经营者的责任"，孟子不客气地正告宣王："君之视臣如手足，则臣视君如腹心；君之视臣如犬马，则臣视君如国人；君之视臣如土芥，则臣视君如寇仇。"[2] 都足以证明：首长的人格如何，其所领导的人员，即会有何种的表现。管理者亟应以其崇高的人格来感召所属，逐渐扩展其善的影响，当一个机构内部的创造性超越破坏性时，和谐也会同时盖过了纷争，那时候我们所看到的，就是根据高贵人性而完成生命理想的精神大凯旋！

我们为什么强调沟通的重要性？因为它是"传达"与"接受"消息的程序，而为实际管理的起点。但是，我们千万不能忘记：传达了一个意见是一件事，而意见是否被了解、被接纳，则是一件更为重要的事。前者可以依赖各种方法，后者主要在于传达者人格的感召力。歌德（J.W.Goethe）说："我真烦闷得要撕裂胸口了，因为常想到，能够互通心声的竟是这么少，而且没人能给我爱意、欢乐、狂喜或欣悦；在我的心灵中，虽然有最活泼的浓情，却也不能使缺乏它的人得到幸福。"[3] 这个世界上我们认为可以互通心声的人越来越少了，因为今日的教育，早已将我国传统教育

---

[1] 参见 Dr.Marvin Carlins，Dr.Herbert Abelson 原著，游建泰译《说服——行为科学实例分析》。

[2] 语见《孟子·离娄》。

[3] 语见歌德《少年维特的烦恼·十月二十七日》。

的精华——人格教育丢掉了，大家竞相以权势、利诱来促使对方接受，结果是沟通日益困难。

亚里士多德早就说过，沟通涉及三个因素：说话者本人、说话者所说的内容，以及听话者 [1]。香农（Claude Shannon）及韦弗（Warren Weaver）扩大为意见的源流（a Source）、传达者（a Transmitter）、意见的内容（a Message）、意见收受者（a Receiver），及意见所达的目标（a Destination）等五项因素 [2]，其中说话者本人亦即传达者，实居于重要的地位。不过西方管理学者，每论及此，悉强调技巧、态度、智识，以及社会制度等条件，相信我们所重视的人格感召力，更有重大的影响。

再就烈斯（Leslie E.This）的研究：管理者凭借权势，高声嚷叫的"嚷叫"理论（the "Decibel" Theory），员工表面屈服，内心却十分愤恨；以填鸭方式灌进意见的"硬塞"理论（the "Sell" Theory）；或者只说局部保留大部的"愚民"理论（the "Minimal-Information" Theory），都是沟通上亟待纠正的弊病。[3] 此路既不畅通，管理者还是加强修养，惟崇高的人格是赖，比较有效。

管理者具有崇高的人格，成为员工认同的对象，以诚为出发点，领导所属，设法使其自发创造，机构内真正平等，这才是符合人性的管理。

乙　管理活动方面

如何知人善任？

管理者的责任，不在事事躬亲，而在于得人。荀子说："人主

---

[1] 参见 W.Rhys Roberts, *Rhetorica*, in the works of Aristotle, W.D.Ross, ed.。

[2] 参见 Claude Shannon and Warren Weaver, *The Mathematical Theory Communication*。

[3] 参见 Leslie E.This, *The Leader Looks at Communication*。

者，以官人为能者也。"[1] 管理者所慎重遴选的人，都属贤俊的人才，而又善于委任他们，使各人发挥最大的潜力，便可以无为而治了。

得人之先，应具备知人的能力。知人就是辨识人的诚伪、善恶、智愚、贤不肖。诸桥辙次体认中国人将知人列为人际关系的先决条件；朋友之间，不知人而交往时，常常会后悔；同事之间，不知人而协调或合作时，也往往不能顺适。他钦佩只有孔子能以简单明了的"视其所以，观其所由，察其所安"[2]，教导我们如何知人。[3]

陈大齐简释"视其所以"为查考行为所具的动机；"观其所由"系观察行为所由的途径；"察其所安"则是更进一步观察平日自然而然的所作所为。他认为孔子此说，其方法有三步，而且一步逼进一步，说明如下[4]：

1. "视其所以"是仁否方面的考察。人之所以发为诸般行为，必有其用意所在，不是无所为的，或以求一己的快乐，或以谋公众的利益。"所以"就是用以引发行为的动机，动机有正有邪，例如慈善事业固然都是行善，但有些人是真正本着恻隐之心而作，有些人却是为了沽名钓誉。动机纯正者，其人必以仁居心，这是很容易推断的。

2. "视其所由"是义否方面的观察。纯正的动机，必须辅以适宜的手段，才能收到善果。例如欲富欲贵，动机不算邪恶，主要在取得的手段，如属正当，便是好的结果；假若"不以其道得

---

[2] 语见《论语·为政》。

[3] 参见诸桥辙次原著，德华编译《中国人的智慧》。

[4] 参见陈大齐著《论语臆解》。

之"[1]，可能反收恶果。爱与忠，原本动机十分纯正，但不使之服劳的爱，不施以教诲的忠，手段错误，实足以害之，所以孔子说："爱之能勿劳乎！忠焉能勿诲乎！"[2]

3. "察其所安"是习惯成自然的较长期间的观察。人的善恶，不能仅凭少数行为遽予论定。因此在查考其动机与观察其结果以后，还要进一步考察他平素的自然而然的习惯言行，这样一来，他的人格，便无可遁形了。

孟子有一种最为快速的知人方法，就是观察人的眼睛，他说："存乎人者，莫良于眸子，眸子不能掩其恶。胸中正，则眸子瞭焉；胸中不正，则眸子眊焉。听其言也，观其眸子，人焉廋哉？"[3]

陈立夫归纳古今圣哲所说的知人之难，发现有两重症结：一是自知之难，一为人之难知。他认为自知急于知人，因为自知而不明，是无法正确地知人的。又认定知人比自知更难，因为人心不同，各如其面，虚虚实实，真伪难明，而又变化多端，难以捉摸。但是知人者如果具备下列三个条件，便可自知有知人的能力[4]：

1. 学问——学问愈高，愈能了解人性、物性，愈能正确辨别是非善恶，所具"知人的潜力"也必定愈高。反之亦然。

2. 见识——有学问而无见识，容易迂腐而不切实际，有见识的人，才能够使他所具有的学问得以充分发挥其作用。所以见识是知人的必备条件。

3. 经验——单凭学问与见识，往往发生判断上的错误，必须加上经验以为辅助，才能较有正确的把握，而且阅世愈深，知人

---

[1] 语见《论语·里仁》："富与贵，是人之所欲也，不以其道得之，不处也。"

[2] 语见《论语·宪问》。

[3] 语见《孟子·离娄》。

[4] 参见陈立夫著《人理学研究》。

也愈明。

知人的目的在于用人，这才是管理上重要的原则。有些人怕才忌才，有些人犯了汉朝荀悦所说的十难：一曰不知，二曰不进，三曰不任，四曰不终，五曰以小怨弃大德，六曰以小过黜大功，七曰以小失掩大美，八曰以讦奸伤忠正，九曰以邪说乱正度，十曰以谗嫉废贤能。都是出于私心和不诚，应该引以为戒的。下列四端，是善任的原则，但其根本，则一"诚"字而已 [1]：

1. 量才而用，用人之长——适才适用，大才不可小用，小能也千万不可大任。但人的聪明才智，除了大小不同之外，还有材性的互异：各有所偏，巧于此者或拙于彼；各有所长，长于彼者或短于此。因此用人务须择其所长，弃其所短。

2. 专信不疑，使展其才——择贤取能而用，即应予以充分的信任，因为能获得上司信任的干部，才能得到其所属员工的信仰，才有可能竭尽才智，发展抱负，放心大胆，努力实践。晏子说过："国有三不祥，……夫有贤而不知，一不祥。知而不用，二不祥。用而不任，三不祥也。" [2]

3. 尊贤敬能，切戒骄慢——管理者与被管理者，职位有高下的不同，但其人格，则绝对平等。何况才智杰出的人，往往轻名利、权势而重人格尊严，所以管理者必须虚心下意，遇之以礼，待之以敬，重视其专长，尊重其人格，才能够获得其尊敬，获得其信任。

4. 高其位，厚其禄——在物质方面，要使其能够有足以仰事俯蓄的酬报，才能促其全心全意于本位工作。齐桓公使管仲治国。管仲对曰："贱不能临贵。"桓公以为上卿，而国不治。桓公曰："何故？"管仲对曰："贫不能使富。"桓公赐之齐国市租一年，而

[1] 参见陈立夫著《人理学研究》。

[2] 语见《晏子春秋·内篇谏下》。

国不治。桓公曰："何故？"对曰："疏不能制亲。"桓公立以为仲父，齐国大安，而遂霸天下。孔子也感叹说："管仲之贤，不得此三权者，亦不能使其君南面而霸矣。"

如何改变员工的气质？

人性是可以改变的，人性可塑，气质才有改变的可能。因为性是行为的抽象总称，性可以改变，行为才有变易的希望，而行为变易则是变化气质的主要因素。管理者为了有效实施人性管理，自必重视变化员工的气质，因而对于行为变易，也不能不多方设法，尽力以求，教育、训练，双管齐下。人类主要改变，包括知识的改变（Knowledge Changes）、态度的改变（Attitudinal Changes）、行为的改变（Behavioral Changes）及群体或组织行为的改变（Group or Organizational Performance Changes）[1]。知识上的改变最易达成，我们只要给他一本书或一篇文章，或者由他所尊敬的人告诉他新的知识，便能收效。态度上的改变由于增加了情绪的因素，稍为困难。行为上的改变比上述两种变化较为困难且费时也较长，管理者希望改变部属的行为，先要了解行为修正（Behavior Modification）的方法：他可以采取积极的惩罚（Positive Punishment），例如加以严厉的责备，使所属终止不良的行为，如果部属因受责而表现良好时，管理者便可使用积极的行为强化（Reinforcement），予以有效的激励，使其以后更有良好的表现。管理者也可以运用消极的处罚（Negative Punishment），即当部属工作不力时，不予责备而改采罚款的方式，使所属的不良行为受到镇压，然后管理者再用革职的心理威胁作为消极的强化，使部属明白失去工作的威胁只有在好好工作，有良好的表现的情况下才能消除，因而促使部属不断提高警觉，增加良好行为的频率。

---

[1] 参见 Hersey，Blanchard 合著，王琼玲译《行为管理学》。

习惯模式是长年强化而不易改变的，我们应该具有耐心，诱导部属，使他们产生预期的新的、长期的行为模式，才是真正有效的行为变易。个人的行为改变已经如此困难，群体或组织行为的改变自是更难更费时，因为群体本身就是一个强化的单位，不先改变群体的标准实在很难修正群体成员的行为。管理的效果，事实上可能就视行为科学如何由了解而达成种种行为改变，以化解实际存在的冲突，造成协调的、高效率的群体关系。

上述方法，虽然大多由西方导入，但与我国先哲的主张，并无抵触。或以为惩罚方法，和孔子德治的原则，有所出入。其实孔子学说，固然以德化礼治为主，却不完全废弃刑罚，他的主张，实际上是礼、刑并用：以礼治本，而以刑治标。孔子说："道之以政，齐之以刑，民免而无耻。道之以德，齐之以礼，有耻且格。"[1] "道之以政，齐之以刑"的结果，人民害怕刑罚，心存畏惧，暂时抑制恶行，但依然不知羞耻，难免再生恶行。人虽性善，而后天环境，越来越趋复杂，习相远也所带来的差距也越大，因此不免有"德所不能化、礼所不能治"的人，便须治之以刑，以维持团体的秩序。但是刑罚的效果，则是消极的、暂时的、肤浅的，要求获得积极的、长久的、深固的效果，仍旧有赖于礼治和德化。

我国先哲，认为变化气质，另有两个重要的途径：一是管理者的以身作则，所谓上仿下效，彼此感应，管理者必须时时自反自省，作为员工的模范；一为心理的建设，从员工的内心深处去改变他的观念，孟子所说的"富贵不能淫、贫贱不能移、威武不能屈"，便是培养心理健康的最佳法则，兹提供一些具体可行的办法，以资参考：

1. 要做到"富贵不能淫"，必先从心理上根本解决，减少欲多、欲高的烦恼，也就是"克制自己"。孔子处理欲望的主张，不

---

[1] 语见《论语·为政》。

如老庄道家的去欲、忘欲，也不似宗教家那样的禁欲、绝欲，他教人要顺着欲望的趋向，因势利导，把它引向正当的途径上去。孔子的导欲，分成两类：一类是适当的欲望，也就是可欲的，例如适当的"饮食男女"的欲，应当人人都能如愿有所满足，但是领导者有责任教导群众把这些可欲的欲望导向正常高尚的途径上去，使其充分发展。另一类则是不正当的欲望，也就是不可欲的，例如过分的"饮食男女"的欲，应该人人都不去追逐，这也是领导者的责任，教导群众把不可欲导向可欲的途径上去。孔子又提醒我们：可欲的实现，要以正当的手段，要走正当的途径，合情合法，而又利己利人。他肯定地说："富而可求也，虽执鞭之士，吾亦为之。如不可求，从吾所好。"[1]

"克制自己"尚且是消极的，要进一步"关切别人"，才是积极地从根本上去除自己烦恼的最好办法。与人关切：多"雪中送炭"，少"锦上添花"；与人为善：替别人举善、扬善、扬长、扬美，多给人精神上的鼓励，使别人乐于为善。

2. 要做到"贫贱不能移"，必须"爱惜节操"，所谓"岁寒，然后知松柏之后凋也"。[2] 人总有穷困的时候，万不可转变念头，以免一失节而成终身恨事。节操的爱惜，以"义"为界，凡所行所为，合"义"就是爱惜节操，一切一切，只要"惟义所在"[3]，便能穷不失义。但是人处不如意的逆境，难免忧愁、怨恨、愤怒、自卑，这种种郁结，最好要有适当的发泄，以获得心理的健康。例如散步、阅读、闲谈、大笑，甚至于号哭，都是有益的方法。当然，"保持乐观"更是上策，例如看得破富贵贫贱，不患得患失，从容静观宇宙人生的变化，欣赏之余，自觉佳兴无穷。

---

[1] 语见《论语·述而》。

[2] 语见《论语·子罕》。

[3] 语见《孟子·离娄》。

3. 要做到"威武不能屈"，首须认清努力的目标，个人有个人的目标，时代有时代的目标，二者合一，自能坚定奋斗的意志，曾文正公的家书说："凡人作一事，便须全副精神，注在此一事，首尾不懈。不可见异思迁，做这样想那样，坐这山望那山。人而无恒，终身一无所成。"如何有恒，重点在"诚"字，管理者本身"诚"，还要想办法使员工皆"诚"，这一团体，便无事不可成了。

丙　组织目标方面

如何尊重员工的个人价值?

人类是一种追求价值、肯定价值，并且创造价值的动物。所谓"价值"（Value），如果是西方式的"个人对有利于其行为抉择的因素，所估量的程度"，[1] 则当他认为外界客体"有价值"时，便会产生"认同作用"（Identification），将这客体援为自己的行为准则，或自我隶属（Self-subordination）于该客体，为之效劳，为之卖命。

我国先哲也认为人生的一切努力，都是为了发展自己的性能，使力无不尽，然后心可得安，这种精神，谓之"尽己" [2]。所不同的，西方人将自己隶属于外，而"自我牺牲"的结果，寄望在"成功"之上，成功才有价值，否则便是白白牺牲。我国人则重心在内，但求毫无愧怍，概不置问成败与否。我们尊重员工的个人价值，要让他能主宰自己，使其永远为自由之人，因此我们不能以"成功""失败"来考评他们，相反地要教导他们"心果得安，便觉坦然无歉，不必计较他人的诋毁"的道理，使"竭己之能，行心所安"成为员工个人价值的标准。

---

[1] 参见 Ordway Tead 原著，钟振华译《管理的艺术》。

[2] 参见余家菊著《孔学漫谈》。

丁　业务改善方面

如何有效应用参与的方法，以符合人性的要求？

我国先哲，认为人生的整体，可从两方面看：从本己方面，固当"尽己"；从对人方面，则当"合群"。因为"尽己"须在人群之中，也须取得旁人的协作。[1] 我们每称同一团体的分子为"同人"，便是重视合群的表现。《易经》"同人"一卦，专讲同人之理，其要义如下：[2]

1. 与人同而有所私，有所昵，以致把柄落在别人手里，摆脱不得，变成别人的工具或走狗，失掉贡献人群的初意。所以同人在精神上应当保持超然自外的旷远态度，才能维护自己真正的主张，可语可默，有其充分的自由。

2. 避免闭门言同，以免营私党与。同时更要与社会大众同于门外，取得共见。因为人与人应该以公是公非为同的标准，凡属是非观念正确的，都可以来同。

3. 我所希望的，也勉强他人共同来支持，这是伸张自己，抹杀别人。别人如果不肯顺从，势必引起争端。所以人必定要同于公，不可同于私；必定要公开认同，不可闭门认同。

有同的地方，也必然有异的所在。容纳异端最为困难，我们应该切记：要别人与己认同，务须以德行来吸引他，千万不可以暴厉的手段劫持、威胁他。同时同中有异，才不会趋于极端，才符合中庸之道。要做到绝对的同，只好变成天下一人，普天之下，唯我独尊，也就无所谓同了。我们鼓励员工参与，果能抱着"有所同必有所异"的宽宏度量，去除"见解总是自家的好"的傲慢偏见，以"诚"为出发点，以"善"为取舍的标准，那才是真正

---

[1] 参见余家菊著《孔学漫谈》。

[2] 参见余家菊著《孔学漫谈》。

的"同人"协力的机构，也才是符合人性的参与。

总之，依照我国先哲的人性论说，我们在管理方面，应该特别注意做到下述几点：

1. 要以"真正平等"为努力的目标——既然人的生性同等，知性不齐，那么生性要求安全，知性要有自由，而自由、安全，又唯有真正平等，才有以致之。所以管理者必须时时自勉，以发展真正平等的工作环境为努力的目标。工作环境包括物质的和精神的两大因素，必须同时顾及，才能符合人性的要求。

2. 要以"自发创造"为努力的途径——我国的性善哲学，深信人人生而伟大，只要提供自发创造的机会，以诚来感召他，必能力求尽己。管理者最好建立"竭己之能，行心所安"的价值标准，引导员工逐渐认同，再确切了解"同人"的正义，培养同人的情感，则所有员工，必能尽量发挥其潜在的能力，为公而合群。

3. 要以"高尚人格"为衡量的标准——管理者自己，固然要以高尚人格来领导员工，感应员工。同时为了尊重员工的个人价值，我们也不赞成专用"效率""成果"等标准来考核员工的工作绩效。我们认为人性既然是可塑的，管理者就要好好设法塑染员工，使其对于高尚人格的修养有所重视，知所努力，考核时一并列入，并逐渐提高其比重，因为人格高尚的员工，才是机构最可贵的资源。

第四章
管理与认识问题

一、西方的知识论

认识是知识的过程，知识是认识的结果。我们要认识宇宙及人生，有赖于我们的认识能力（Knowing Faculty），认识能力发挥功能的结果，便是知识（Knowledge）。[1] 认识问题，主要在研析知识的性质、范围，及其确实性，兹分为知识的方法、知识的效用、知识的范围、知识的来源、知识的对象、知识的理想[2] 六个项目说明如下：

（一）知识的方法

知识固然十分复杂，但据科学家的分析，可分四类：

1. 经验的知识：我们在日常生活中，看见某一现象发生之后，必定继续发生另一现象，每次如此，始终没有例外。我们便认为它们之间一定有因果关系，而构成经验的定律，例如"月晕而风"。可是我们不明了它们的因果关系如何，所以也没有办法加以说明。这种经验的知识，在科学上并不重要，但人类的知识，大多由此而来。

2. 理解的知识：凡是经验的知识，能够找出因果关系，而用

---

[1] 参见吴康、周世辅合著《哲学概论》。

[2] 参见拙著《孙中山的知识论要旨》。

理论或假说来加以说明，例如"础润而雨"，由于大气的温度高，大气中的水蒸气渐成饱和，而成下雨的先兆，便成为理解的知识。理解的知识其真确性取决于理论或假说的圆满程度如何。这种理解的知识，在科学上较有价值。

3. 证实的知识：理解的知识是先有事实，后用理论或假说加以说明。但在物理学上，常有由理论或假说演绎出来的定律，再以事实来证明，如爱因斯坦（Albert Einstein）的相对论，有日食时光被吸力作用的证实，称为证实的知识。因为它能预测事物的结果，在科学上极为重要。

4. 引申的知识：此外还有一种引申的知识，纯粹由推论而来，无法用试验证明。例如物理学上，因为光电都能透过真空，又都是一种波动现象，便假定真空中，充满无质量而弹性极大的以太，光电乃是以太的一种波动。它在科学上也极为重要，但因本身无法证明，所以容易流为虚妄，随时都有被推翻的可能。

（二）知识的效用

西方学者，大都主张认识纯为求知，现代才有一些活动主义（Energism）注意到知识的实用性与行动性。

（三）知识的范围

对于人类认识的效力、所能达到的界限，有四种不同的看法：

1. 独断论（Dogmatism）：未经批判论证，即断定认识具有绝大的能力，能认识本体，甚至超自然的神之启示或存在。独断论对于智识能力范围，任意加以推广，以至于无限。持有这种论调的人，往往过分笃信他自己的心灵能力，不问感官知觉或内心反省，立即断定其所认识的结果，是正确无疑的，因此易于独断独行。

2. 怀疑论（Scepticism）：认为认识不过是主观的作用，主观虽然确实，客观未必确实。或以为现象可认识，事物的本质，则不得而知。或以为认识只是相对，而非绝对，只是盖然，而非必然。

3. 实证论（Positivism）：以为认识能力，有其一定的界限，我们只能认识经验上的事物与事物间的条理，至于事物背后的本体，我们无法认识，亦即限制起于外。

4. 批断论（Criticism）：认为我们的感官，具有若干范畴（Category），也就是根本格式，用以认识外界。超过这些根本格式，便无法有所认识，亦即限制起于内。

（四）知识的来源

我们能知，究竟凭借什么？学者亦有不同看法：

1. 理性论（Rationalism）：认为人的理性（Reason）亦即先天的心灵能力，是一切知识的源泉，凡具有普遍效力的知识，莫不由于理性的思维。知识来自先天的理性，不是由于后天的经验，主张这种先天论（Apriorism）的，有笛卡尔、莱布尼茨、斯宾诺莎、沃尔夫等人。

2. 经验论（Empiricism）：认为一切知识，都是经验的结果。人心初生如白板，并没有任何观念，要等到我们的感官，摄取物象，经过反省之后，才获得观念，也才有知识。后天的经验是知识的来源，先天的理性不足以为知识的根据，主张这种后天论（Aposterism）的，有洛克、贝克莱（George Berkeley）、休谟等人。

3. 批判论（Criticism）：认为一切知识的构成，有两个因素：一是形式的，由心灵能力，也就是先天理性而生；一是实质的，由感觉与料，亦即后天经验而成。这种调和理性论和经验论的主张，又称为调和论或先验论（Transcendentalism），系康德所倡。他认为人类知识，由感性（Sinnilichkeit）及悟性（Verstand）而来，感性供给悟性以知识的数据，悟性摄取这些资料，安排整理而成知识。感性无悟性则空，悟性无感性则盲，两者缺一不可。

康德批判主义知识论的要点 [1]，说明如下：

（1）纯正知识具有普遍性与必然性，以"先天的"综合判断的形式而表现。此种知识，现于物理学、数学乃至形而上学，是本于理性，本于悟性的。

（2）知识之成，有心灵以识物，为"先天的"形式，有外物以供形式摄取的对象，为"后天的"材料。形式本于理性，材料以成经验，有前者才有思维辨知，有后者才有感觉经验。

（3）吾人所知，止于经验，止于现象，知识限于经验界或现象界，不及于物自体或本体界。

（五）知识的对象

我们认识的对象，究竟是什么东西？学者更有许多说法：

1. 实在论（Realism）：以为认识的对象，就是存在于客观的实在。我们的观念，常与外界的实在相符合，我们感受外物的刺激，因而产生认识。

2. 观念论（Idealism）：以为认识的对象，不外主观的观念，此观念并非由于外物的映射而产生，认识的世界其实即是我们观念的世界。

3. 现象论（Phenomenalism）：以为认识的对象，是主客观协作而生的现象，亦即主观与客观共同构成意识的内容，一方面承认客观事物的存在，一方面又承认认识的对象非物自身，只是现象。

4. 观念的实在论（Ideal-realism）或实在的观念论（Real-idealism）：主张观念与外物一致。我们的认识，能知客观的实在，所谓知识的内容，不外客观的事物，所以客观的事物，自能独立

---

[1] 参见吴康、周世辅合著《哲学概论》。

而存在，不必假手能知的主观，而后成立。换句话说：主观的观念，只是客观实在的符号。

（六）知识的理想

西方哲学家，大都认为我们认识的目的在于求真，如果能够判断如何为真，则知识问题，也就解决大半。真理的标准，常见的有下述各种：

1. 本能（Instinct）：凡出于人的本能者为合理。如人有合群的本能，互助便是合理的行为。

2. 风俗习惯：凡属社群的风俗习惯为真。如台湾到了端午节，家家要吃菜豆和茄子，据说吃菜豆可长寿，吃茄子增元气。

3. 传统：凡经数千百年而不变的传统为真。如"知之非艰，行之惟艰"一说，数千年来，已深入我国人心，成为一般国人心性的传统[1]，"知之非艰，行之惟艰"就传统而言，已成为真理。

4. 公意赞同：凡为人所共同认可者为真。如达尔文发明物种进化的原则为物竞天择，学者多以为仁义道德皆属虚无，而争竞生存，乃为实际。争竞生存便是真理。

5. 感情：凡我们实地体验，认为真者必真。如崇奉耶稣教的，自以耶稣教义必真。

6. 感官经验：凡我们感觉所经验的事实必真。如我们看见一茶杯，此茶杯必真。

7. 直觉（Intuition）：凡我们直接的知觉所知，都是真理。如宗教家之见上帝，艺术家对于自然或人物，见人之所不能见。

8. 相应（Correspondence）：我们的判断，与其所代表的实在[2]一致，如我们看见一物，判断为桌子，此一判断与桌子的实

---

[1] 参见孙中山《孙文学说·自序》。

[2] 实在即指实在之物。

在相符，便是真理。

9. 实用效果（Practical Consquences）：凡能实现我们的目的，满足我们的欲望，发展我们的生活，或操作而有效的为真。如我们服用一止痛药，服用后能止痛即真。

10. 贯通（Consistency）：凡我们的判断，本身必须自圆而不矛盾。如说此一物是木头，又不是木头，便是伪。同时此一判断又须与我们整体的判断系统相一致，亦即与我们经验的全体相契合。如依我们的经验，所有木头都能燃烧，我们现又判断此一木头不能燃烧，显与我们整个的判断系统不相一致。

11. 关属（Coherence）：凡我们认为某一判断为最好的真理，假如此一判断与其整个的判断系统相一致，又能在此一判断与其他判断之间找到许多的关联，则此一判断必真。如果与整个的判断系统不相一致，即须重新加以审核修正，以期能将此一判断，顺利地纳入整个的判断系统内。如我们已知可以环绕地球航行，就应该放弃地球是一平面的原有观点，使与大地为球状的观点相合。[1]

二、我国先哲的知识论

甲　儒家

我国哲人，多不为知识而学习。学习的目的，主要在求取"出仕"的机会，以便为社会尽其教化的责任，尤其重要的，则在修身。太上有立德，其次有立功，其次有立言。我国先哲，多讲求内圣外王的道理。"内圣"就是"立德"，"外王"便是"立功"。即使是能够直接为人类增进幸福的知识，也只愿努力实行，使其

---

[1] 参见孙中山《民族主义》第三讲。

实际上产生增进幸福的效果，而不愿空言讨论，或者著书"立言"。求知完全为行，能行的知识才是真正的知识，纯智的活动不受重视，所以知识论并不发达。兹将儒家有关知识的论说，述要如后：

1. 关于知识的起源，最早提及的，是孟子。他说："人之……所不虑而知者，其良知也。"[1] 知识来自"良知"（GoodSense），而"良知"实与"理性"（Reason）相类，孟子的知识来源论，倾向于理性主义。他提出证明说："孩提之童，无不知爱其亲也；及其长也，无不知敬其兄也。"[2]

朱熹、陆象山都是理性论者。王阳明更就孟子所说的良知，融合《大学》所说的良知，提倡"致良知"的学说，也是主张知识来自先天的理性（良知）的。

荀子认为一切知识皆源于感觉，感觉是后天的，他说："不登高山，不知天之高也；不临深溪，不知地之厚也；不闻先王之遗言，不知学问之大也。"[3] 似乎倾向于西洋的经验论。但是他又说："人生而有知"[4]，并未完全排除先天的理性，和批判论十分相近。

依据《中庸》的记载，孔子认为："或生而知之，或学而知之，或困而知之，及其知之，一也。"属于批判论者。

张横渠、程伊川理验并顾，也是持调和说的。

2. 关于知识的对象，儒家先哲有主张观念论的，如孟子说"万物皆备于我"，陆象山持"心即理"，杨慈湖谓"天地，我之天地；变化，我之变化也"。至于阳明虽然也讲"心即理"，但他自命是"内外合一论者"，"良知"加上一个"致"字，就不是唯心的了。因为"致良知"和"知行合一"的结穴处，全着重在于

[1] 语见《孟子·尽心》。

[2] 语见《孟子·尽心》。

[3] 语见《荀子·劝学》。

[4] 语见《荀子·解蔽》。

"行"，"知"着重于心，"行"则已及于事物了 [1]。

3. 关于知识的范围，儒家先哲殊少论及。荀子仅肯定知的可能，他说："凡以知，人之性也。可以知，物之理也。" [2] 物在本质上是可知的，人又有能知的才能，所以知识的获得，是可能的。王船山则认为知识是没有限度的，他说："目所不见，非无色也；耳所不闻，非无声也；言所不通，非无义也。故曰：知之为知之，不知为不知，知有其不知者存，则既知有之矣，是知也。因此而求之者，尽其所见，则不见之色章；尽其所闻，则不闻之声着；尽其所言，则不言之义立。" [3] 有限制的是感官，不是知识。

4. 关于知识的理想，荀子认为有符验而且可能施行的知识，才是真知。他说"知有所合谓之智" [4]，有所合是真知的标准，又说"凡论者贵其有辨合，有符验；故坐而言之，起而可设，张而可施行"。[5] 有符验即符合感官的经验，可施行指能实践，有所合于感官经验或实践经验的知识，即是真知。

扬雄以有验为真的标准，主张有验为真，无验为妄。王充则指出凡理论必有事实上的证据，才能信其为真，他认为耳目的经验并不完全可靠，应该细心加以审察鉴别，把虚象排除掉，只留下事实，才不会产生谬误。

徐干以有征为真知，认为有验的才是事实，无征的即是妄语，他说："事莫贵乎有验，言莫弃乎无征。" [6]

张载主张"共见共闻"是真的标准，人人都共有的见闻，才是真知，他说："独见独闻，虽小异，怪也，出于疾与妄也。共见

---

[1] 语见孙中山《革命教育的基础》。

[2] 语见《荀子·解蔽》。

[3] 语见王船山《思问录·内篇》。

[4] 语见《荀子·正名》。

[5] 语见《荀子·性恶》。

[6] 语见徐干《中论·贵验》。

共闻，虽大异，诚也，出阴阳之正也。" [1] 张子又认为"断事无失"是学说之真的标准，他说："吾学既得于心，则修其辞命；辞命无差，然后断事。断事无失，吾乃沛然。精义入神者，豫而已矣。" [2]

戴东原把理和意见分开来看，他认为天下万世皆不变易的，是真理；只有一人或少数人以为是的，是意见。他说："心之所同然，始谓之理，谓之义；则未至于同然，存乎其人之意见，非理也，非义也。凡一人以为然，天下万世皆曰是不可易也，此之谓同然。" [3] 大家所共同承认为长久不可变易的知识，即是真理。

乙　道家

老子认为人生而有欲，又设想种种方法来满足欲望，结果花样越多，越难满足，到头来烦恼越多。不如干脆寡欲，使其容易满足，才是根本解决之道。为了寡欲，老子反对知识，因为知识使我们多知欲的对象而"不知足"，又使我们努力获得欲的对象而"不知止"。"民之难治，以其智多。故以智治国，国之贼；不以智治国，国之福。" [4] 所以"绝圣弃智，民利百倍" [5]，最好的办法，是"绝学无忧" [6]。

庄子是我国最早的怀疑论者，他那"方生方死，方死方生，方可方不可，方不可方可，因是因非，因非因是……，彼亦一是非，此亦一是非，……可乎可，不可乎不可，……其分也成也，其成也毁也，凡物无成无毁，复通于一" [7] 的观点，充分指出是非

---

[1] 语见《张子全书·正蒙·动物篇》。

[2] 语见《张子全书·行状》。

[3] 语见戴东原《孟子字义疏证》。

[4] 语见《老子》第六十五章。

[5] 语见《老子》第十九章。

[6] 语见《老子》第二十章。

[7] 语见《庄子·内篇·齐物论》。

与可否是相对的，成毁与生死是辩证的。无成无毁，无是无非，知识是不可靠的。

庄子认为普通的知识都是值得怀疑的，但他并不否定真知的存在，先决的条件，就是先要有真人的修养，才能求得真的知识，他说："且有真人而后有真知。"[1] 可见庄子把知分成两个层次：上一层是智慧（真知、大知），下一层是知识（小知、普通的知），而他的主张，却是"追求智能而扬弃知识"的。

原来庄子对于普通知识的来源，也和一般经验论者相同，认为"知者，接也"[2]，接就是与外界相交，知识来自与外界相交所得的经验。但是由于：

1. 外物无定性。外界对象变化莫测，发展无穷，我们以能知去探讨所知，永远也无法得到真知。物量既无穷尽，又无时不动，无时不变，实无法确定。

2. 人事无定论。物性比较单纯，尚且难以测定；人事原本复杂，再加上是非没有一定标准，成毁更是变幻莫测，所以无法构成真知。

庄子又认为"知者，谟也"[3]，谟就是摹，意思是思想。知识的另一来源，是由内向外的思索。前面所说的与外界相交，是偏向于外的；这里所指的思考，则是偏向于内的。然而我们的思索，也由于：

1. 受到既成观念的束缚，先入为主，常常会不自觉地戴着有色眼镜来看一切，结果仁者见仁，智者见智，各有所偏，仅能获得小知。

2. 欲念夹杂，造成"近死之心"，使人无法自由自主地思索。

---

[1] 语见《庄子·内篇·大宗师》。

[2] 语见《庄子·杂篇·庚桑楚》。

[3] 语见《庄子·杂篇·庚桑楚》。

争名争利，徒然使知识变成斗争的工具。

接、谟都不能获得真知，最多形成小知，要求突破，就必须应用"不齐齐之"的方法：[1]

1. 就物来说，万物虽然不齐，大大小小，形形色色，我们如果再斤斤计较其不齐，而勉强要把它们分个高下，这便是小知。相反地我们认清物量无穷，一切物体都是十分渺小，甚至我们自己，在宇宙间也是如此，我们便会把任何物体看得一样的小，而自己的心境却相对地增大。同时我们又了解物质是变化不定的，我们就以不定的方法对付它，便能够因体认万物的变化而不为所苦。这样以"不齐齐之"，才能还万物一个本来面目。

2. 就事而论，本来就是参差不齐的，所谓富贵、穷通、祸福、是非、善恶，这些相对的观念经常错综复杂地构成人生的痛苦烦恼。人事上的不齐，是不能用对物的方法使其"不齐齐之"的，因为物的不齐，是本性使然，"不齐齐之"，适足以还其本性。但事的不齐，不但不是本性使然，而且是违反本性所形成的。我们应该明白：观念上的是非之争，永远也得不到结果，不如干脆放弃，而照之以明。这样把人事上的是非、成毁、贵贱、祸福等相对的观念，不用"无"字来加以抹杀，却以不再执着的态度，彻底打消这些差别的现象，就是以更高境界的齐，来齐其不齐。

"不齐齐之"，才能扬弃小知，庄子称之为"去小知"，破小知以求真知，还要有自见之"明"，也就是内观、反省，使我们的知转化为德，再进而舍小德以求至德，真正达到庄子逍遥的境界。

西方哲学，知、德始终很难调和，我国哲人，多主张知、德一贯，庄子也认为知必须转化为德，才是真知。

---

[1] 详见吴怡著《逍遥的庄子》。

丙　墨家

我国先哲，对知识问题讨论最多的是墨家。

1. 墨子认为"能知"遇"所知"，便产生知识。"能知"就是"所以知"的器官，墨子称它为"材"，他说："知，材也。"[1] 材是认识事物的最初工具，有了材，一切外物，才能被人们知其为有（Being），但材只能知外物为有，却无法辨别"它是什么（What）"，墨子说："知也者，所以知也，而不必知，若明。"[2]

材有"五路"，即眼、耳、鼻、舌、身五官。我们的知识，大抵都从五路而来，只有时间观念，全生于心，不由五路，墨子说："知而不以五路，说在久。"[3]

墨子认为人之能知的才能，是我们生命的要素，形之有知者为生，否则为死。有知的才能而无知的事实为卧，无知的才能又无知的事实为死。

2. 墨子以为知识的构成，分成两个步骤：

（1）外物和材相遇，如果没有相遇，根本不可能产生知识。墨子说："知，接也。"[4] 接就是相遇时的接触。

（2）把接触所得到的印象，用我们的心来加以判断，便是"明"，明指心的作用，不用心明察，无法获得知识。但是心察辨外物，则有赖于"天志"的凭证，墨子认为天志潜在事物中间，我们要从事物中间去找天志，必须实验、实行，才能有所领悟。

3. 知识的来源，墨子说有"闻""说""亲"三途：

（1）"闻"指我们由"传受"而得的知识，我们从历史方面获

---

[1] 语见《墨子·经上》。

[2] 语见《墨子·经说上》。

[3] 语见《墨子·经下》。

[4] 语见《墨子·经上》。

得的知识，大抵属于此类。

（2）"说"系我们推论而得的知识。墨子说："闻在外者所不知也。或曰：'在室者之色，若是其色'是所不知若所知也。犹白若黑也，谁胜？是若其色也，若白者必白。今也知其色之若白也，故知其白也。夫名以所明正所不知，不以所不知拟所明。若以尺度所不知长。外，亲知也；室中，说知也。"[1] 我们亲眼看见室外的白色物体，却不知道室内的物体是何颜色。

此时如果提示："室内物体的颜色，和室外的相同。"我们立刻明白室内物体必定也是白色的。这种由已知推论到未知的知识，称为说知。墨子说："方不障，说也。"[2] 推论不是方土所能阻挡的，如隔墙见烟，也能知其有火。

（3）"亲"是我们亲身经历所得的知识，也就是我们能知的才能与所知的事物相接而得到的知识。墨子说："身观焉，亲也。"[3] 由五官亲自得到，也就是亲身的经历，叫作"亲知"。

一切知识，都以"亲知"为本。有了"亲知"做基础，传播开来，才有"闻知"，再加以推论，而得"说知"。三种知识当中，"亲知"范围最狭，但最为精确；"说知"的范围较大；"闻知"的范围最大，也最容易失实。墨子主张三者并重，以期互相印证。

4. 知识的种类，墨子分为名、实、合、为四种。

（1）"名"指对于名的知识，就是用一个"名词"来表现物的实体，墨子说："所以谓，名也。"[4] "名"又分成达、类、私三种。达名是实的共通名词，凡是有实质的东西，都称为物，物就是实的达名，是最高类（Summun Genus）的名。类名乃从实的同一种

---

[1] 语见《墨子·经上》。

[2] 语见《墨子·经说上》。

[3] 语见《墨子·经说上》。

[4] 语见《墨子·经说上》。

类而立的名，例如马包括各种颜色和大小的马类，这马字就是类名，墨子说："命之马，类也。"[1] 私名则是专有名词，限于某实而立，不能通用于他实，例如唤仆人为臧，臧即专指佣人，不能再指其他，墨子说："命之臧，私也。"[2]

（2）"实"谓对于实的知识。实是宇宙间的一切事物，也就是名的"所谓"，名所指的个体。实的种类，如果从分析的观点来看，则宇宙间有不可胜数的物，也就有不可胜数的实；从综合的观点来看，则有"有形的实"和"无形的实"两种。有形的实是实物名，无形的实即抽象名。

（3）"合"即对于名实相合的知识。名与实相符，叫作"名实偶"，墨子说："名实偶，合也。"[3] 名实二者彼此表现互相符合的关系：此名止于此实，彼名也止于彼实，不相混乱，就是合。合的知识，必定合乎孔子的"正名主义"，这种知识，才能名正言顺。

（4）"为"是知所以作一事情的知识。我们做任何一件事情，必有其目的，称为"志"，也一定发生若干有关的行为，叫作"行"，结合"志"和"行"，即构成"为"。墨子说："志，行，为也。"[4] 我们要达成"志"愿，必定要有相当的"行"为，知如何"行"的知识，统称为"为"。"为"就是实践的知识。

5. 关于知识的效用，墨家注重实用的观念，凡是知识能够应用于行为的，才算有效。墨子说："知其所以不知，说在以名取。"[5] 以名取就是以知识应用在实际的行为上。墨家注重实践，重视应用；凡与实践无关，不能施之于用的知识，便不是知识。

墨家的实效论，和杜威"不看始事看终事，不看原理、范

---

[1] 语见《墨子·经说上》。

[2] 语见《墨子·经说上》。

[3] 语见《墨子·经说上》。

[4] 语见《墨子·经说上》。

[5] 语见《墨子·经下》。

畴和所假定的必然，而看成果、后效和事实"[1]的精神，十分相近。

丁 名家

名家主张辩名实，析物理，明荣辱。战国时代，称为"刑名之家"或"辩者"。《汉书·艺文志》说："名家者流，盖出于礼官。古者名位不同，礼亦异数。"庄子说："辩者有言曰：'离坚白，若县寓。'"[2]"惠施以此为大观于天下，而晓辩者。天下之辩者，相与乐之。……桓团，公孙龙，辩者之徒。"[3]

惠施是庄子唯一比较亲密的朋友。庄子最讨厌辩士，而惠施却是有名的辩者。他们见面时，互相争辩，各说各话，非常不投契，竟能保持相当深厚的友情。惠施先死，庄子感叹地说："自子之死也，吾无与言之矣。"[4]可见惠施应该是一位才智很高的人。[5]

公孙龙略在惠施之后，以"白马非马"的白马论而扬名于世，庄子批评他"能胜人之口，不能服人之心"[6]。

公孙龙子的学说，以"离"为主旨。他的白马论，固然把"马""白"和"白马"视为独立分离的共相。他的坚白论，也将"坚""白"分离，他认为用眼睛看石头，看见"白"而看不见"坚"；用手碰触石头，则得到"坚"的感觉而无法觉得其"白"，可见"坚""白"是"不相盈"的，也就是"此不在彼中"的意思。

公孙龙子论知识，同样主"离"。他认为知识是由若干因素组

---

[1] 参见陈伯庄选编《美国哲学选》。

[2] 语见《庄子·外篇·天地》。

[3] 语见《庄子·杂篇·天下》。

[4] 语见《庄子·杂篇·徐无鬼》。

[5] 参见韦政通著《先秦七大哲学家》。

[6] 语见《庄子·杂篇·天下》。

合而成的，仅仅单一因素，不能成为知识。

《庄子·天下篇》引辩者之言说："火不热。"系指火的热是由于我们主观的感觉，热在我而不在火。手如不感火，实不能觉其热。又说："目不见。"意谓我们能有所见，须有目及光及神经作用，缺一不可。只有目，实不能见物。[1]

公孙龙子说："且犹白以目，以火见，而火不见；则火与目不见，而神见；神不见，而见离。"[2]白色固然是眼睛所能看到的，但是仅仅有眼睛，而没有光线，也无法看见白色。即使有眼睛也有光线，仍然不能见，还要有神经作用，三者互相配合，才能完成"看见白色"的认知。

他又说："坚以手，而手以捶；是捶与手知而不知，而神与？不知神乎？是之谓离焉。"[3]"坚"是靠手来感觉的，但手必定要捶之而后知，如果"心不在焉"则手虽捶之亦不知，可见仍旧要有神经作用的配合。

公孙龙子的"离"，实即近代所谓的"解析"，他首先将知识加以解析，主张知识是由许多因素所合成的。坚白是外物，火即光，目手指感官，神谓神经作用，这几种因素，缺一便不能有知。

戊　孙中山

孙中山的知识论，采用进化观点，论究知识的方法、效用、范围、来源、对象及理想，不但包罗中西的知识论，而且超越中西的知识论，远非任何知识论所能比拟。[4]

---

[1]《庄子·天下篇》举"天下之辩者"之辩二十一事。其中有就惠施的观点立论的，也有就公孙龙的观点立论的。"火不热""目不见"属于后者。

[2] 语见《公孙龙子·坚白论》。

[3] 语见《公孙龙子·坚白论》。

[4] 参见拙著《孙中山的知识论要旨》。

（一）知识的方法

孙中山将复杂的知识，简约为三类：一为能然，一为当然（法则），一为所以然（原理）。能然包括经验的知识与普通实用技能，孙中山称之为"行"。当然和所以然系科学、哲学的知。孙中山认为知识的方法，贵能获知事物的当然和所以然，而非能然。

孙中山主张要用观察与判断，结合科学与哲学的方法，用其所当用。观察则须采用进化观点，以求判断正确。

（二）知识的效用

孙中山认为知识是人类求生存、求进步的工具。他说："……世界的文明，要有知识才能够进步，有了知识，进步才很快。我们人类是求文明进步的，所以人类便要求知识。"[1] 人类求生存的基本需要，是天理，人类求进步的欲求，是人欲，亦即人情。人类不论顺天理、应人情，都非有知识的工具不可，知识也因此促进万物之有用。

（三）知识的范围

孙中山认为人类的心性，由无知至有知，可分三个时期：[2]

1. 由草昧进文明，为不知而行时期，人类认为应该做的事便实行去做，所谓见义勇为。此时期人类的心性，还只有良能，所以能行而不能知。良能对于知识，虽然无能为力，但对人类的行，帮助甚大。

2. 由文明再进文明，为行而后知时期，人类的觉悟渐生，知识日长，不但能行其所不知，以达其欲能，而且能行其所不知，以求其发见。此时科学尚未发达，人类之得知，"或费千百年之

---

[1] 语见孙中山讲《知难行易》。

[2] 参见孙中山《孙文学说》第五章。

时间以行之，而后乃能知之；或费千万人之苦心孤诣，经历试验而后知之"。[1] 此时期人类的心性，不但有良能，而且有觉悟。觉悟职能是"聪明而有见识"地管理良能和良知，它是一切知识的渊源。

3. 自科学发明以后，为知而后行时期，科学昌明，人类已有各种工具以求知。凡制作事物，必先求知而后乃敢从事于行，以免错误，而增进效率。此时期人类的心性，不但有良能、觉悟，并且有良知。良知包括两个系统：一为理想，一为良心。理想以公认的道德为典范，良心则是一种天赋的社会倾向，但要觉悟发展到一定的程度，才能成为现实，并开始批判觉悟的是非。

现世科学虽明，人类的事，仍不能完全先知而后行，人类不知的事，实际上较已知的为多，而且人类的进步，皆发轫于不知而行，孙中山认为这是"自然的逻辑"[2]，不因科学的发明而变易的。所以现代科学家，仍须行其不知以致其所欲知，也就是不断从事试验以求知。

孙中山又主张分知分行，认为三系人分工合作：先知先觉者创造发明，后知后觉者仿效推行，不知不觉者竭力乐成，相需为用，也就是在同一时期，有人不知而行，有人行而后知，有人知而后行，"则大禹之九河可疏，秦皇之长城能筑也"[3]。

同时我们可以由过去推测未来，由有限而无限。人类的知识及其进化范围，孙中山认为实与宇宙同其悠久广阔，他说："智之范围甚广，宇宙的范围，皆为智之范围。"[4]

---

[1] 语见孙中山《孙文学说》第五章。

[2] 参见孙中山《孙文学说》第七章。

[3] 语见孙中山《孙文学说》第五章。

[4] 语见孙中山《军人精神教育》。

(四) 知识的来源

孙中山说:"智之云者,有聪明,有见识之谓。"[1] "聪明"是先天的理性;"见识"是后天的经验,融贯了理性论和经验论的主张。至于知识的来源,孙中山也采取同样的观点:

1. 智识来自理性的,有"生而知之"或"由于天生者"[2]。

2. 智识来自经验的,有"学而知之、困而知之"或"由于力学者、由于经验者"[3]。

孙中山认为人类的知识,每一个人都不相同,就是因为人类天赋的聪明,已有差别,后天的学习,又不能一致,因此造就的结果,必然有不同。孙中山将它分成圣、贤、才、智、平、庸、愚、劣等八类,而以圣为最高的智慧。

(五) 知识的对象

孙中山认为我们人类所知,有现象、有本质、有观念。他说:"……一室之内,一案之上,茶杯也,木头也,手表也,奔赴吾之眼中者,吾皆能偻指其名,以其有质象可求也。"[4] 名就是逻辑学上的名词(Term),亦称概念(Concept)。事物的现象表现于我们的心,谓之表象(Idea),所有的表象,都是特殊的,经过我们的概念作用,亦即从各种特殊的表象比较其异同,异者舍之谓之舍象(Destruction),同者取之谓之抽象(Abstruction)。

又将各表象的个体的属性,或偶有的属性,舍而弃之,将各表象之本质的属性,聚为一类而总括(Summarization)之,命名(Naming)之,就成为普通的概念,亦即名词。质即本质

---

[1] 语见孙中山《军人精神教育》。

[2] 语见孙中山《军人精神教育》。

[3] 语见孙中山《军人精神教育》。

[4] 语见孙中山《军人精神教育》。

（Essence）之谓，指事物中常住不变，不可或缺的性质。质也指实在（Reality），实在或称实有、真在、自然、或有。近世哲学，以现于认识的事物谓之现象，实在便用以指称离认识而独立存在的物自身。至于象即现象，通俗解释为"情形"或"事实"，近世哲学则指时间、空间中所起的变化，与"物自身"或"本体"对立。"物自身"或"本体"纯属客观，与人的精神无关，能离主观而独立存在。现象即由"物自身"或"本体"显现的物象，触发我们的认识能力而后起者。

人类在不知而行的时期，感官可能不断受到各种现象的刺激，亦即"奔赴吾之眼中者"，而发生感觉，如感到冷（触觉）、听到声音（听觉）、看见颜色（视觉）等，但不知其意义，只有为了求生存求进步，必须取用或用世时，始生反应，亦即用心去认识，才获得经验的知识及普通应用技术。这是心物合一的第一历程。

人类行而后知，由于已有觉悟，对于现象的所知，开始感觉怀疑，乃进一步去探索其本质，一方面用科学的观察，如发现物种的本质为细胞（生元）；一方面用哲学的判断，如推论人类的本质为人性。我们获知事物的本质后，赋以适当的名，构成一切的概念。这是心物合一的第二历程。

人类的知而后行，不但对于道德有其理想，足以批判知识的是非，而且控制良能的冲动，而决定有所为有所不为。这是心物合一的第三历程。

心物合一的三个历程，我们所知的对象都不相同。有第一历程，我们才能由行而得知。孙中山说："……像燧人氏发明火，试问他不去钻木，怎么能取出火来呢？神农氏发明医药，试问他不去尝百草，怎么能知药的性质呢？"[1] 有第二历程，我们才能由已知而更进于行。孙中山说："……而中国人几忘其远祖所得之知识，

---

[1] 语见孙中山《孙文学说》第五章。

皆从冒险猛进而来，其始则不知而行之，其继则行而后知之，其终则因已知而更进于行。"[1]有第三历程，我们才能由知之用，判断其合用不合用。同时也只有三个历程密切配合，我们对于知识的对象，才能获得正确的认识。

西方学者，大多假定我们可以离开宇宙，来看宇宙的实在，以获得客观的知识。我国学者，向来即以己身无异一小宇宙，能知此小宇宙，即知大宇宙，如果硬要置身于宇宙之外，再来了解宇宙，只能获得人为之知，而非真实之知。前者眼光偏于外，后者眼光偏于内。就前者而言，人类必须假设离开宇宙，重新看宇宙，所知是否实在，由知天而胜天。因为孙中山认为一切事物，不能完全听从自然，所有缺陷，必须加以补救。孙中山说："大凡社会现象，总不能全听其自然，好像树木由它自然生长，定然枝蔓，社会问题，也是如此。"[2]又说："社会主义所以尽人所能，以挽救天演界之缺陷也。"就后者来说，人类只有尽人之性，以尽物之性，赞天地之化育，所知才是真实的知。

（六）知识的理想

孙中山说："大凡一种思想，不能说是好不好，只看它合我们用，不合我们用。如果合我们用便是好，不合我们用便不好；合乎全世界的用途便是好，不合乎全世界的用途便是不好。"[3]孙中山主张的合用标准，必须具备许多条件：

1. 需要：合于需要就是合用，否则就是不合用。

2. 为公：合用的知识，如果只为个人或少数人，只能说它是私理，如果为公为大众，非为私为个人，才能说它是真理。

[1] 语见孙中山《孙文学说》第五章。

[2] 语见孙中山《中国民族之前途》。

[3] 语见孙中山《民族主义》第三讲。

3. 符合：合用的知识，必须符合事实，亦即多数人所能见识的现象。

4. 贯通：合用的知识，不但本身不能有矛盾，如甲是甲又不是甲，而且要与整个判断系统相一致，亦即贯通。外国人批评我们不知自由，又说我们是一片散沙，显然矛盾，无法贯通。

5. 能行：合用的知识，必须能实行，经过证明，才可以说是真理，否则只能说是假说（Hypothesis）或学说（Theory）。

6. 自明：合用的知识，须能使人明白相信，产生实行的决心，否则毫无用处。因为我们唯有信其可行，才会乐意去行。

7. 速成：合用的知识，必须行之迅速有效，否则不能说它是真理。

因为合用有的有时间性及地域性，有的没有时间性及地域性，乃有相对的真理和绝对的真理。

三、认识问题在管理上的运用

认识问题在管理上的运用，择要分述如后：

知识对管理能力有何影响？

知识是能力的源泉。任何卓越的管理人，都必须具备两种知识，也就是专业知识和管理知识。前者行行不同，各有奥秘；后者却是共同相通的。虽然有少数人先天就具有管理的能力，但大多数人却是借观察和学习，而获得管理的知识与能力。一般说来，职位越高，责任越重的，其统辖范围，往往超出其专业领域之外，因此管理知识的比重，越来越大；而技能的运用较少，遂使专业知识的需要，相对减低。法国的国际商业机器公司 IBM 总经理雷蒙·柏依乌（Raymond Pailloux）说过："我的干部是非常良好的技术员，但他们逐步晋升后，除技术以外，还需要一些其他的东西，那个时候，我的干部就缺乏这些东西，……二十五年前，当我进入公司的时候，我还是年轻的工程师，而我的工作有百分之八十五是属于技术性的，今天，我有百分之八十五的活动所要求的事我真不知道是什么，大概你们叫它是修养。"[1] 修养并不完全等于知识，它是由知识、行动和内省三种力量所获得的和谐，使个人、机构和社会都能达成平衡的发展。但是知识的分量，显然不可忽视。任何管理活动，都离不开知识，所有的管理者，在计划、推动和控制的时候，或者和员工晤谈、郊游之际，都需要丰富而正确的知识作为基础。

柏依乌的苦恼，是西方知识界偏重专门知识，分门别类，各务专门，钻牛角尖所带来的结果。古希腊时代，哲学与科学本属同根，一切学问，无不互通。至于近代，西方哲学科学，虽然仍有其密切的关联，而各自专精，不求其通。政治、法律、经济、军事、电机、土木、农艺、医技，独立成为专门学域，固然造就许多专家，但因其不通其他，对于个人所专的一门，纵属"有知"，而其余一概"无知"。以"无知"而从事管理，自必引起祸乱。我国知识界自古以来，即贵在求通。在我国古代，农学、医学、天文、历数、水利工程等学，均已早有相当发展，以其偏属物理，贵能专门，所以一律视为次要。中国人不是不重视专门知识，而是在人群修齐治平大道的通则下，再来运用这些专门知识。中西意见不同，关键在此。

我国先哲，认为修齐治平大道，是通于心的，无法从分门别类的政治学、法律学、经济学、军事学、外交学、工学、农学、医学乃至管理学中分别以求。因为这些专门学域，多半是通于物的，即使政治学、法律学、管理学以人为主，西方学者也每以通

---

[1] 参见 Joseph Basile 原著，徐锡廉、何清钦合译《干部及领导者的文化修养》。

于物的观点来论述。孔门弟子，亦各具专长，如子路治军、冉有理财、公西华外交，当一专职，固然可以胜任，而在其上仍须有总其成者，以发号施令。此等主持大计的人才，如非先求人事之通，也就是已通于心，实不足以担当大任。反过来说，修齐治平大道既立，于心已通，纵使于物有不通处，也可以缓图解决，无大不利，亦无大凶。

大多数的现代中国人，都还了解求通的重要性，大致接受"知识当为人生求，非为知识而求知"的说法，反对"读死书""死读书"，以防"读书死"。但是身处此一知识爆发时代，以毕生之力，求一专精尚感困难，极易引起求通与求专有所冲突的误解，因而发生究竟应该先求通再求专，或者先专后通的争论。比较严重的，则在对通的解释产生偏差，以为通于物也是通，甚至用通物的认识来通心而自以为是的，实在是当今知识界的不幸。兹说明其实际情况并试加分析，以供参考：

1912年（民国初年），若干人士如梁漱溟等，大力指陈：我国过分偏重安心立命的结果，对于科学知识的追求，逐渐失去兴趣，因此也无法获得高度发展，其结局几至于亡国灭种。流风所及，造成今日科学第一，专门技术至上的形象。科技人才，俨然成为天之骄子；青年学子，争先挤入理工热门。政府重视，社会颂扬，家长盼望之下，整个知识界几乎为之改观：人文学科，越来越受轻忽；基础科学，渐渐划入冷门；应用科学，却唯我独尊，占尽了优势。少数有良心的科技人才，目睹美国近年来突然涌现一群又一群的"现行价值系统的反叛者"，他们认为金钱、成功和舒适的物质生活，并不能消除内心的疏离；科学工业的直线进行方式无法造成人和自然之间的和谐。他们转而倾向于我国不过分重视现实功利的态度，热衷于我国人与自然和谐合一的哲学。居于良知，这些科技专家也强调除了自身的专门知识之外，仍须求通，甚至于主张：不要让技术来指导政策，应该以政策来领导技术。但是多数科技专门人才，由于盲目的优越感，竟然提出先专后通的理论，导致今日青年，满脑子升学主义，造成吴怡所描述的："本来从小学到中学，是心身两方面发展最重要的阶段。就身体来说，有各种维他命和营养的物质，能加速地成熟。就知识发展来说，有各种传播工具，如电视、书刊等，能懂得更多。这些本来都是有利的，可惜今天多只重填鸭式的灌输，只重知识技术的传授，并没有正确地指导如何去消化这些知识。于是一知半解，自以为是。在中学阶段，由于联考的压力，还好没有时间去作他想。可是到了大学，联考压力一除，海阔天空，自由是自由了，却缺乏自由的本钱，茫然不知何去何从。中学时代没有好好健全自己的观念，到了大学，又没有好好充实自己的思想，遇到问题，便乱了方寸。孟子曾说他的不动心是由于具有浩然之气，而浩然之气是集道与义而来的。如果能真正的先健全道德，培养出这种至大至刚的气概，即使遭遇难题，也不会使自己有任何的动摇。"[1]今日的大学生还谈不上专，他们仍旧要集中心力，考研究所，考托福，等到博士学位在手，勉强可以称得上专，这时再来求通，恐怕内在和外在的因素，都不是那么容易克服的。

这个问题的症结，在于专什么和通什么，也就是对于知识的基本态度。我国先哲，首重德行，而德行是通的，所以任何人初学入德，必先通于其内在本具的德行，充实了德行以后，再来求取知识，便会中心有主，才能消化知识，运用知识，而不为知识所役。换句话说，为学不能外于人生，而修齐治平则是做人的大道，先能通于人心，了解做人的道理，然后专攻某门知识，又时时不忘其于人生总体的意义及价值，致力求取各种知识之间的和谐，才是求得真正的知识。我国人做人重于做事，西方人则做事重于做人。有人认为在此精密分工的时代，要学做事，必须花费

---

[1] 详见吴怡著《光明的大道》。

许多时间，深入钻研，如果分心于做人的道理，恐怕不易学得专精。同时通于物之后，观察力判断力均经磨炼养成，用来通于人，并无困难。事实上这是双重的误解：不明做人的道理，即失去根本，徒然追求做事，是舍本逐末。品格不好的人，宁可让他没有知识，少一些做坏事的本钱。德行欠佳的人，如果做事学得专精，越可能为害人群，不可不防。而且通于物之后要来通于人，极易先入为主，用通物的方法和态度来通人，把人当物，把人看作机器，也就是不把人当人，是不可能通的。我们绝对不轻视专门知识，不反对专，但是大学之道的三纲"在明明德""在亲民""在止于至善"，则是大家不可忽视的共通之学。"明明德"是要我们光明其内在本具的德行；"亲民"是要我们发挥此德行，以兼善天下；"止于至善"是要我们使此德行能通乎天理。

"内圣外王"的道理，有些人相信，也以为自己学到了；有些人怀疑，认为德行和知识的关系，未必如此密切；又有些人根本加以否定，说是时代进步，这一套早经淘汰，不应该再拿出来讲。不管持何见解，我们可以说绝大多数的今日中国人，都没有做到这一点。就算知道的人，也未必能行，所以孙中山的知识论，才提出"知难行易"的主张，鼓励我们切身去力行。管理者了解中西知识的不同，自应补偏救弊，才能有助于管理能力的促进。

如何结合知识与道德，以增加管理的效果？

管理是整体性的，不容分割。组织各有部门、生产各有阶段、财务各有预算、情报各有系统，只是为了分工的便利，最后仍须切实合作，才能收到预期的效果。单凭知识、技能来从事管理，势必遭遇甚多困难，特别是心理方面的抗拒或反感；沟通、协调的不易，更是每个管理者都深切体认的难题。我国先哲，早已指出：知识必须与道德配合，才能产生效力。管理者具有崇高人格，感应员工，必能导致良好的管理，已见前章所述。兹再探讨中西知识界对此一问题的主要歧见，以利明辨。

西方人为知识而知识，在传授知识时，必须极力证明其真实性与必然性，因此重客观，强调纯理性。他们认为知识中如果夹杂情感，容易产生私见，徒然增加祸乱的可能性。除了苏格拉底提出"知识即道德"的论说之外，很少有哲学家在这方面做进一步地探讨。儒家视"进德"为"学"的本义，所以不重建立客观论证，而以能直接助人改变其意志状态为主。德行中自有情感，无情实不足以为人。德行既为本为始，知识即为末为终。德行和知识，就我们中国人看来，原是本末始终一贯相承的。因此在中国历史上，知识分子不但在修身方面有相当的成效，在社会上也都能善尽其教化的责任，成为治国、平天下的主要角色。

人的德行，都源于天赋。我国先哲的性善论，相信人同此性，人同此德。虽然乍看起来，时时地地、人人事事似乎不胜其相异、不胜其区别，但到头来终必有一个共同大通的所在。管理者不是万能的，无法对所有专门知识，都能精通。至少要求通于此，先求知识与道德密切配合，然后再请教真正的专家，虚心接纳他们的意见，找出一条妥善管理的途径。知识和道德结合，还有一种重要的功能，便是增强知识的权力。我国传统社会对士的礼遇，是由于知识分子具备良好的品德，获得万世人心共同的推崇，因而赋予知识分子更高的社会地位和更为重大的责任。我国人的心目中，为非作歹的奸人，生前纵然得意扬扬，死后亦必见诛于后世，如曹操、司马懿、秦桧便是。有德之士虽然幽暗于一时，亦将流芳万世，光昌于百代，如诸葛亮与岳飞。这种明辨是非、论断善恶的定夺大权，并不在于皇帝、国王等政治人物，却在于士之一流，也就是知识分子的手中，所以道统尊于治统。

管理者如果自限于治统，也就是仅凭知识、技能来领导员工，充其量只能居于"经师"的位置；如果更进一步，具有高尚的品德，便能成为道统，在员工心目中，臻于"人师"的地位，自然更能增进管理的效果。

知识对工作质量和效率，有何影响？

知识程度的高低，和工作质量与效率，有十分密切的关系。盛田昭夫为了解答彼得·德鲁克访问很多日本企业经营人物，始终没有遇见非常优秀的经营者，而提出一个想不通的问题："究竟是谁造就了日本的工业力呢？"他想出了"托德川家康之福"的答案。盛田昭夫认为二次世界大战之后，获得独立的国家，为数不少，他们大多陶醉于自由独立的热烈欢欣中，忽视了将知识传授给国民的工作。德川家康却明智地把日本从混乱的世界中完全隔离起来，领导全体国民勤于"文"道，也就是努力追求知识，因而养成了吸收新颖事物的兴趣与能力，造就了今日雄厚的工业力。

我国先哲，也重视知识，但是单凭知识自身，不足对工作质量和效率产生多大的影响，而且影响的好坏，亦未可知。例如知识丰富的人，如果用来投机取巧，往往更难防止，贩卖打卡机的公司，员工对于打卡机了如指掌，随时可以调整到合意的时间，打完卡后再调回正确的时间，反而无法运用打卡机来客观记载员工上、下班的真实状况。

我国先哲，特别是孔子学说，十分强调知与义的关系，认为知识必须以义来节制，才能确定其有益于人生。我们鼓励员工进修，使其获得更多、更新、更有用的知识，同时还要告以合宜的原则，使其用于正途，对工作质量和效率才有真正的帮助。

如何从知识论的观点，建立我国的管理模式？

西方的管理模式，受到西方知识论的影响，一切纯理性，重客观，以通物的心态和方法来通人，形成"无知"的管理，已见前述。我国的知识论，主张先通于人，次通于物，德行充实以后，再来求取知识，理性之外，兼重情感。人事是共通的，通于心的人来主持大计，才是"知"的管理。

我国知识界另有一特色，即所有知识，均与人生有关。如孔子尝言："岁寒，然后知松柏之后凋也。"[1] 从字面上看，似乎丝毫和人不生关联，但细察孔子说这句话的目的，并不在讨论松柏有异于其他树木的特性本身，而在于借为譬喻，用以激励人们处浊世而不改其操。[2] 其着眼点仍旧在人。管理的活动，无论从哪一个角度来衡量，都离不开人，所以用我国的知识论观点来建立管理模式，不但对中国而言，十分合适，对西方来说，也有其补救的功能。如何建立，则属于方法论的范畴，我们不妨从寻觅适当的方法入手，以期早日建立我国的管理模式。

方法很多，而最切实易行的，首推孙中山的合用论。事实证明：西方管理知识，不可能一成不变地搬到我国来实施，但也绝非一无可取。因为物质环境的种种因素，虽然可以限制人类文化发展的途径，但是它并没有完全决定的力量；而从不同社会的比较研究，人类学者往往发现"异中有同，同中有异"（Unity in Diversity）的现象。因此从方法论的观点来说，我们一方面要排弃绝对主义（Absolutism），管理的发展并没有绝对普遍同一的模式，另一方面我们也要排弃相对主义（Relativism），外表相异的社会，在功能上往往也可以找到许多相同的成分。[3] 用这种方法，我们尽可以放心利用西方研究管理的成果来做模拟，只要我们小心地分析哪一些成分是中外共同发展的"同"，哪一些成分则是西方所独有的"异"，既不取同略异，也不因异弃同，而是居于合用的观点，慢慢找出一些适合的模式，逐渐试验修正，才有其实用价值。例如传统儒家具有民本的精神，却未能开出民主的制度，

---

[1] 语见《论语·子罕》。

[2] 参见陈大齐著《孔子学说》。

[3] 详见刘述先著《生命情调的抉择中国哲学智慧的现代意义》。

我们不能因此而否定民主的管理，因为孙中山说得很清楚："人为万物之灵，知识之高下，身体之强弱虽有不同，原无阶级之不平等，何能容受他人不平等之待遇；且民为邦本，本固邦宁，简而言之，即民为国主，主安即国治，何能容强权者行乱国之政治，酿成亡省亡国之痛苦！"[1] 但是我们也不能盲目地把美国式的民主全盘搬过来，譬如民选，虽然显示众望所归，而仅凭多数胜于少数，多数无知，并不能积成一知。西方人将政治、法律、经济、军事、外交皆视为专学，即使专精其中之一，亦无法求通于人事，既无所通，凭多数投票而登上高位，掌理大政，钱穆认为这是"以一无知而从事大政，则引起人群之祸乱者，非知识之罪，乃无知之罪也。故在近代西方之民选政治下，非奸即谀，否则不足以膺众选而当大任。而人类祸乱，乃无终极"。许多人总喜欢以日本全盘西化而跃居经济大国的事实，对我国传统作不公平的谴责，认为我们传统的包袱背得太重，以致无法快速地革新。我们不否认传统有其缺陷或限制，也主张予以合理的扬弃，依照孙中山"从根救起""迎头赶上"的原则，作适当的调整。我们更要进一步指出，日本人并没有全盘西化，他们勇敢地向西方学习，却处处顾虑传统的精神，"终身雇佣制度""年功序列式的薪资给与""抬轿子式经营"[2] "团体责任制"等等，显然都不符合美国式管理的要求，却仍然是日本式管理的主要支柱。日本丰田汽车的大野耐一，就一再强调：完全模仿美国是不行的。从丰田佐吉到丰田喜一，可以看出日本以"固有智能""赶上美国"的过程。佐吉十分重视日本人的智能，认为"如果不去发掘日本的固有技术，就不算是一个企业。日本始终是追在欧美世界的后面，一定要接受不落伍

---

[1] 语见孙中山《农民大联合演讲词》。

[2] 参见盛田昭夫原著，吴守璞译《实力主义论》。本文后段有较为详细的说明。

的国家意识，以资警惕"。喜一则比任何人都热心学习美国的通用、福特等汽车工业，认为"一定要早一点将汽车工业的基础予以学通，以美国汽车产业的基础，作为和日本互相比较的材料，然后寻求日本式的汽车制造法"。耐一更因为"高度成长一旦停止，成长率降低了，仍采用美国式计划性的产量方式是行不通的"。因而开发了"丰田式生产管理"[1]。我们不难发现：美国的质量管理知识，传授的对象，主要在于干部，因为工人流动率大，无法赋予品管的责任；日本的质量管理知识，却能落实到每一工人的身上。这是善用传统的例证，而非片面否定传统的自尊心受损的表现。

如何鼓励员工即知即行？

管理是一种挑战，它并不是万灵丹，而管理技术无论多么老到，总不是神符。[2] 管理的效果，无法用理论或计划来做具体的表现，如果没有运行时间，一切计划都是白费，所以重点应该放在鼓励员工即知即行。日本人重视知识，更重要的是：他们以固有的勤勉美德立即加以应用。我国则由于《尚书》的"非知之艰，行之惟艰"一句话，原来的意思，是说空言不如力行，也是鼓励实行的。不料流传既久，渐失其真。一般人中了空疏怠惰的遗毒，都以为行是很难，知才容易的。于是对一切事业，都缺乏做的勇气，渐至"多做多错，少做少错，不做不错"，形成错觉，养成"坐而言，不能起而行"的习惯。几千年来，以讹传讹，积非成是。孙中山为了破除这种不正确的心理，发明"知难行易"原理，要我们注重"行"字。一切事业，必须实行而后始有真知，也唯有能行，而后能知。譬如管理的工作，经过分析之后，我们都知道它包含一连串的整体性过程，诸如：制定组织的目标、为组织

---

[1] 详见大野耐一原著，黄明祥译《丰田式生产管理》。

[2] 参见朱承武著《现代管理科学》。

结构订立广泛的计划、依计划选任组织人员、明确的权责调配与授予、指挥并监督组织作业的进行、建立作业的数量与质量的标准、设法使组织作业维持一定的标准、协调组织内各部门各阶层的关系、激励员工士气、正确评估绩效、预测未来动向等等，每一项目，都有其错综复杂的知识，作为一个优秀的管理人，除了充分了解其内容，具备丰富的正确知识之外，最要紧的，还是如何加以实际应用，也就是即知即行，因为管理空谈理论是没有用的，管理是一种真正的行动！

管理者除了以身作则外，还要加强员工的行，重视员工的实际工作及具体行动，当然，我国的观点，是不能单凭工作的绩效来考评的，工作过程及行为变易应该也列入评核的范围。

如何增进管理者的知识？

管理者必须充分了解持久教育的重要性，也就是不断利用时间，充实自己的知识，以免落伍或腐化。对于我国的管理者，我们提出一项"吸纳光大"的原则，由于我国传统有其优点，也有其缺陷或限制，对于优点，固然应该予以发扬光大；对于缺陷或限制，亦应极力加以改革和排除。例如我国传统对于纯知以及科学方面的追求似嫌不足，与西方接触之后才发觉纯知的效果充分表现在"利用厚生"，才发现三百年来科学工业落后几乎使我国沦为次殖民地的悲惨境地。我们必须加紧学习西方的科技，并致力于发展工业。但是，孙中山一方面深受古代中西经济思想的影响，一方面实身处地与当代中西经济社会及其思想频相接触，而作了明智的抉择，他认为古今中外经济社会及其时代背景不同，要解决当前我国经济问题，固然不能完全采用古代中国的方法，更不能完全采用古今西洋的方法，他既不"复古"，也不"西化"，尤其不愿"全盘西化"，而以取长舍短的方式，提出解决我国经济问题的法宝，也就是民生主义。它反对资本主义，不使我们因科技工业的发展而走入资本主义，不愿我们因工业发达而造成贫富不均的仇视，大家陷入共惨的地步。换句话说：我国今日，工业化是必然的，也是必需的，但是工业化社会的观念形态则不必然，尤其先进工业国家的社会组织所呈现的那些病态，更是我们所不需要的。[1]美国式的管理要求强有力的领导，好像"划船竞赛"，划船的划手，背向前坐，看不见前方，只管服从船长的全权指挥，自己则专心一意地划船，这时大家必须配合船长的命令，合拍着调子用力划，在不得不以"少数精锐"来操舟的情况下，势必不允许载有缺乏效率的人，所以淘汰不适的人员，确属必要。日本式的管理，则着重心投意合，在和蔼的气氛中工作，不必有详细的命令和讨厌的监督，好像是日本祭典时所抬的轿子。轿子被很多人抬着，一句话也不讲，安详地架在上面。但是它要由这里出发前往神社的"胸怀"，是通达到下面抬轿子的人们，所以总是能够摇摇晃晃地往前走去。那些流着汗水的抬轿人，摇摇摆摆，向左右歪来倒去，前进很慢，虽然效率不高，仍能心照不宣地朝向神社缓慢地移动。[2]日本人也了解，侍候着气度宏大的大老板，流着汗水拼命工作，却由于浪费很多，难以进步。他们一方面避免美国式将一船命运掌握在一个领导者手里的高度危险性，一方面也极力引进一些有效的管理方法，使得日本式经营，除了轿子安全到达神社的优点之外，还能够逐渐加速其前进，这种做法，便是"吸纳光大"。

如何促进管理知识的发展？

第二次世界大战以后，各国公民营机构，竞先成立研究发展的单位，以应知识的爆炸，科技的转变，多国性公司的冲

---

[1] 详见刘述先著《生命情调的抉择中国哲学智慧的现代意义》。

[2] 参见盛田昭夫原著，吴守璞译《实力主义论》。

击[1]，与国际性经济痉挛（Eco-spasm）[2]等挑战，特别是计算器（Computer）从手摇式操作进步至电子操作法，不但计算速度大为跃进，而且处理技术如"同时并行处理"（Multiple-programming）、"大容量记忆装置"、"在线实时系统"（On-line Real Time System）、"人机交通系统"（Man-machine Communication System）、"分时共享制度"（Time Sharing System）等不断革新，更促成了知识工业的惊人进步与发展。我国电子计算器的应用，由于中文已能直接输入输出，今后势必快速而有效地建立我们自己的"管理情报系统"（Management Information System），协助管理者获得精确的、适时的、完整的与适用的情报数据，使我国管理者，了解"学如逆水行舟，不进则退"的道理之余，有良好的工具，得以"活到老、学到老"，收到孔子"学则不固"[3]的效果，并使我国管理知识，与时俱进，不断发展！

基于我国先哲的知识论，我们对管理者提出三点建议，分述如下：

1. 要以"合用模式"为努力的目标——"合用模式"指依据孙中山"合用论"而建立的合乎我国需要的管理模式。我们既然明白日本在不失去其社会与文化的特征，已达到最高竞争水平的境地，我们当有信心，可以在固有文化的优点上，来发展我国自己的管理模式，而且也深信必然获得优异的成效。

2. 要以"吸纳光大"为努力的途径——建立合用管理模式的

---

[1] 彼得·德鲁克认为多国性公司是二次世界大战后重大的社会创新，与有关国家的政治、经济与经营管理均有密切关系。

[2] 托夫勒（Alvin Toffler）在《未来的冲击》（*Future Shock*）一书中将经济痉挛形容为一种生态危机，并指出正常的经济政策几乎束手无策，唯有以分权自治式的民主化观点来瞻望未来，才有因应之策，管理国际化，似将届临。

[3] 语见《论语·学而》。陈大齐解释为：为学的效果，能令人不拘泥固执。

原则，是吸纳光大，也就是孙中山所指示的：一方面要把自己的文化，从根救起，发扬固有的优点；一方面对于西洋的长处，迎头赶上，加强学习他们的特长。这样一来，我们融合了中西双方面的优点，所发展而成的管理模式，一定是效果宏大，而又大受欢迎的。

3. 要以"即知即行"为认知的标准——我国先哲，向不主张为知识而知识，大都倡导知行合一的。管理模式的建立，固然是"知"，但如不能"行"，与"不知"并无两样。所以"即知即行"，才是真知。我们应该多方实验评核，审慎选择，建立可以立即施行的管理模式，然后以无比的信心和毅力，上下一心，即知即行。

第五章

管理与道德问题

一、西方的道德观

道德（Morality）是一种关于"是"（Right）和"非"（Wrong）的分辨。道德的界说虽多，意义却大致相同，举例如下 [1]：

1. 道德是正当行为的学识与举动。

2. 道德即社会所称许的风俗，是一时一地的问题。往昔的道德未必为今日的道德，异地的道德不一定就是此地的道德。

3. 道德系依照人类的道德天性、是非良知，及责任规律而行事。唯人类的天性本非"不道德"亦非"道德"，但可谓之"非道德"（Unmoral），道德本属人为而不是由于天赋。道德的天性指其本能之属于合群与不合群，而不道德的天性则指其害群的本能。

4. 道德为人与人的关系，也就是伦常。伦常与宗教不同；宗教不但论及人与人的关系，而且兼论人天的关系。

所谓"非道德"与"不道德"（Immoral）截然不同 [2]。不道德指不合乎道德标准的行为，我们尚可以善恶的"恶"来加以判定，仍在道德范围之内；非道德则无道德的意义，在道德范围外，不能加以任何道德上的判断。一切无生命的事物，其活动如花开花谢、山崩地裂，均无道德可言，即属非道德，既不能称为善，也

---

[1] 参见刘强著《哲学阶梯》。

[2] 参见谢幼伟著《哲学讲话》。

不能判为恶。

道德问题，主要在探讨：（1）善是什么？（2）善恶判断的对象是动机，还是结果？（3）善如何认知？（4）善如何获得权威，使人实行？综合各家各派对于这四个问题的论说，可以区分为主外派与主内派两大学派，前者偏重行为既发之后的影响与结果，包括快乐主义和幸福主义；后者偏重行为未发之前的种种心理因素，如动机、意向或品性等。

1. 快乐主义者认为善即快乐，恶即痛苦；幸福主义者以为善即是幸福。他们都主张行为的结果是善恶判断的对象，善存在于动机之外，而显现在行为既发之后的影响和效果，是属于主外派的道德哲学，其特质简述如下：

（1）对于行为的善恶判断，重结果而轻动机。因为动机是不分善恶的，分别善恶的对象，应该是行为的结果。

（2）主张善就是快乐或幸福，恶即是痛苦。边沁（Bentham）说："严格说来，除了快乐与痛苦本身以外，除了足以增减快乐或痛苦的结果以外，是无所谓善恶的。"[1] 又说："对于任何行为，凡足以增加当事人幸福的，赞成之；凡足以减少其幸福的，反对之。"[2] 快乐或幸福为人所欲，即善之所在；痛苦为人所恶，乃恶之所在。

（3）强调善恶的辨认，完全以过去苦乐的经验为依据。凡同样行为过去经验中发生快乐的，便是善；发生痛苦的，即是恶。

（4）关于善如何获得威权，使人实行的问题，主外派的解决方案，是凭借外方的判裁以建立道德的权威。边沁提出四种制裁（Sanctions）的方法，其中公众制裁如舆论的责备或赞扬、政治制裁如法律或员工公约的科责，是人力所能做到的；另外物理制裁

---

[1] 语见 Bentham, *Principles of Morals and Legislation*。

[2] 语见 Bentham, *Principles of Morals and Legislation*。

如饮酒致醉、下次不敢狂饮，宗教制裁如死后上天堂或下地狱，则是无法具体立法施行的。

扩展快乐主义的观点，而以社会最大多数人的最大快乐为善的最高标准者，称为功利的快乐主义，又名功利主义（Utilitarianism）。主张行为之为善恶，视其倾向于增加幸福，或产生不幸的程度为衡量的标准。幸福即指快乐与无痛苦；不幸即指苦痛与无快乐。

2. 主内派的道德哲学，以康德为代表，其论说与主外派完全不同，列举如下：

（1）强调只有意志才有善恶之分，行为的结果没有道德的价值。因为意志全凭当事者自己决定，不受外界的影响，是自主的；行为的结果则有赖于外界的条件，自己很难加以把握，不能作为道德价值的对象。

（2）指出有时动机为善，却因时运不济，尽心竭力，也毫无所成，否认道德价值为快乐，肯定善即是服从规律、履行义务，与结果应无关联。康德说："宇宙之内，除良善意志外，殆无物可无条件想象其为善的。"善意的行为，乃无所求的行为。人之为善，纯系良心的服从，或奉行道德律的命令，为道德而道德，别无他求。[1]

（3）善既依规律而行，规律是普遍的、不变的。所以善的认知，全凭理性，与经验毫无关系。

（4）康德也反对外力制裁的方法，因为每个人的自我，都由理性（天理）和欲望（人欲）相合而成，即使人欲有违天理，天理也会发出至高无上的绝对命令，使我们产生义务心，遵从规律来行事，要树立道德的权威，也应该自内诉诸理性，不可向外以求制裁。

---

[1] 参见谢幼伟著《哲学讲话》。

3. 杜威调和主外派和主内派，反对二元的对立，要点如下：

（1）行为的动机、欲望和结果等因素，是相关联的，不可有所偏重。主内派重动机固然有相当的真理，但是行为的结果，正是意志的具体表现，如果毫无行动，谁能了解他是否存有善意？兼顾外表的行动结果，适足以帮助我们判断善恶，比单凭动机或意志为正确。许多行为，虽不从意志而生，亦应加以道德的判断。例如儿童发生过错，父母责备他时，往往以不是存心（Intention）这样做来自辩，杜威要用这种口吻回答他："这正是你的错，你应该存心不这样做的。如果你仔细考虑过，你就不会这样做了。"[1]

（2）杜威认为善就是幸福，但是幸福不在于快乐的获得而在于欲望的满足。例如口渴的人，其欲望在于得水，饥饿的人，其欲望在于得食，并不在于因解渴充饥而得的快感。这种快感的预料，虽然可以加强欲望，但是并非欲望的对象。

（3）关于道德的认知问题，杜威提出"礼俗道德"[2]（Customary Morality）和"反省道德"（Reflective Morality）的分别，前者是一个社会中大多数人的善恶标准，由传统习俗及宗教信仰所构成，具有很大的行为约束力；后者则来自对"礼俗道德"的检讨或批判，许多人所谓"代沟"，大概由此而生。道德观念的激变，也是由"反省"而来，杜威既不赞成无条件接受"礼俗道德"，也不主张盲目排斥。

（4）杜威认为善的威权，不能全凭诉诸理性，"为义务而义务"毕竟是抽象的原则；也无法长久依赖外力，利诱威胁终有计穷的时候。他认为一个人的自我是不绝扩展的，最初也许只爱好与金钱名誉有关的事，但是自我扩展以后，也会爱好与名利并无关联的对象，其原因在于自我已和此等对象合而为一。

---

[1] 语见 Dewey and Tufts, *Ethis*。

[2] 此名为吴森所译，参见吴著《比较哲学与文化（二）》。

二、我国先哲的道德观

甲　儒家

我国传统道德，自清末以来，经历若干激变的阶段，现在谈论有关伦理道德方面的观点，和古人已有显著的不同。例如革命、自由、民主和现代化，可以说都是新时代里导致传统道德观念激变的主要因素。[1] 五四运动以后，一般人内心深藏反儒情绪，遇有谈及儒家思想，不是明目张胆，积极加以反驳；就是怀疑重重，成见颇深。一些过激的言论，如"打倒孔家店"等，虽然未必为大家所接受，却造成了十分重大的创伤。这一代的青年，多少产生彷徨的心理，主要原因在于：（1）丧失民族自信心，错认只要有科学技术，民主制度，和革命武力，定然可以达到建设新中国的目的。固有文化，特别是四维八德一类的旧道德，则是封建遗毒，专制象征，不能切合我国当前环境的迫切需要。（2）国家教育方针错误，偏重知识的传授，忽略人格的陶冶及思想的启发。升学主义、形式主义、孤立主义教育的结果，使青年极易被欺骗，被蒙蔽，不知不觉中走入歧路。（3）社会风气恶劣，重功利，趋虚荣，尚权势，原有的道义之情，日益淡薄。（4）受五四运动的影响，当时若干名学者的过激主张，不仅不能救国，而且徒增国家的危机。（5）对儒家思想缺乏认识，对于我国固有文化的中心思想所知甚浅，人云亦云，盲目附从。[2]

时代潮流尽管如此，一些在思想上有特立独行之士如方东美、唐君毅、牟宗三都极力赞扬儒家的传统，梁漱溟认为孔子使我国

---

[1] 参见韦政通著《中国文化与现代生活》。

[2] 详见柳岳生著《孙中山思想之哲学基础》。

走上以道德代宗教之路，使我们头脑少了许多障碍，排除宗教的迷信与独断而专心致力于理性的启发。[1] 五四时代的健将傅斯年任"台大"校长期间，硬性规定大一学生必须读《孟子》，不论读者是否有效，还记不记得这一回事，他总是聊尽心意了。

刘述先采比论方式，以现代西方所热衷讨论的几个题目做枢纽，提出儒家伦理哲学的现代意义如下[2]：

1. 关于善是否可以定义的问题，传统儒家根本就不曾企图对"善"加以界定。《论语》中孔门师弟对于德行的体会，着重具体的情景，而非抽象的概念性思考。孔子只说"吾道一以贯之"，并未言明他的一贯之道究竟为何？曾子代答"忠""恕"显然是"仁"的两个重要表征，否则一贯之道变成二事岂非笑话。孔子说："君子无终食之间违仁。"[3] 又说："志士仁人，无求生以害人，有杀身以成仁。"[4] 仁者的理想是："己欲立而立人，己欲达而达人。"[5] 但要立人达人必须要顾及各个人的气质禀赋以及具体环境的因素，这是孔子谈仁虽多，却未为仁下定义的主要原因。

2. 关于善是否可以通过认知加以把握的问题，儒家的哲学，着重知情二者的和谐，并无西方知情分离的倾向，所以儒家一方面认为善不能通过抽象的理智来把握，此处道德的范围已经超越狭义的知性领域；另一方面又认为善并非泛滥的情意表征。孟子以后的儒家传统相信人有良知良能，也有辨识具体环境的智慧与力行道德原则的勇气。但是良知与经验推概的知并不在同一层次，而良知的实现恰好是本心或仁心的实现，绝非绝情灭性可言。这是儒家在主知、主情之外的第三条道路。

---

[1] 参见梁漱溟著《中国文化要义》。

[2] 详见刘述先著《生命情调的抉择中国哲学智慧的现代意义》。

[3] 语见《论语·里仁》。

[4] 语见《论语·卫灵公》。

[5] 语见《论语·雍也》。

3. 关于伦理的标准是绝对的或相对的问题，孔子被誉为圣之时者，他所持的是一重视具体情境的伦理观（Situational Ethics），孟子也指出"执中无权犹执一也"。足证把儒家的伦理标准看成绝对的一成不变，或者相对的暧昧模糊，都是同样的错误。

儒家的终极道德理想，显然是仁心的充斥，生生不已的不断扩充与不断实现。[1] 由仁心的基础来谈礼乐教化与政治措施，便是仁道。仁心的原则是超越时空的，不因时代的改变或地域的差异而不同，仁道的实现则牵涉到现实环境的种种变量，必须因时因地而有所适当的转移。孔子见父言慈，见子言孝，见君言惠，见臣言忠。"毋必毋固"的态度，才是真正圣之时者的风范。

对孔子及儒家来讲，"道"是价值创造的根本来源，大道之行在表现绵延赓续的创造精神，指出如何安身立命，完成生命价值，为人类道德生活提供一个共同基础。但当每一个人各自安排其生活时，难免因私心而只顾私利，以致因私害公。为了确保人类宝贵的道德生活，每一个人都应善体"中"道，使所有的私利都能顾全大局，有其共同焦点。这只有透过"忠"，才能从自私的本性解脱出来，与他人在思想、感受与行动上相互体谅与认同。然而，可能仍有人在生命上昧于私利，器量狭窄，虽然走出了自私的小圈子，却又另外形成小组织，结党营私，为害公益，仍然有违真正的"忠"道，所以就还需"恕"道来辅助，使精神气象更能广大恢宏。这"恕"道，就是设身处地，群策群力，为最大的多数着想，才是"一以贯之"之道。[2]

忠是大公无私的道德修养，恕足以促其走向完美。忠恕一贯，至善便由此而成。

孔子注重人的性情之真的及合礼地流露。他一方面强调个人

[1] 详见刘述先著《生命情调的抉择中国哲学智慧的现代意义》。
[2] 详见方东美原著，冯沪祥译《中国人的人生观》。

性情的自由，所以言"直"，直就是"内不自欺，外不欺人"，例如"父为子隐，子为父隐"[1]即是由衷之情，才是真"直"，否则无情不仁，或沽名买直，不是真正的"直"。一方面又主张运用社会规范对个人的行为有所约束制裁，所以言"礼"，礼在当时的意义，兼指一切风俗习惯，及政治社会制度，也就是广义的行为规范。直而有礼，才是孔子心目中的"君子"。

人的性情合礼纯真地流露，便是善。因此而发生的行为，对社会人群多半是有利无害，至少是利多害少的。孔子对行为的结果，有利？有功？认为不必谋，也不必计，正是董仲舒所说的："正其谊不谋其利，明其道不计其功。"[2]实际也无从谋起，无从计起，因为别人的认定与否，并不是我们自己所能计较的，不如但求问心无愧！

孟子以后，儒家的道德理论，几乎都是主内派的。孟子除了继续发挥孔子的思想，以仁为人生的第一原则，又因极力反对利而强调义，仁义并举，都是基本的道德实践准则。

孟子所说的"义"，是"当为则为，不当为则不为"的意思。孔子说杀身成仁，孟子则主张舍生取义。他说："生亦我所欲也，义亦我所欲也，二者不可得兼，舍生而取义者也。"[3]

仁是人所固有的恻隐之心（孟子称为不忍人之心，也就是现今所说的同情心）的自然发展，人都具有同情心，扩充发展起来，就可达到仁的地步。扩充的方法，便是"推己及人"。有同情心的人，存有仁心，表现出来的行为，自然合乎"当为则为，不当为则不为"的原则，否则也会不顾一己利害，毅然决然自己制裁其

---

[1]《论语·子路》：叶公语孔子曰："吾党有直躬者，其父攘羊，而子证之。"孔子曰："吾党之直者异于是，父为子隐，子为父隐，直在其中矣。"

[2] 语见董仲舒《春秋繁露·对胶西王越大夫不得为仁》。

[3] 语见《孟子·告子》。

行为，便是义。孟子说："仁，人心也；义，人路也。"[1]

仁义都出于本心，源于本性，行为毫不勉强，自然合于仁义，便是圣人。孟子认为人人皆可以为圣人，他主张每一个人，都应该以此自期自许，至于人生中其他方面的成败利钝，则不能计，也不必计。因为那是人力所无可奈何的事，不如安之若命。

儒家的辨义利和同情心，是最容易引起误解和非议的，分别说明如下：

1. 严辨义利是孔子期望知识分子及领导阶层应该具备的基本道德修养。因为这些家庭、社会、国家的领导人物，职权在握，人所共仰，如果唯利是图，势必假借职权，贪赃枉法，残民以逞，历代暴君污吏之所以史不绝书，根源在此。董仲舒说："正其谊不谋其利，明其道不计其功。"许多新潮人物都认为是空谈道德，轻视功利，无裨益于国计民生。殊不知董子所谓："正其谊""明其道"，乃指个人的信念与决心。"谋其利""计其功"，是指个人的成功与失败。实际意义就是："只问耕耘，不问收获。"四个"其"字都是指个人出处进退的目标。简言之，即不谋个人的功利，并非不谋他人及国家的功利。[2]孔子论治国之道，即明白主张："既庶矣，富之；既富矣，教之。"[3]孟子所说的王政，也注重老百姓的经济生活，他认为"无恒产而有恒心者，惟士为能；若民，则无恒产，因无恒心，苟无恒心，放辟邪侈，无不为已"[4]。足证儒家并不是不言利，而是言公利不计私利；对各事只问其应当不应当做，不理会其结果有利或无利；至少"士"的一流要专心为公家服务，不要再顾及各自的私生活，以免因私利害及公众。[5]

---

[1] 语见《孟子·告子》。

[2] 详见柳岳生著《孙中山思想之哲学基础》。

[3] 语见《论语·子路》。

[4] 语见《孟子·梁惠王上》。

[5] 详见钱穆著《中国历史精神》。

2. 自从狄仁华的《人情味与公德心》[1] 发表以后，大家一窝蜂攻击人情味和同情心，视为社会最大的乱源，似乎必须彻底排除。实际上吴森在《情与中国文化》[2] 中，便认为仁是一种合乎礼义，发而中节的情感；孝是子女对父母应有的情；悌是兄弟彼此应有的情；忠是对长上应有的情；礼是表达情感应有的方式；义是情感表达恰到好处的标准。君子则是发乎情止乎礼，喜怒哀乐发而皆中节的理想人格。举凡孔子所提有关做人的道理，都和人情有密切的关系。《论语》中父亲偷羊儿子做证的故事[3]，引起很多的争论。孔子不同意叶公的意见，把证明父亲偷羊的坦白的儿子视为正直的人。孔子认为这样的儿子，简直不近人情。不近人情的人，正是儒家的大敌，哪里配称为正直的人？"人情"是我国文化最宝贵的遗产。不论是对父母之情，子女之情，兄弟姊妹之情，朋友之情，乡土之情，家国之情，先祖之情，历史文化之情，甚至于对自然物之情，都要加以爱护，加以珍惜，加以发扬光大。数千年传下来的"人情"传统，是我中华民族的精神命脉，绝不能让它失去！[4] 我们绝对不反对培养公德心，绝对不否认"法"的重要和"守法"的价值，但是我们务必小心，不要轻易毁灭了这世上唯一的"有情民族"，西方人重"理"，我国人重"情"，许多人强调化情入理，不知会不会把我们拖入西方今日"职业专门化""教育商业化""生产科学化""商业竞争化""礼节表面化""宗教形式化""艺术实用化""道德相对化""法律严密化""生活机械化"的困境[5]？儒家化理入情，才能合情合理。我

---

[1] 狄仁华为美籍留华学生，回国前写了这一篇《人情味与公德心》。

[2] 参见吴森著《比较哲学与文化》。

[3]《论语·子路》：叶公语孔子曰："吾党有直躬者，其父攘羊，而子证之。"孔子曰："吾党之直者异于是，父为子隐，子为父隐，直在其中矣。"

[4] 参见吴森著《比较哲学与文化》。

[5] 参见吴森著《比较哲学与文化》。

们要重振道德，仍赖这个"情"字，再仔细看看狄仁华的原作，结论也是希望我们"建立一个大有人情味儿大有公德心的国家！"我们千万警觉，勿让有心人毁掉伟大的传统之情。

乙　道家

英国李约瑟（Joseph Needham）在《四海之内》一书中，以西方人罪己的心情，承认西方人的二元分裂心灵，将宗教和科学打成两橛，造成严重的弊害。以往的宗教固然戕害了人性的尊严，割裂了人性的完整。现代由于科学技术的突飞猛进，忽然成为世界的领导者，却以帝国主义威凌国际，造成罪恶的后果。一般人观察事物，仅止于表相，不免产生长短、高低、上下、大小、善恶、强弱、盛衰等等对比，实际上宇宙间的一切事物，层层重叠，而又彼此涵涉，很难明确予以划分界限，老子尤其反对世俗的二元论调，他说："唯之与阿，相去几何？善之与恶，相去若何？"[1]依他的看法，世上事物，都是相反相成，互涵互变的。老子说："有无相生；难易相成；长短相较；高下相倾；音声相和；前后相随。"[2]相反的事物，彼此互为含蕴，所以"祸兮福之所倚，福兮祸之所伏"[3]。宇宙运行不息，一切事物，都在其运行的过程中随之变化，而宇宙间有一种和谐的"自然秩序"，使得一切演化都井然有序。我们"人"既是宇宙的一部分，当然也要在这天然的"自然秩序"中，求其协调，才能获得幸福。老子认为在天下未失朴的时候，人就是如此与"道"相配合，所以因任自然，无为即可无不为。"道"就是"自然秩序"。

老子直透"道"体，以"道"为万物生生不息的根本母体，

---

[1] 语见《老子》第二十章。

[2] 语见《老子》第二章。

[3] 语见《老子》第五十八章。

周行宇宙，无一物可离"道"的无穷本体，也无一处会缺"道"的神奇妙用，[1] 便是天下未失朴时大道创新不息的情况。

天下失朴以后，人们在自然之外，别生枝节，力求自我表现，常见的三种逞强好胜违反自然的意愿[2]，分述如下：

1. 自是——标新立异，夸张自己的"特点"，忽视共同的"通性"，提出一些独特的意见，自以为非常高明，希望别人也能接受。意气强盛的，甚至不惜利用各种手段，强迫别人接受他的观点。

2. 自炫——自我表扬，认为自己的一切都是高高在上，要比别人高明。骄傲感使得自己处处要炫耀，时时要跨在别人的头上，总希望鹤立鸡群，与众不同。

3. 自利——以自我为中心，不论财产、享受、名誉、地位、权威等等，都不厌其烦地想掠夺过来，集中在自己身边，而且集得越多越好，掌握得越牢越过瘾。原先还是为了自身的欢愉乐利，后来却本末倒置，为了占有这些事物，竟演变到不惜以身相殉的地步。

这三种意愿，主要起因，在于人类的"自私"，老子为了教导我们去私息争，退身以存公，所以一再强调："吾所以有大患者，为吾有身。"[3] 他又肯定上述的三种意愿，实际上都无法达到原先预期的目的，却正好招致相反的结果，老子说："自见者不明；自是者不彰；自伐者无功；自矜者不长。"[4] 正和孔子的"子绝四"完全相符。不自见是"毋意"，不自是是"毋必"，不自伐是"毋固"，不自矜是"毋我"，而所有这些弱点都根生于"自私"。[5] 自私必须克除，才能公正公义。他提出三项行为准则，一曰慈，二

---

[1] 详见方东美原著，冯沪祥译《中国人的人生观》。

[2] 详见张起钧著《智慧的老子》。

[3] 语见《老子》第十三章。

[4] 语见《老子》第二十四章。

[5] 详见方东美原著，冯沪祥译《中国人的人生观》。

曰俭，三曰不敢为天下先。[1] 慈就是爱，老子要人"绝仁弃义，民复孝慈"[2]。表面上看似乎是反动性的言论，实质上是"正言若反"[3]，要我们以仁心度物，以慈惠爱人。[4]

老庄思想，一方面批评儒家的道德，一方面对道德却非常推崇，如老子赞美"常道""上德"，庄子以"道德为主"，可见儒道两家，对"道德"的解释有所不同，才有此歧义产生[5]。

原来《易经》把道分成天道、地道和人道，地道可以附属于天道，所以实际上只分成天道和人道。儒家以人道为主，非常重视人为，不过他们强调人道，却也推崇天道，甚至于天道看得比人道更高。道家极端重视天道，把天道看作无为而尊的常道，而人道却是有为而累的可道之道。他们取法天道，不免捐弃人道。

儒道两家对于德的观点，也不相同。儒家以人道为总原则，德就是实践道的具体行为，这些行为，以礼为规约，是向下发展的。道家以天道为自然法则，德必合乎天道，也要自然无为，即是顺任自然的。

儒道共同拥有一个天道，彼此对天道并无异议，两家的道德思想，发展到最高境界时，是相通的。孔孟思想，自身即有道家思想的境界，例如孔子也赞美无为；老庄思想，本身也富有儒家的精神，例如老子主张慈、俭，庄子强调内圣外王。我们千万不可让门户之见长久蒙蔽下去，成为中华文化的罪人。

由于儒家所走的路，是一方面由人道透视天道，向上发展，一方面又由道而德而礼，向下落实。所以向上发展的向度，与道家相合，彼此不会有所争执，但是向下落实的做法，却与道家由

---

[1] 语见《老子》第六十七章。

[2] 语见《老子》第六十七章。

[3] 语见《老子》第七十八章。

[4] 详见方东美原著，冯沪祥译《中国人的人生观》。

[5] 详见吴怡著《逍遥的庄子》。

天道向下批评人道的看法，格格不入，尤其是不合自然的礼、义，更是道家激烈攻击的对象。

道家的看法，以为仁义不过是一种德目，只就某些有关的行为立言，如果过分偏执，势必破坏至德的中和性。老庄一再强调，仁义这些德目之上，还有活的源头，他们批评仁义，旨在提醒我们认识仁义之上的至德，也就是那活的源头。实际上孔子也是重视"权衡之道"的，《论语》从头到尾，都没有孔子列定孝、悌、忠、信、礼、义、廉、耻等等固定德目的记载，他对仁的概念，也从来没有下过放诸四海而皆准的定义，这点也是值得我们深省的。

明白了这些引起纷争的根源，我们再回头来检讨老子对于道德的看法；老子认为道是天地万物所以生的总原理，德为一物所以生的原理，换句话说：德即物之所得于道，而以成其物者，所以老子说："孔德之容，惟道是从。"[1] 又说："道生之，德畜之，物形之，势成之。是以万物莫不尊道而贵德。道之尊，德之贵，夫莫之命而常自然。"[2] 物是势所形成，则道德的作用，也必定是自然的，因为道的作用，并非有意志的，只是自然如此，老子说："人法地，地法天，天法道，道法自然。"[3] 道的作用，即万物的作用，而万物所以能够成为万物，由道而来，所以"道常无为而无不为"[4]。

我们不难体会，老子并不是真正的虚无主义者，他只是借"反"的方式来揭示另一种智慧，使我们在面临灾害、苦难和挫折时，能善体天道自然之意，而泰然处之。

---

[1] 语见《老子》第二十一章。

[2] 语见《老子》第五十一章。

[3] 语见《老子》第二十五章。

[4] 语见《老子》第三十七章。

老子返璞归真的应世智慧，早已内化为我国国民性的一个主要部分，较为普遍的述之如下 [1]：

（一）功成弗居

老子深切体会任何成果都可能为人带来灾害，劝人放弃对一切成果的执着。他说："功遂身退，天之道。" [2] "为者败之，执者失之。" [3] "圣人不积：既以为人己愈有，既以与人己愈多。" [4] "生而不有，为而不持，功成而弗居；夫唯弗居，是以不去。" [5] 这些道理极难做到，却是二千年来我国士人向往的境界。

（二）以柔克刚

老子看见"天下莫柔弱于水，而攻坚强者莫之能胜，以其无以易之" [6]，体会出"柔弱胜刚强" [7] 的道理，因此主张"守柔曰强" [8]。以柔克刚之说，与儒家谦退容忍的论调相通。

（三）大智若愚

老子这一句话，确能表达伟大的一种特性。同样是伟人，也可以分成许多等级，有的伟人常表现出不可一世的骄气和自负，如尼采，只好称其为"小伟人"，最伟大的人格，由于精光内敛，功夫纯熟的结果，总是大智若愚。

---

[1] 详见韦政通著《先秦七大哲学家》。

[2] 语见《老子》第九章。

[3] 语见《老子》第二十九章。

[4] 语见《老子》第八十一章。

[5] 语见《老子》第二章。

[6] 语见《老子》第七十八章。

[7] 语见《老子》第三十六章。

[8] 语见《老子》第五十二章。

其他欲进故退、欲擒故纵、盈不可久、祸福无门、戒争、委曲求全等等，都是我国人明哲保身的修养，在反映暴权方面，儒道两家的观念大致是相同的。

老子以为最有修养的人，柔弱之极，应该有如婴儿。他说："知其雄，守其雌，为天下溪。为天下溪，常德不离，复归于婴儿。"[1] 老子的意思，并不是要我们退化到婴孩时期，而是要求以非凡的克制功夫，使生命再生，达于光洁纯真的境界，他说："挫其锐，解其纷，和其光，同其尘，是谓玄同。"[2] 玄同是"自忘其我，众己不分"，也就是"人我一体"的理想人格。

庄子的道德修养，以"全生保身"为主旨，他认为"为善无近名，为恶无近刑。缘督以为径。可以保身，可以全生，可以养亲，可以尽年"[3]。我们为善，不免近名，为恶又不免近刑。无论近名或近刑，都不是保身全生之道，不如保持中立，不为善也不为恶，所以庄子主张无为。

无为才合乎天道，才是唯一至乐活身的道。因为天地原本是无为的，人应该效法天地，所以也应该无为。庄子说："天地有大美而不言，四时有明法而不议，万物有成理而不说。圣人者原天地之美，而达万物之理。是故至人无为，大圣不作，观于天地之谓也。"[4] 为了达到至人无为的新人生境界，庄子主张要从破除种种内外界的障碍着手。

就外界来说：一般人所坚持的"是非"及"对待"的观念，首须予以破除。因为人的意见，万有不齐，正如《齐物论》所说的，究竟什么是"是"，什么是"非"，实在是难以明辨的。假如

---

[1] 语见《老子》第二十八章。

[2] 语见《老子》第四章。

[3] 语见《庄子·内篇·养生主》。

[4] 语见《庄子·外篇·知北游》。

坚持是、非，必然陷于偏见或以自我为中心，标准难定，迟早落入"彼亦一是非，此亦一是非"[1]的不休争端。庄子认为最好的办法，是超越是非的观点，用道的眼光来看事物，则万物与我为一，不但"不谴是非"[2]，一切形式的对待，如美丑、成毁、誉毁、人己，都一概予以破除了。所以庄子说："以道观之，物无贵贱。"[3]又说："万物一齐，孰短孰长？"[4]庄子后来修养到死生可齐的境界，达于无死生的地位，万物都出于道，而道只是一，又有什么值得斤斤计较，非坚持对待不可的！

至于内界的修养，庄子提出"忘"和"化"两种功夫。忘不是糊里糊涂地忘记，也不是丧失记忆地遗忘，它是去知识、无思虑，自忘其形骸，而与宇宙合一的境界。忘要先"虚"，也就是庄子所说的"心斋"，然后才能"化"。虚是精神贯注于内，能虚才能容纳一切；化的重点在"见独"，也就是能见绝对，能超乎时间，不朽而永存。化即是变，天地万物，无时不在变化中，我们先消极地虚忘，做到外天下（忘世）、外物（忘一切物）、外生（忘自己的生），再求积极的见独，达于无古今，不死不生的境界，此时内外合一，与天地万物一体，便是绝对的逍遥了。

与天地万物为一体，即无己无物。内外兼忘，便是物我合一。庄子说："至人无己，神人无功，圣人无名。"圣人有功而无名；神人纯因自然，所以无功，但还不能无己；至人完全忘我，才能真正达于无己的地步。

一个人到了忘我无物，则一切矛盾对待，自归消失，所有束缚、一切烦恼，皆归乌有，便可获得至上的快乐。道家致力寻

---

[1] 语见《庄子·内篇·齐物论》。

[2] 语见《庄子·杂篇·天下》。

[3] 语见《庄子·内篇·秋水》。

[4] 语见《庄子·内篇·秋水》。

求生命的本真，老庄都深明道是大公无私的，一往平等的，要我们体会大道的无执，而效法大道，以大道来观察万物，才能毫无偏私。尤其目前我们处于过分重视物质的功利社会，如何尽量不以得失、祸福、毁誉、穷达扰心，实有赖于道家的精神修养。

丙　墨家

墨子的道德学说，以兼爱为最高准则，也主张仁义，视为兼爱的基础，严格说来，与儒、道两家具有共同的道德标准。

墨家专重功利，和儒家"正其谊不谋其利，明其道不计其功"的哲学，初看起来，似乎是极端相反，实际上却不是这样的，说明如下：

1. 儒家所谓利，是指"私利"而言，因而肯定义利相反，力主重义轻利。孔子说："君子喻于义，小人喻于利。"[1] 又说："放于利而行，多怨。"[2] 义是立身的根本，是君子行为的最高标准，小人因私害公，自为儒家所反对。

2. 墨子所说的利，是公利而非私利，墨家所重视的利，不是一个人自己的利，而是最大多数人的利。墨子说："天下莫贵于义。"[3] 可见他是注重义的，但他认为："义者正也。何以知义之为正也？天下有利则治，无义则乱。我以此知义之为正也。"[4] 义有利于天下，所以为正。义即指利，墨子说："义，利也。"[5] 很明显的此处的利，专指公利而言。

[1] 语见《论语·里仁》。

[2] 语见《论语·里仁》。

[3] 语见《墨子闲诂·贵义》。

[4] 语见《墨子闲诂·天志下》。

[5] 语见《墨子闲诂·经上》。

3. 即使是公利，儒家也不主张提倡，子罕言利 [1]。公利或私利，孔子都绝少注重，因为他一生做事，从不过问这事有利无利，只关心它合义不合义，应当不应当做。儒家不重视结果，因为变量太多，并不是我们所能够控制的。合义的事大部分是有利的，但儒家却不去提它，免得分散大家对义的注意力，甚至造成倒果为因或本末倒置的不良后果。儒家并不反对公利，但不公开提倡，因此孟子、荀子都十分重视义利之辨，孟子认为如专讲利，必定引起危乱，荀子则认为："义与利者，人之所两有也，虽尧舜不能去民之欲利，然而能使其欲利不克其好义也。……故义胜利为治世，利克义者乱世。" [2]

4. 孔子一生，但求行仁，义即以仁为内容而得的当然准则，依义而行，便是依仁而行，他只问应该不应该，应该做的，即做；不应该做的，便不做，所以不计其功，孔子的态度，是无所为而为的。墨子则以利为一切言行的标准，"国家百姓人民之利" [3] 为墨子估定一切价值的根据，墨家是有所为而为，要力求功利的。

墨子兼爱，是尽爱全体人民，不分远近，不分地域，不分阶级，一律同等的爱，看起来和儒家主张的差等之爱，又有不同，实际上也不尽然：

1. 孔子的仁，以自己为起点，由己推人，自近及远，而逐渐扩大。爱的先后次序，是由亲及疏；爱的厚薄，则是由近而远，有其程度上的差等。但孔子并未主张我们要维持远近的距离，永远加以区分。"老吾老以及人之老，幼吾幼以及人之幼"，我们很快推展的结果，也可以做到尽爱全体人类和兼爱等量齐观。墨子

---

[1] 语见《论语·子罕》。

[2] 语见《荀子·大略》。

[3] 语见《墨子闲诂·非命上》。

兼爱，固然没有差等而一律施爱，但事实上难以无先后缓急的次序，墨家主张"伦列"[1]，认为爱不可因私意而有所厚薄，却可以义而分厚薄；于义当厚的要厚，论义应该薄的还是要薄，实际上也是明定了爱的秩序。虽然墨家所列的加厚爱的对象，是有德行的人、君上、年长的人和亲戚，未必都是儒家所指的近亲，但是既有厚薄，也就和儒家的差等十分相近。我们不妨说：儒家重过程，看到的是对不同层次的差等之爱；墨家重结果，眼光所及之处，是最后不分阶层的兼爱。

2. 儒家的仁，注重自觉觉人：自己求立，也要设法使人亦立；自己求达，也尽力使他人能达。仁本即爱，但对于不仁的人，则不得不恶之，使其不产生坏的影响，所以仁包含爱，却不是单纯的爱，还包含了"恶不仁者"。儒家不赞成"姑息的爱"，以免误人误己，但孔子又不愿意我们用怨恨或暴力来制裁不仁的人，他提出"远"和"恕"两种方法：疏远这些不仁的人，使其了解自己的不受欢迎而知所反省，宽恕他们，给他们迁过向善的机会。儒家的态度是积极的，要我们在人群当中，发挥爱的力量，运用舆论的制裁，共进于仁的境界。墨子的兼爱，偏重于物质上的利人，注重人在群体之中，各个分子要以爱力相系，不爱己而只爱人，必要时还要牺牲一己的生命以利天下，墨家所标榜的，是群我一体的精神，强调团体分子间的内聚力，我国人喜欢内斗，炮口朝内，似乎可以墨家兼爱的内聚观念来纠正。我们也可以这样说：儒家重视道德的自觉，从精神方面加强团队意识，所以讲仁；墨子注重实利，强调物质上的互相支持，用利来激发分子之间的联系，因此提倡兼爱。

---

[1]《墨子·大取》云："义可厚，厚之；义可薄，薄之。谓伦列。德行，君上，老长，亲戚，此皆所厚也。为长厚，不为幼薄，亲厚厚，亲薄薄。亲至，薄不至。"

墨家又主张尚同。因为墨子一方面认为只有兼爱才能救世，一方面却不认为人是本能相爱的。为了促使大家都能够交相利而不交相害，他十分重视宗教的制裁，借上帝和鬼神的力量，来赏善罚暴，同时又注重政治的制裁，希望选天下的贤可者，立以为天子，作为人间的上帝，大家都认同他的判断，做到"上之所是，必皆是之；上之所非，必皆非之"[1]，以天子的号令，为绝对的是非标准。墨子认为：在下者都能同于上，而在上者又真正以兼相爱交相利为令，那么天下的人，必然兼爱交利了。

丁 孙中山

孙中山继承儒家的正统，完全在生命本身寻求道德的基础，他认为道德即是修身的行为，而正心、诚意为内治的功夫，齐家、治国是外修的功夫。我们从修己开始，养成良好的人格，然后把个人所知的修身道理，按照各种不同的人际关系，确切地运用在人群社会中，以齐家、治国，而达于世界大同。

孙中山非常重视道德，他断定国家的兴衰，民族的存亡，系于国民道德的兴废。他说："从前中国民族的道德，因为比外国民族的道德高尚得多，……不但是自己的民族能够存在，并且有力量能够同化外来的民族。所以穷本极源，我们现在要恢复民族的地位，除了大家联合起来做成一个国族团体以外；就要把固有的旧道德先恢复起来。有了固有的道德，然后固有的民族地位，才可以图恢复。"[2]

孙中山检讨我国固有的道德，认为我们向来轻视霸道的文化，而重视王道文化。王道文化的本质，是仁义道德。用这种仁义道德来感化人，以代替压迫人；来使人怀德，以取代令人畏威。虽

---

[1] 语见《墨子闲诂·贵义》。

[2] 语见孙中山《民族主义》第六讲。

然自欧洲的物质文明发达，霸道大行之后，世界各国的道德，便天天退化。就是亚洲，也有好几个国家的道德，日越退步。但是近来欧美学者稍为留心东方文化，也渐渐知道东方的物质文明，虽然不如西方，而我们的道德，却远比西方高尚得多。[1]孙中山说："中国从前的忠孝仁爱信义的旧道德，固然是驾乎外国人，说到和平的道德，更是驾乎外国人。"[2]他认为我们要恢复民族自信，首先要恢复固有的道德，因为它最切合我们民族的需要，几千年来，我们能够赢得邻国的友谊和爱慕，就是最好的证明。孙中山说："各小国要来进贡归化中国，是他们仰慕中国的文化，自己愿意来归顺的，不是中国以武力去压迫他们。"[3]

孙中山又指出西方受达尔文生存竞争学说的影响，对于人类也采用对物质的同等观点，讲求征服，以满足其私欲，视强权为公理，只注意于自我的利益，完全忽略了内在心性的修养。殊不知物质文明固然可以使人获得短暂的愉快，心灵的空虚和烦闷却是长久的痛苦和不幸。所以孙中山认为我国的仁义道德正足以补救西方物质文明的偏蔽，因而积极倡导"济弱扶倾"的国际道德，以维护国际正义，消灭帝国主义。

事实上孙中山不但继承我国固有的道德思想，对于西方的道德哲学，也能悉心研究，吸收其精华，例如从达尔文的进化论中体认进化应分三个时期，而于人类进化，则应该讲求仁义道德，由互助合作以获得文明进步。他接受克鲁泡特金的人类互助理论，觉悟"人类进化的主动力在于互助，不在于竞争"[4]。又撷取功利主义的克己利他思想，体会出一种新道德，"就是有聪明才力的

---

[1] 详见孙中山《大亚洲主义》。

[2] 语见孙中山《民族主义》第六讲。

[3] 语见孙中山《民族主义》第四讲。

[4] 参见孙中山《实业计划结论》。

人，应该要替众人服务，这种替众人来服务的新道德，是世界上道德的新潮流"[1]。可见孙中山的道德思想，是集古今中外的大成，而符合人类共同的需要的。

孙中山除了希望我们恢复固有的忠孝仁爱信义和平，以培养健全的个人品德，巩固民族的道德基础，使社会得能安宁进步外，还提示我们，要建立良好的国民公共道德，要发扬服务造福的社会道德，兹分别说明如后：

(一) 建立良好的国民公共道德

孙中山说："共和之实能举与否，则当视国民政治能力与公共道德之充足以为比率。"[2] 他认为国人以往的鄙陋行为，如吐痰、放屁、留长指甲、不洗刷牙齿，都不是文明国家进步社会的行为或习惯，完全不合乎"礼"，而主张予以革除。[3] 又认为每一国民在一切行为，都应本着"各尽所能，各尽义务"[4]，来谋使国家社会进步，这种行为，才合乎"义"的要求。凡国民应以国家、民族的利益为重，而服务造福社会，才足为人所称道，如"政客全为自私自利，阴谋百出，诡诈恒施，廉耻丧尽，道德全无，真无可齿于人类矣"[5]。

(二) 发扬服务造福的社会道德

孙中山看出古代有聪明才能的人，往往用他的聪明能力，去欺侮不如他的人，使得原本已经不平等的人类社会，更加上后天人为的不平等，他认为先天的不平等，我们尚且要尽量设法减小

---

[1] 语见孙中山《世界道德之新潮流》。

[2] 语见孙中山《新民国杂志》序。

[3] 语见孙中山《民族主义》第六讲。

[4] 语见孙中山《复陈楚楠等鼓勉励侨助饷从军函》。

[5] 语见孙中山 1919 年十月十日演讲词。

其差距；后天的不平等，则非加以消除不可。要废弃人为的不平等，最好的办法，便是发扬"以有余补不足"的服务造福道德。孙中山说："今日……应主张社会道德，以有余补不足，大凡天之生人，其聪明才力各不相同，聪明才力之有余者，当补助聪明才力之不足者，在政治上为工人，在社会上为社会公仆。"[1] "人类的思想，可说一种是利己的，一种是利人的：重于利己的人，每每出于害人，也有所不惜；由于这种思想发达，于是有聪明才力的人，就专用彼之才能，去夺取人家的利益，……重于利人的人，只要是于人家有益事项，每每至于牺牲自己，亦乐而为之，这种思想发达，于是有聪明才力的人，就专用彼之才能，以谋他人的幸福。"[2] "聪明才力愈大者，当尽其能力而服千万人之务，造千万人之福；聪明才力略小者，当尽其能力以服十百人之务，造十百人之福。"[3] 助人就是服务，发扬服务造福的道德，才能获得真正的快乐。

孙中山承认人具有先天的道德，但都不忽视后天的道德教育和道德训练。孙中山要我们"把一个人从内发展到外，由一个人内治做起，推到平天下为止"[4]。孙中山道德思想的最高境界，在于大同世界的建立。他希望我们以固有的和平道德为基础，互爱互助，服务造福，打破人我的界限，突破国家的界线，造成一个全人类共存共荣的大同社会。

---

[1] 详见孙中山《学生应主张社会道德讲词》。

[2] 详见孙中山《民权主义》第三讲。

[3] 详见孙中山《民权主义》第三讲。

[4] 语见孙中山《民族主义》第六讲。

三、道德问题在管理上的运用

儒、道、墨三家的道德哲学，虽然互有不同，却有很多观点，是彼此会通的。首先我们觉察，对于生命的价值，无不予以积极的肯定。孔子、老子、墨子一致指出：人不应该仅仅为了生活而生活，因为那是任何野蛮动物都能够做得到的，我们活着，便应当不断地提高生命的意义，增进生命的价值，正如中山先生所说的，进化再进化，以求止于至善。由于我们不甘心把生命只当作盲目的本能冲动，我们势必慎重选择高尚的理想，作为奋发努力，再接再厉的目标，因而产生道德的标准。孙中山说："文……不独要求其根据法律行事，且勉其以道德立身。"[1] 以道德立身，包含两层意义：一是人类道德系以正当行为为主，来求达于人生最高的善，也就是完成全人格[2]；一是道德既是实现人生理想的生命活动必需的条件，即当于人类生命本身中求之[3]。生命的价值不在上帝，也不在物质世界，而是结结实实在它自身，这是我国内圣之学的根源。[4]

其次，三家的道德标准，名称各不相同：儒家说"忠恕"、道家称"慈惠"、墨家重"爱利"，方东美认为实质上都是相同的。他强调三家在道德上的精神，是一贯的，其根本精义，并无差异。孟子辟墨、墨子非儒，乃至后来儒家的排斥老子、墨子，都是未见及此，[5] 真是可惜！孙中山倡导服务造福的道德观念，便是基于

---

[1] 语见孙中山《复林修梅论人类生存问题及对和议意见书》，载《孙中山全集》。

[2] 参见曹国霖著《道德论》。

[3] 参见崔载阳著《孙中山思想之哲学体系》。

[4] 详见刘述先著《生命情调的抉择中国哲学智慧的现代意义》。

[5] 详见方东美原著，冯沪祥译《中国人的人生观》。

我国传统的道德理论，提醒我们：人生的意义，不在求个人一己私欲的满足，即使荣华富贵，人生不过数十寒暑或百年而已，转瞬即逝。生前的荣华富贵，死后烟消云散，与草木同枯。然而只要摒弃自私自利心，存着服务利他的道德心，贡献其才智，为社会服务，造福人群，才是永久的。即使天不假年，其伟大的服务造福道德精神与道德情操永远存在于人间，其人格自然高尚完美，人生也就充满意义了。[1]

道德问题在管理上的运用，十分广泛，兹分述如后：

甲　管理资源方面

如何发扬服务造福的道德，以善尽人力？

充分发挥员工的潜力，是管理的主要目标。战后的日本，很快地提升其工业化的水平，成为世界上众所侧目的经济大国，引起美国人的羡慕和怀疑，终于提出："如果日本能够，为何我们不能？"（Japan can，why we can't?）的主题，热烈讨论。日本人则自承接受中国文化的影响，不但一方面工业化，一方面蓄意弘扬"国粹"，而且深深觉得中国文化的精髓，他们仍然学得不够。日本所造成的经济奇迹，主要原因，在不采取西方的个人主义，而重视人与人间的合作以及个人的牺牲克己的精神。这种精神，实际上就是孙中山所倡导的互助合作以及服务造福的道德，溯其渊源则是我国固有的伦理哲学。因为我国文化的特色，即在重视伦理道德，主张"以德服人"的王道，唾弃"以力服人"的霸道。管理人如何才能实施王道管理，使所属口服心服？举例说明如下：

1.陈大齐研究道德问题几十年，发现我国先哲"各以人生安宁为根本要求，且以道德的任务为在于谋求此一要求的满足"[2]。

---

[1] 参见黄奏胜著《孙中山道德思想研究》。

[2] 详见陈大齐著《平凡的道德观》。

管理者的一举一动，一言一行，都牵涉员工的安宁，如果不能让员工的生活平稳安定，则员工不可能温顺而服从；假若员工这种不满的情绪爆发，管理者就很难推动工作，甚至会遭遇很大的困难和反抗。安宁包含物质和精神两部分，物质上的安宁较易解决，加薪分红的办法已极为普遍，但孔子"君子食无求饱"[1]，意在提醒我们，员工耽于食求饱居求安，并非团体之福，薪津过分优厚，大家唯恐失去这个难得的"金饭碗"，想尽办法来加以维护，其后果堪虑，已属不争的事实。管理者必须设法维持合理的待遇，而在另一方面，给予精神上的安宁，使员工在饱食安居之外，仍能"敏于事而慎于言"并进而"就有道而正焉"，时时刻刻求取进步，才不会落伍。使部属在精神感觉安宁的方法很多，最根本的，便是使他们了解管理者重视道德，有"以德服人"的诚心，纵使偶有不当的措施，员工也会有所谅解。

2. 员工考察管理者是否王道，通常先多方试验其胸襟的广窄，例如所属犯错自辩，理屈词穷，犹不甘示弱，乱说一通，管理人如能把握"聪明圣知，不以穷人"[2]的道理，不忍令对方狼狈得无地自容，也就是不要"得理不饶人"，非逼得部属认错不可，便是度量宽宏、胸襟忠厚的表现，终究为员工所敬服。相反地，言词尖锐，将对方不合理的情形揭露无遗，部属不但不能心服，还要批评管理者胸襟狭窄，不能容物。须知对方若已知错，轻轻一点，他即心里有数，自能设法弥补，不予当场揭穿，更是心怀感激，必定加倍努力，以图报答。如果对方坚不认错，逼得再凶，也是不生效果，徒然更增彼此的恶感，毫无帮助！

3. 西洋人私德、公德分道扬镳，互不相涉，管理者只要在公的立场，表现良好，私人行为似可不管。我国人的想法并不如此，

---

[1] 语见《论语·学而》。

[2] 语见《荀子·非十二子》。

因为公私实在是不容易划分的，何况私德败坏，公德哪里好得起来？所以王道的管理者，无论公德、私德，都要同等重视，不可偏废。

4. 胸襟忠厚并不意味着善恶不分，但是管理者判断善恶，千万不可听信小人之言，不以大家都说好的人就是善，也不以众人都说坏的人便为恶，希望管理者能够把握"好人说好，坏人说坏的人，才是真善"的原则，正确地加以判断。但是明辨善恶之后，并不是采用西方"去掉坏的留下好的"找理由把他开除的办法，因为那样一来，也可能产生"好的都尽快离开，留下的都是不中用的人"或者"开除了无用的人，也赶跑了有用的人，结果剩下管理者孤寡一人"的副作用。王道的做法，是"子为政，焉用杀，子善而民善矣！"[1]用管理者自身的德行来感服所有的员工，才是"君子之德风，小人之德草，草上之风必偃"[2]。

5. 我们虽然不同意美国式的淘汰员工，也不赞成不分好坏，一视同人的做法，我们采取中庸之道。员工犯错，要加以体谅，要予以规劝，一再给他改过的机会，最后实在没有办法，也只好"挥泪斩马谡"[3]，为什么要挥泪？因为不忍，却又不得如此，这样的斩，才不会有上述的不良后果，大家才能心服。

最要紧的是：管理人万万不可存心利用员工的人力，千方百计逼使他们尽力，因为这样是没有效果的。即使近程有效，也是极为短暂的。管理者要表里一致，诚心诚意表示出长期实施道德管理的意向及决心，才能真正有效。

---

[1] 语见《论语·颜渊》。

[2] 语见《论语·颜渊》。

[3] 详见姚季农著《诸葛亮》。

如何运用物力，才符合道德的要求？

近年来石油的供需及价格，成为举世瞩目的焦点，影响之大，使产油国家，视为左右世界情势的武器。在这种汽车排长龙、天天担心涨价甚至缺油的情景下，让我们回味一下陈立夫所说的：二十世纪下半期，是人类史上变化最大的时期。由于自然科学突飞猛进，使人类对于大自然的认识益加清楚，控制益加确实，人类对于宇宙奥秘的探索，更增强自信。原子能既被控制，证明人类已掌握着宇宙间最大的动能，可用以建设或破坏；合成化学的种种发明，证明人类有取之不尽用之不竭的资源；医药卫生的进步，使人类死亡率逐渐下降，平均年龄显著延长；登陆月球成功，更提升了人类移民其他星座的希望。"科学万能"的观念，已深深印入人们的脑海之中。不幸的人忙于研究物质，自己反而在物质文明中被遗忘。我国先哲所谓"良知为物欲所蔽""利令智昏"，人类心目中时时念着物，追求物，纵欲以获取物，就不知不觉地掉入物的陷阱，成了物质世界的奴役，把自己以往已经获得的自由失去了，使人类生活走向枯燥、厌倦，甚至于恐怖，精神生活终至丧亡而后已[1]。我们必然了悟，我国古老的有情宇宙观，透过西方科学的进展，更充分显现其价值。"自然的反攻"，业已呈现在我们的眼前，人类果然是"愚而好自用，贱而好自专"的！

依我国哲学观点，人并非自然的主人，自然也不是人的主宰。人与物应该相亲相爱和平相处，人有一份爱物惜物之情，也就是保护了人类自己。[2] 所以物料管理除了运用科学方法将生产、管理、销售等所需物料加以分类、编号、预算、调查、采购、验收、

---

[1] 参见陈立夫著《人理学》。

[2] 参见韦政通著《中国的智慧》。

储运、保险、领发、包装、会计、统计、盘存以及呆废处理，期能达到适时、适格、适量、适质的供应，并且采用最为迅速合理的程序，有效节省物料管理的成本外，尚须把握下述要点：

1. 要善用物料，以民生必需品为第一优先，然后才考虑其他的用途。同样民生必需品，也要以"需要"阶段及"舒适"阶段为优先，尽量不要从事"奢侈"物品的生产，因为那样一来，少数人固然有了更高的享受，而大多数人的心理，势必受到更大的威胁，对于整个社会的安宁，会产生不良的影响。

2. 要节用物料，特别是来源有限或得之不易的，要注意其适当的使用及节制。例如油、电等能源，应以民生工业及国防设施的使用为第一优先，管理人应率先废弃耗油量大的私用轿车，使节用油料，以身作则，才能促使员工节用爱物。

3. 要杜绝浪费，任何物料，当用的固不可省，不必用的则应极力节省。举凡水、电、瓦斯，以及所有物品，务必杜绝浪费，不可贪图方便，徒然耗费物力。常见复印机使用方便，人人随手影印不必要的文件，即是一大浪费。

4. 要利用废品，不可任其腐蚀败坏。呆废物料，要"适时"处理，才有价值，否则"可用变成不可用""完整变成不完整"，或者质量降低、数量短少，不但是机构自身的损失，也是不道德的行为。

如何选择方法，以获得成功？

成功是必须的？如果"为达目的，不择手段"，"只许成功，不许失败"，那么一个人的成功，对社会大众究竟是祸是福，不难想见。达到成功的手段，和如何运用成功之果，牵涉到道德问题。在现代社会里，鼓励人求取成功，从事无情的竞争，显然是促使社会道德败坏的一个原因。社会上只注意到人的成功，而忽视成功的手段时，无异在鼓励这种败坏。尤其以金钱为唯一标准来衡量成功时，这种败坏就越发严重。[1]

　　成功是管理的目标之一。成功的因素，十分复杂，其中方法的选用，与道德有密切的关系，有人讲究合理合法，宁可坚持原则而失败，不愿伤德害人而成功；有人恰恰相反，为了机构或个人的获利或盈余，绝不择手段。至于运用成功之果，更可以测量出管理人的修养。美国杜邦公司（DuPont Co.）的年轻科学家卡罗赛（W.H.Carothers）发明了人造纤维的化学方程式，可惜这个方程式，还没有达到圆满的境地，而该公司的主持人，为了生意的竞争，便不顾该科学家的抗议，把方程式径自拿去申请专利，制成了今日市面上大家所用的"尼龙"，由于该方程式还未研究得完善，所以尼龙对人体尚有许多流弊，这位年轻的科学家，气愤之余便自杀了。[2] 这位科学家的自杀，是死于良知，那位公司主持人的运用成功之果的手段，却显然十分卑劣，他的自私自利，虽然也为他赚了金钱，可惜轻视人类的精神生命，忽略社会的道德意义，是不值得鼓励或赞美的。

　　所系正大，才成美德；所系不正大，便成恶德。[3] 管理者言行所本，必求其正大；基础所系，必求其坚实。成功应该是在握的；如果不成功，则是天亡我也。中国人向来不以成败论英雄，我们只希望"尽人事以待天命"，凡事尽其在我，但求问心无愧！我们所关切的是：一言一行，一举一动，是否合乎道德的要求、做人的道理。

　　管理者是否所系正大，很快便会为同人所觉察，例如：同样的信用调查，西方人实施起来，比较客观正确，有助于信用的分析，因为他们纯就信用调查而调查，不涉及其他。我国人则否，

[1] 参见韦政通著《中国的智慧》。

[2] 参见吴怡著《光明的大道》。

[3] 详见陈大齐著《平凡的道德观》。

习惯上部属开始调查之先，心里会自问：上司希望得到的，是哪一种结果？如果主管希望顾客甲顺利获得贷款，顾客乙暂时不予考虑，顾客丙则最好予以拒绝。这时办理调查的部属，自然有法子把调查的结果，弄成甲的信用最佳，乙的信用很好，只是目前尚有一债未清，丙的信用最糟，以暗合上司的期望。我国社会常发生冒贷、贷而无法偿还的案件，无不事先经过详细翔实的信用调查，何以竟告致此后果？可见孔子说的"刚毅木讷，近仁"[1]，是德治主管的典型。中国人是最喜欢也最擅长猜测人家心理的，一旦他发现主管内心公正，不偏不倚，他就会真正地实地去调查，才会有正确的报告。

如何依据道德观点运用财力、开拓市场？

财务管理主要在募集、分配、调度与运用各种资金，并妥善处理盈余或亏损（Deficit）。市场开拓的活动，目的在引导生产者至消费者或使用者之间，各种货物与劳务的流通。两者关系相当密切，因为开拓市场，非有合适的财力支持，难有成效；而市场导向，又是财务管理的重要依据。

理财与销售，目的都在赚钱。我国先哲，并不反对赚钱求富，只是希望我们注意下述几个原则：

1. 以德本财末为共同信念：管理者及所有员工，必须体认我国先哲"物有本末，事有终始"的要义，树立"德者，本也。财者，末也"[2]的信念，然后理财、销售，才不会唯利是图，置"义"或"不义"于不顾。

2. 以合理利润为努力目标：不义之财，固然不可取，合于义的利，也应该以合理为其节制，不可贪图暴利，为害社会人群。

---

[1] 语见《论语·子路》。

[2] 语见《大学》。

即使独占市场，亦应以此为戒。

3. 不可冒太大的风险，以免影响机构整体的安宁。有时候难免要承担风险，也应该尽量多方计议，切勿为一时的近利，而不顾一切。

4. 不可利用卑鄙的手段，企图占有市场。销售的竞争在所难免，但要出于公平、公正、光明正大的提高市场占有率，才是具有价值的胜利。

乙　管理活动方面

如何领导，才能增强效果？

西洋人大多强调权威的领导，因为他们那"划舟竞赛式的经营方式"，非彻底依赖强有力的统一指挥不可。日本人主张木讷而胸怀宽大的领导者，才能像轿子似的无言地被抬向神社。我们则公认管理的方式有两大类型：一是"有为"的管理，一是"无为"的管理。前者主管精明能干，事必躬亲，即使分层负责，也是随时要求"覆白"（Feedback，即回馈）[1]，务求严密控制，切实掌握。后者则无论大小事情，一概委托部属处理，只要大处不生差错，就不予追究。这两种方式，都有十分成功的例子，也都有非常失败的个案，我们无法断定孰优孰劣。倒是进一步考察的结果，发现主管的德行和个性，乃是关键的所在。最要紧的，是主管要诚心诚意，抱着以德服人的信念，然后依据他的个性，决定采用"有为"或"无为"，只要所系正大，一切秉公，合情合理，则"有为"固然可收层层节制之效，"无为"也能无不为，样样上轨道的。反之所系不正大，心有所偏，假公济私，机构内立即涌现"所谓忠

---

[1] 此名为朱秉欣所译。参见朱著《怎样改善人际关系》。通常译为"回馈"，参见郭为藩著《自我心理学》。

不忠，所谓贤不贤"[1]的分子，而主管为私所蔽，甚难明辨，势必有为反成祸害，无为更是一团糟。

许多人认为我国人心灵不够开放，成为推行民主领导制度的最大障碍。实际上从孔子开始，便已经充分显示开放的心灵，孔子说："丘也幸，苟有过，人必知之。"[2]又说："当仁不让于师。"[3]西方的观察家往往表示，中国人对自己的成就与地位太谦虚了，他们有时竟会说我们虚伪。西方人发现：对自己的才能有太高的估计，把自己放在别人头上，这样的态度在中国的社会中是被唾弃的。正如用强力是不好的。同样地，任何会引起他人不愉快感觉如妒忌和烦闷等的行动，都为人所不齿。一个喜欢自夸的人，如果失败了，不会得到同侪的同情；人们反而要耻笑他。这样不自量力的人，人家要用"轻浮"两字来形容他的性格。一个人办事认真，对自己的才能不做太高的估计，同时对待他人又面面俱到，这样的人会被称为"沉着""稳重"。前一种人是不可靠的，后者才是良好而可靠的朋友。可是，要对自己的能力在每一件事上都有确切的估计，并不是一件容易的事，另一方面要预测每一种事业的成败，也是不可能的。因此，中国人认为把自己的能力估计得低一点是一件聪明的事。[4]这种"谦虚"的美德，使得我们的管理活动，充满了和气，领导者只要善于发现所属员工的长处，吸收其优点而融合之，便能发挥最大的功效。

如何控制，才有道德价值？

美国式的管理，在强有力的领导控制下，凡缺乏效率的成员，

---

[1] 语见《史记·屈原贾生列传》。

[2] 语见《论语·述而》。

[3] 语见《论语·季氏》。

[4] 详见项退结著《中国民族性研究》。

很快予以淘汰，在我国是行不通的，勉强施行，也是不得持久的，像弹簧一样，受到强有力的压制，暂时不予动弹（表面上看是动弹不得），但是他会耐心地等待，一朝压力去除，立即恢复原状。年富力强的主管，天天和部属坚持，总有松懈的时候，特别是实施轮调制度的机构，部属心理上自恃是真正的主人，上司不过是旅客，任期一满，结账走路。实际上主管也不能天天撤换部属，使得大家人心惶惶，莫若以柔克刚，改采以德服人的途径，彼此维持应有的感情，共策共力，互助合作，既愉快又有良好的效率，何乐不为！中国人的心眼是最具明辨力的，同时也是最重感情的，只要主管真正能够"待之以诚、动之以情"，大家迟早都会觉察出来，从心底里敬服他，为他卖力，这种看似不存在的控制，才是合乎道德而又牢不可破的。

如何协调，才符合道德标准？

真正的协调，必须表里一致，内外皆诚。我国人心理上受到"知易行难"的影响，言行之间，常有不能一贯的现象，协调时不易获得对方的信赖。西方社会虽然强调"信用第一"，事实上由于过分重视自我实现，也如罗素所指称的，人不知不觉，备有两套道德标准：一套是只说不做的，像牧师的讲道；一套是做而不说的，如一般人的行为。尽管我国先哲，早已注意及此，处处以身教作为我们的榜样，我们仍旧有许多人，满口仁义道德，仅止于说说罢了。孙中山一方面提倡"知难行易"学说，以破除心理上的障碍；一方面指出人类生来就有善端，具有仁心仁性，而仁心仁性必须发展显现于实际的行为，才是道德的圆满，为了谋取人群的幸福，即使牺牲宝贵的生命，也是无所畏缩的。孙中山不但要我们实践道德，具体表现善的行为，而且进一步希望我们效法上天好生之德，博爱人类，经由救国救民，而实现世界大同。

管理者进行协调的时候，假若抱着"唯恐天下不乱"的心情，或者趁机公报私怨，协调成否与我无关，当然又当别论。不然的话，任何一种协调，目的都在寻求各人之间的"大同"，所以"合情合理"，应该是可行的标准。

协调的范围，十分广泛，兹举例说明其做法如下：

1. 地位越高的老人，退休时的心情越是沉重难堪。昨天担任总经理，大权在握，谁敢不予理会？一旦退休仪式完成，大家都冷淡极了，顿时变成"总不理"，真是落魄孤寂。可是老人如不退休，年轻人无从接棒，也是心急如焚。所以厉行强迫退休和不实施退休制度，都是有弊无利的，因为老人和年轻人之间的心理距离，势难消除。合理合情的协调，则是维持退休制度，但是退休年龄不妨合理延长，退休金尽量提高，日本有一所 Angle 工业株式会社的负责人佐藤重信筹划在原工厂附近设立一家电子组件工厂，专门运用上了年纪的人力，行政管理人员则由年轻人来担当，使老人退而不休，也是可行之道。

2. 完全根据"职位说明书"来征选合适的人才，等于希腊神话中强盗把旅行者抓起来绑在铁制的床上，假若人比床短则拉长身高以符合床的长度；如果身高较长便切断其伸出部分。结果无能的人被拉长而苦苦挣扎；能干的人却被无情地切断了露出的才华。可是废弃"职位内容分析"，茫无头绪地用人，固然可以用其所长，也难免发生有些工作大家争着做，有些工作大家都不能做的弊端。我们最好参酌"职位说明书"，再就整个部门人员加以协调，以达真正适才适用的地步。因为目标不是为符合工作拟订的，应该为符合人而拟订。

3. 西方人支付小孩子的零用金，每按他所做家事的多寡，贡献大的零用金多，否则就少。这样一来，兄弟姊妹既打破长幼有序，彼此之间，由于恶性竞争，根本谈不上什么"敬""爱"。我国人给小孩子零用金，则按其年龄的大小，哥哥多弟弟少，大的花费多所以多给，小的安心等待，长大后照样可以赶上大的。但是工作的评估既退于次要甚至于不必要，难免养成偷懒的习惯，产生依赖的心理。机构内采取年功序列方式，固然难收激励之效。一概不考虑年资，完全以"空降部队"或"潜水部队"为主，大家也是心有不平的。最好的协调，则是妥善运用，有的维持年功序列，以鼓励士气，有的向外求才，以减少员工的依赖心理。

丙 组织目标方面

如何确立组织目标，使员工乐于尽心尽力？

作为一个管理人，首先应该"自治"，也就是自己管理自己。我们控制自己的时候，很可能以自我的利益为前提，而不顾虑他人；也可能以大众的公意为准则，来控制自己的行为。从管理的立场来说，我们希望团体内的每一分子，都能够为创造及维护公众的福利而尽一己之责，因此产生"团体目标"与"个人目标"孰重的问题。其解答有下述两种[1]：一种叫作全体主义（Universalism），以为群体如家庭、社会、职业阶级、国家或民族等，才是道德行为实施的向导；一种叫作个体主义（Individualism），以为个体，即所谓确定的个人，是道德意志设施的对象。

全体主义有许多种，如社会的、政治的、国家的、人道的等等，其中以人道（Humanity）的理想，为最高的群体，此种最高群体就是道德行为所施的终极目的，其他各式都只是达到此一最后目的的预备阶段，次级目的或不可缺少的方法和途径而已。个体主义又分利己主义（Egoism，或称为我主义）与利他主义（Altruism，或称爱人主义[2]）两种，前者以自己为意志所施的目的，后者则以他人为道德行为所施的对象。管理者的工作，不仅在使自己明了组织的目标，而且要使所有员工辨明此一目标，进而调

---

[1] 参见吴康、周世辅合著《哲学概论》。

[2] 此名为孔德所创。

和各个分子的个人目标，使与组织的活动方向一致。起码限度，必须使员工以组织目标为主要的，而以个人目标为次要的活动目标。做到孟子所说的："生，亦我所欲也；义，亦我所欲也。二者不可得兼，舍生而取义也。"[1] 也就是培根"个人福利与社会福利二者不可得兼时，宁舍个人福利，而取社会福利"的主张。

使员工认为自己的目标应该列为次要，而乐于朝向组织的目标并发生"认同作用"，把组织目标当作自己的目标，最好的方法，并不是说服，而是激励。管理人必须充分了解员工的个人目标，诸如：工作乐趣、地位、薪资、权利、自我满足等等，才能有效地运用激励的法则。根本的问题，则在员工个人对于道德行为的标准，例如持快乐主义而以寻求感官的快乐为道德行为的目的，我们先要分清究竟是利己的快乐主义者或是全体的快乐主义者。虽然都是以快乐为人生的目的，而利己者仅注重个人自己的快乐，全体者则能顾及大众的快乐。我们不妨逐渐把感官的愉快情绪，提升为心灵的快乐，一旦员工体认心灵的快乐其强度与价值均较大于肉体的快乐，那么他的观念就和幸福主义十分接近，转而以寻求理智的感情之永恒状态及内心持久的满足为道德行为的目的，亦即以幸福为人生的真正目的。幸福的含义，大抵指内心愉快、物质生活满足、做事顺利等，此时管理人即可善用"金钱因素"如加薪、奖金或分红，以及"非金钱因素"如增进工作乐趣、改善工作环境、尊重员工人格、给予荣誉、提高地位等等，以资激励。

再依我国道德观点而言，组织目标必须所系正大，才能要求员工尽心尽力，否则员工越忠心耿耿，社会人群受害越大。际此民主时代，不但意见要有双向的沟通，道德的要求，也应该是双向的：团体固然要求员工尽忠，员工也对其忠之所系的组织目标

---

[1] 语见《孟子·告子》。

是否正大，予以追究。

丁　业务改善方面

如何树立道德的威权，以促进业务的进展？

我们前已述及，一个人的自我是不绝扩展的，最初也许只爱好与金钱名誉有关的事，但是自我扩展以后，也会爱好那些与名利并不发生关联的对象，其原因在于自我已和此等对象合而为一。例如古董商人起初为了赚取利润而买卖古物，后来对于古代艺术的鉴赏，越来越有兴趣，奔走各地极力搜求有价值的古玩，甚至于不顾时势的变化与市场的导向，这时他已经不完全为名为利，也不尽然为理想的我而努力，却是由于他的自我和古玩的业务合而为一。管理人必须设法诉诸业务本身，使员工对于业务格外认识清楚，格外感觉其吸引力，因而加深他对自身工作的向往之情，促使他的自我真正与其业务合一，便不必另行建立道德的威权了。

人生的责任在于"成己""成物"，成己是成物的先决条件，成己不成，则绝不能成物，而成物的范围大小，又端视其成己的功夫如何而定。所以成己为本，成物为末，本不立则末不生[1]。成己成物有其极为完美而且简易可行的方法，孙中山说得十分明白："中国有一段最有系统的政治哲学，在外国的大政治家还没有见到，还没有说得那样清楚的，就是《大学》中所说的'格物、致知、诚意、正心、修身、齐家、治国、平天下'那一段话。把一个人从内发扬到外，由一个人的内部做起，推到平天下为止，像这样精微开展的理论，无论外国什么政治哲学家都没有见到，都没有说出，这就是我们政治哲学的智识中独有的宝贝。"[2] 事实上也是自我扩展的最佳途径。

---

[1] 参见陈立夫著《人理学》。

[2] 语见孙中山《民族主义》第六讲。

182

管理者有丰富的学识与崇高的道德，便是在知识上、道德上造就了一个健全、完美的自我，这叫作成己。然后更进一步由成己而成物，以自己为圆周的圆心，发挥其智慧、能力，以影响、协助、造福周围的人，并逐渐扩大，增加其影响力与效果。

管理者的成物，最好由家庭开始，齐家而后治国，也就是先把自己的家庭管好，然后来管理机构。这时管理者运用自身强有力的影响力，自能促使员工也由格物、致知、诚意、正心，以求修己，再进一步由成己而成物，于是道德的威权牢不可破，任何业务改善，都是轻而易举的。

依据我国先哲的道德观，我们在管理方面，应该做到下述三点：

1. 要以"广大和谐"为努力的目标——管理者必须深信：道德管理是行得通的，是有优异效果的。开始时很难，要忍，要经得起考验。因为广大和谐，生命才有价值，人生才有意义，是值得我们为此而奋斗不懈的。

2. 要以"所系正大"为努力的起点——所系正大为诸德成美的第一关，管理者要求成功，其愿望是一致的，但是在选用方法、决定手段的时候，务必留意"所系正大"这一原则，凡事以此为起点，才是真正的德治。

3. 要以"合情合理"为衡量的标准——人而无情，何以为人？管理者如果不近人情，必然陷入众叛亲离的困境，但管理者必须化理入情，讲求"合情合理"，才能情理双融，不落一偏，达于"极高明而道中庸"的境界。

第六章
管理与社会进步问题

一、西方的社会进步观

社会进步意指人群的改良。为了公共的幸福，社会分子团体继续不停努力以求进步，各由科学而得真理，各由道德的自由而得良善，各由艺术与工业而得身体上需要的餍足。[1]

社会进步，牵涉到三个中心问题：一是个人和社会有何关系？二是理想的社会组织为何？三是社会进步的动力为何？简述如下：

（一）就个人和社会的关系来说

西方人有两种极端的看法，一是个人主义，认为社会是由个人组成的，社会为个人而存在，一切设施，自应以个人的幸福为目的；一是社会主义，以为个人生来就生活在社会之中，无法脱离社会而存在，社会不只是个人的总和，其自身即系真实的整体。个人主义思想发源于希腊"智者"（Sophists）把个人视为权衡宇宙万事的标准，但其成为影响深远的哲理，则始于卢梭，力主任何个人仅受大自然的主宰，否认其他权威的存在。后来马基维里、培根、霍布斯、洛克、休谟、康德、尼采等人，也都偏向个人主义，在政治上主张尊重个人人格，强调平等发展；在经济

---

[1] 参见刘强著《哲学阶梯》。

上重视个人的经济利益，要求放任与自由竞争；在道德方面则为超人的学说；在文艺方面宣扬个人至上，形成自我崇拜。社会主义溯源于柏拉图及亚里士多德，而奠基于孔德，到涂尔干（Emile Durkheim）提出集体意识与社会连带两种重要学理[1]，才成为确定的系统，在政治上主张社会的民治，偏激者即成为国家主义；在经济上强调统制的干涉；在道德方面则为社会性与德行合一的学理；在文艺方面宣扬社会至上，尊重整体福利。事实上个人与社会均非自本自根，都是无法自我完成的。

（二）就理想的社会组织来说

个人主义认为应该尊重个性的自由发展，卢梭在《社会契约论》中设想"政府的组织是独立个人的自由组合"，休谟指出个人的社会本能，是组成团体的根源。这种个人本位的思想，推展到极端，便成为施蒂纳（Stirner）和托尔斯泰等人的无政府主义，反对一切社会的组织和制裁。社会主义则持相反的意见，孔德首先主张"社会的群体组织与发展，构成人类的文明"，涂尔干认为团体的共同情感与信仰形成之后，团体的目标便是个人行为的最佳指针。社会成员有了某种共同的意识形态，很容易由"相似"而产生机械的连带性，因"分工"而发出有机的连带性，结果彼此息息相关，已非独立存在的分子了。他们重视社会的组织，并且肯定了组织的制裁力量。

个人主义重视"人权"与"自由"；社会主义强调"平等"及"民主"。理想的社会组织，则是基于个人的自由及民主的制度。[2]

---

[1] 涂尔干系法国社会学大师，重视集体意识及社会制度对于个人的约束性。

[2] "自由"及"民主"自身不是目的，而是人类达成理想生活，使社会更加文明化的工具。

(三) 就社会进步的动力来说

社会学家华德（L.F.Ward）倡导人类应该运用足够的社会力量（Social Force），以促进"人为的发展"，来辅助"自然的发展"之缓慢不定。社会力量，包括教育、经济、政治、文化等。

华德主张"社会进步的意义在求社会与个人的兴味各得完全达到其目的"，其方法如下：[1]

1. 个人与社会的动能目的为喜乐。

2. 进步乃喜乐的直接方法。

3. 举动乃进步的直接方法。

4. 思考为举动的直接方法。

5. 智识为思考的直接方法。

6. 教育为智识的直接方法。

除了华德强调教育是社会进步的主要动力外，其他尚有主张优生是社会进步的主因[2]；确认经济问题解决才能促进社会进步[3]；以及倡导牺牲平民以造就伟人，使其得以全力建造理想的社会的[4]。种种看法，实不一而足。

二、我国先哲的社会进步观

甲 儒家

儒家一开始便摆脱了个人与社会对立的思考，使得中国人普遍认为国家是天下的，家庭个人也是天下的。西方人从个人直接

---

[1] 思考为举动的直接方法。

[2] 智识为思考的直接方法。

[3] 教育为智识的直接方法。

[4] 贵族主义认为平民若奴隶，是社会进步的代价。因为平民肩负纳税的义务，伟人才有余暇以建造文明，促成社会的进步。

接触到宇宙或上帝，所以发展出个人主义，把个人世界与自然世界、上帝世界相对立。中国人则个人、家庭、国家到世界一以贯之[1]，特别是儒家，把各种关系都转化为个体与个体彼此间的身份，例如在家庭中的父子、组织中的上司（君）与部属（臣），以及世界人种间的"四海之内"皆"兄弟"。人不能脱离社会，不能不与社会中其他人发生关系，因此显现出五种配搭：父母、君臣、夫妇、兄弟、朋友，谓之"五伦"。

所有的社会组织，不论其形态、规模、性质如何，都离不开这"五伦"的搭挡。假若父慈子孝、"君使臣以礼，臣事君以忠。"合情合义、男女有别，这一对夫妇和其他别对夫妇严守婚姻的道理，长幼有序，兄友弟恭，称呼上大哥、二姊、四弟明白区分，不若西方人一概称为兄弟（Brother）姊妹（Sister）而无所分辨长幼、朋友重信，互助而相亲相爱，则成员之间的关系和谐良好，组织也就得以顺适发展。

儒家认为宇宙是变易不息的大流，一切事物时刻都在变易之中。孔子说："逝者如斯夫，不舍昼夜。"[2] 看见流动不止的大川，感叹事物的流逝不已，有如流水一般，日夜不停地变动。

儒家自孔子至戴东原，都认为变动是根本的，也是实在的，许多人批评儒家过分保守，实际上儒家是主张从变动中求通，也就是在变化当中，创新以求取进步的。

《大学》提出有关进步的三种不同含义[3]：

1. 汤之盘铭："苟日新，日日新，又日新。"苟是诚的意思，诚以政治虽良，日久则顽生，所以要日新又新，不断"革新"。

2.《康诰》："作新民。"朱注："鼓之舞之之谓作，言振起其自

---

[1] 参见钱穆著《中国历史精神》。

[2] 语见《论语·子罕》。

[3] 参见韦政通著《中国的智慧》。

新之民也。""自新"指以前犯过而今知错悔改,"自新之民"系已知悔改,重新做人的人。"自新之民"原是旧有的人,自己反省,自我革新,变成新民。

3.《诗经》:"周虽旧邦,其命维新。"周国虽旧,但政命维新,能富国裕民,所以文王不必称霸诸侯,不须以力服人,而当时邻邦的老百姓,却纷纷前来归附,竟至三分天下有其二,可见政治维新的吸引力,远胜于军队的征服力,政治不断革新,国家即能进步。

日新又新提出进步的观念,作新民是进步的目标。人无所谓新旧,人的新旧决定于他的观念和作为,具有新观念和新作为的人,便是新民。旧邦维新,是在旧有的基础上,逐步维新。

革新的方式,儒家希望是非暴力的渐进的改革,反对运用任何突击的手段。孔子自身就不是单线的一味往前冲,他常常退让一步,怀着"天下有道则见,无道则隐"的想法。"子绝四:毋意,毋必,毋固,毋我。"[1] 即指我们的行为,可因时、地,及自身的性情,而有相当的不同,适时作适当的心理建设,才能和谐而顺利地推行革新的措施。孔子虽然抱持"知其不可而为之"[2]的态度,却坚持和平渐进的王道精神。

依儒家的观点,社会进步的动力在"诚",子思作《中庸》,便以"诚"为中心观念,以"诚"为人道的第一原则。"诚"是真实不妄的意思,孟子说:"诚者天之道也,思诚者人之道也。至诚而不动者,未之有也;不诚未有能动者也。"[3] 天原来就是真实不妄的,人也因而寻求真实不妄。至诚可以感化他人,不诚而要推动革新,是不可能的。

---

[1] 语见《论语·子罕》。

[2] 语见《论语·宪问》。

[3] 语见《孟子·离娄》。

《大学》讲诚，注重不自欺。有些人为了达到某种目的，有意在人前实用其力于为善去恶，以沽名钓誉，乃是自欺欺人的行为，有心为善，虽善不赏，伪善不诚，能骗人于一时，久则为人所识破，更增反感。

自欺的根源，在于私欲，我们常常为了私欲，找出许多理由来自欺。初念自欺的时候，或者还有自知之明，心里明白这是自己在欺骗自己，到了习之既久，则人欲横流，真义泯灭，不再自认是自欺，直以人欲为天理，而多行不义，甚至自居功德，人生至此，真是人理已灭。所以慎独的功夫，就是要我们深切注意，千万不可从欲以自欺其初意。

人人慎独而不自欺，个个择善固执，又以至诚来感动他人，变化他人的气质，则社会进步，是必然的。

乙 道家

老子承认宇宙社会终必向前演进，人类生活也将由淳朴而趋向繁复，所以他说："大曰逝，逝曰远。"[1]

变化是根本的事实，却也有其不易的法则，这不易的法则，老子称为"常"，指变易中不变的部分，知常是明智的，不知常而胡作乱为，得不到好结果。老子说："知常曰明，不知常，妄作凶。"[2]

无为的观念，发端于孔子，他说："无为而治者，其舜也与！"[3]但是孔子的无为，是由有为而无为，还是以人为为本，"无为"只是一种理想的境界而已。

道家则崇尚纯然的"无为"，反对一切人为的变革，主张

---

[1] 语见《老子》第二十五章。

[2] 语见《老子》第十六章。

[3] 语见《论语·卫灵公》。

顺着自然而变化，老子说："人法地，地法天，天法道，道法自然。"[1] 推究起来，人也要法道，即是依照其本来的自然，因而无所为。

但是人在天地间，要维持生活，便不能不有相当的制作，老子的理想社会是："小国寡民，使有什伯之器而不用，使民重死而不远徙。虽有舟舆，无所乘之；虽有甲兵，无所陈之。使人复结绳而用之。甘其食，美其服，安其居，乐其俗。邻国相望，鸡犬之声相闻。民至老死不相往来。"[2] 它并非原始的野蛮社会，而是包含着野蛮的文明境界。有舟有舆，只是不去乘用；有甲有兵，却又无所陈之。甘其食，美其服，安其居，乐其俗，都不是原始社会所具备的景象，可见老子并不完全反对制作，只是他深深体会"物极必反"的道理，一切事物发展到一定限度，立即转变为相反的形态，所以他主张"知止可以不殆"[3]，希望我们不要有太多的制作而产生反面的结果。

老子反对人为，菲薄智巧，主张"复归于朴"[4]，孔子也深具同感，他平生以好学自负，尝说："我非生而知之者，好古，敏以求之者也。"[5] 又说："十室之邑必有忠信如丘者焉，不如丘之好学也。"[6] 现今如果有人像孔子那样好学的，想必天天发表高论。时时设计新式的花样，语不惊人固然不肯罢休，花样不新奇也誓不停止。孔子不然，他"述而不作，信而好古"，崇尚周公的制作，自叹其衰，竟然抱憾"久矣吾不复梦见周公"[7]。实在是以身作则，

---

[1] 语见《老子》第二十五章。

[2] 语见《老子》第八十章。

[3] 语见《老子》第四十四章。

[4] 语见《老子》第二十八章。

[5] 语见《论语·述而》。

[6] 语见《论语·公冶长》。

[7] 语见《论语·述而》。

要我们把持根本，少"始作俑者"，和老子的"不敢为天下先"，也是相通的。

物极必反是事物变化的最大通则，"祸兮福之所倚，福兮祸之所伏"[1]"曲则全，枉则直，洼则盈，敝则新，少则得，多则惑"[2]"天下莫柔弱于水，而攻坚强者莫之能胜"[3]"物或损之而益，或益之而损"[4]等等事实，原本早已存在，老子不过列举说明，作为例证，并非奇论异说，可惜一般人却引为怪诞的论调，所以老子说："下士闻道大笑之，不笑不足以为道。"[5]

诸多制度，往往产生和预期目的相反的效果，与其"弄巧成拙"，不如干脆取消一切致乱的根源，所有法令、规章，力求简单明了，而且越少越好，"我无为而民自化，我好静而民自正，我无事而民自富，我无欲而民自朴"[6]，那就无为反无不为，不治反无不治了。

道家也反对暴力，老子说："善行无辙迹"[7]，我们总认为社会进步，要依靠强有力的领导，强有力的表现方式：一种是显明的，大家都看得出来，由于目标显著，给人相当大的压力，心里折服的人，一致崇拜他遵奉他，相反地也一定有一部分不服的人，很容易集中火力来攻击他。另一种则是隐藏的，不容易看出来，大智若愚并非原来的愚，而是智愚之"合"；柔弱胜刚强的柔弱，也不是真正的柔弱，乃是柔弱与刚强之"合"，大家心理上不受压力，也就不易引起反感，不易招致攻击。孔子主张先由显明而力

---

[1] 语见《老子》第五十八章。

[2] 语见《老子》第二十二章。

[3] 语见《老子》第七十八章。

[4] 语见《老子》第四十二章。

[5] 语见《老子》第四十一章。

[6] 语见《老子》第五十七章。

[7] 语见《老子》第二十七章。

求心理上的安抚，以达无为的最高境界，老子则直指令人不觉得受压力而心服的方式。我们务须完全去除私心，公正公义，大家发扬慈惠的精神，尽量减少不必要的人为制作，"见素抱朴，少私寡欲"[1]，而又"知足常足"[2]，自然圆满。

丙　墨家

儒、道、墨三家，墨子的思维较重逻辑，信念也表达得更为具体[3]。墨子认为天是爱人的，天生成一切物，都以利民为目的，为了使整个社会组织迈向更高境界，必须"尚同于天"，以"顺天意"来求取人民的大利。

具体的办法，则是兼爱相利，墨子说："天之所欲则为之，天所不欲则止，然而天何欲何恶者也？天必欲人之相爱相利，而不欲人之相恶相贼也。"[4]

兼爱的兼，是总全的意思，兼爱指对一切人无所不爱，但是社会上绝大多数的人，我们既素未谋面，又不曾相识，如何能够同等的爱之助？墨子以为只要我们时时刻刻致力于谋求天下的大利，消除世上的弊害，而又大公无私，不分人我，便是真正做到兼爱的地步。

"墨子兼爱，摩顶放踵，利天下，为之。"[5] 孟子虽然指责墨子兼爱和杨朱为我，无父无君，都是禽兽[6]，却也不能不承认墨子只

---

[1] 语见《老子》第十九章。

[2] 语见《老子》第四十六章，原句为："故知足之足，常足矣。"

[3] 参见方东美原著，冯沪祥译《中国人的人生观》。

[4] 参见方东美原著，冯沪祥译《中国人的人生观》，原引自《墨子》第四章，梅贻宝所译。

[5] 语见《孟子·尽心》。

[6] 语见《孟子·滕文公》，原句为："杨氏为我，是无君也。墨氏兼爱，是无父也。无父无君，是禽兽也。"

要有利于天下，能利于世人的，便会刻苦力行，奋不顾身地积极去推行。

要社会进步，必须大家有"任"的精神。"任，士损己而益所为也。"[1] "任，为身之所恶，以成人之急。"[2] 尽心尽力，牺牲小我以完成大我，这是墨子所注重的"任"。"任"要从自己做起，不问别人能不能"任"，先求自己能"任"，像薪火一般，传开扩大，便成为社会进步的动力。

墨子也反对暴力，用意却和儒家不同。孟子反对战争，因其"不义"；墨子主张非攻，因其"不利"。天下的大利，既在人人兼爱，天下的大害，又在人与人的互争，墨家主张"不利"即应"罢之"，所以倡导非攻。

墨子不但以和平渐进为社会进步的理想方式，而且以有组织的行动，来加以实践，这在我国历史上，是空前绝后的。"公输般为楚造云梯之械成。将以攻宋。子墨子闻之，……见公输般，……墨子解带为城，以牒为械，公输般九设攻城之机变，子墨子九距之。公输般之攻械尽，子墨子之守圉有余。……子墨子曰：'……臣之弟子禽滑厘等三百人，已持臣守圉之器在宋城上而待楚寇矣。虽杀臣不能绝也。'楚王曰：'善哉，吾请无攻宋矣。'"[3] 千里解纷，传为美谈。

孔子主张革新，由于社会"应该"有所进步，但是少数人的奋斗，是否就有相当的效果，孔子是不予计较的。墨子则认为一二人的努力，其"功"胜于无人为之，他以为只要付出耕耘的代价，终必获得收获的功效。有一次"子墨子自鲁即齐，遇故人谓子墨子曰：'今天下莫为义，子独自苦而为义，子不若己。'子墨

---

[1] 语见《墨子·经上》。

[2] 语见《墨子·经说上》。

[3] 详见《墨子·公输》。

子曰：'今有人于此，有子十人，一人耕而九人处，则耕者不可以不益急矣。何故？食者众而耕者寡也。今天下莫为义，则子，如劝我者也。何故止我？'"[1] 求公利的人越多，我们越不用急，因为积少已经成多；假如为公者少而谋私的多，则这些少数为公的人，就更要加倍努力，越发奋斗了。

社会进步，表现在老百姓的"富"与"庶"，墨子把所有能使人民富庶的事物，都肯定为有用，否则皆视为有害而无益。他又主张将一切不能直接促使老百姓富庶的，或者根本有害于富庶的事物，加以废弃，因而强调节俭，反对奢侈，倡导节葬短丧，禁止厚葬久丧；至于无用的音乐、美术，则须予以摒斥，才能理智用事，追求公益。

墨子这种牺牲一切以求富庶的观点，今日功利社会实已众所持行，工业化社会的观念形态，其根源也离此不远。我们衡量先进工业国家的社会组织所呈现的那些病态，以及摒弃所有情感，纯然理智求取进步的痛苦后果，便了解墨子的精神可嘉，而墨学不行于后世，也是有其重大的原因的。

丁　法家

法家观察社会的范围越来越广，组织日趋复杂，人与人间的关系，一方面由于彼此的利害相关而十分密切，一方面又以人数众多而互相疏离，深深感觉儒家"以人治人"的方法，难以适应。加以时势常变，社会制度也应该适时调整，以资配合实际情况，所以提倡法治。他们认为贤明的君主，要制订合理的法，公布实施，使全体老百姓，知所遵循，而君主自身的所有措施，也以法为根据。有了法的准则，即使以后遇到资质平庸的君主，只要奉行原法，也就不致发生太大的差错。

---

[1] 详见《墨子·贵义》。

法既明订公布施行，则举国上下一律遵守，任何人不得例外，更不能以私意来加以变更。这种"君臣上下贵贱皆从法"的法家最高理想，自古迄今，在我国社会可以说一直没有真正实现过，考其原因，吴森认为中国人一向重视道德而轻视法律，同时社会上又流行一句俗语："生不入官门，死不进地狱。"法律牵涉客观的执行程序，一定通过官门，一般人害怕官门，因而也对法律产生惧怕和敌视的心理。中华民国成立以后，政体上已采取法治，欧美各国的法律都被采用过来。但这不过是皮相的模仿，欧美法治的精神还没有在中国社会生根，中国社会中人与人之间的互相倚赖，无法像西洋人那样独立自主。[1]

中国人缺乏守法的精神，与传统的社会形态社会结构直接相关。传统中国是一农业性的乡土社会，主要的社会结构是家族。农业社会与世无争，农民对政府的最大愿望，就是不要干涉，使能安居乐业。家族生活在礼教陶冶熏陶下，一向以忍让为先，以和顺是尚。再加以影响传统生活最为深远的儒、道两家，都一致"以刑措不用为盛事，以减讼轻刑为美德"，早已养成对法律的恐惧和藐视的心理。[2] 我们总以为：办公机关要应付众人，处理百事，只有订出律条，无论什么人来一律看待。然后乃少废话、免纠纷，公事进行得快，而秩序以立，群情以安。虽不免忽视个别情形，强不齐以为齐。却是不如此，大事小事都将办不走。家庭间亲族间就不然了，一家之中，老少、尊卑、男女、壮弱，其个别情形彰然在目：既无应付众人之烦，正可就事论事，随其所宜。而相亲如骨肉，相需如手足，亦必求其细腻熨帖，乃得关系圆满，生活顺畅。实在无所用其法治，而且非法所能治。[3]

---

[1] 参见吴森著《比较哲学与文化》。

[2] 参见韦政通著《中国的智慧》。

[3] 详见梁漱溟著《中国文化要义》。

中国法家过分投合统治者，变成专制帝王统治人民的利器，对于积极地保障老百姓权益的法，一概不提，也是引起大众反感的主要原因。要树立法律的权威，养成一般老百姓尊重法律的习惯，一方面要使他们普遍感受到：法律不只是惩治犯罪，更重要的是在保障个人的权利，这样才能激起大家守法的主动意愿。一方面对执法者的态度和徇私的现象，尤其应该特别注意，以期建立大众的信心，因而树立法律的权威。[1]

法家的重大贡献，在于促进社会的进步。商鞅说过："圣人之为国也，不法古，不修今，因世而为之治，度俗而为之法。"[2]法家的兴起，是配合战国末期现实情况的需要，特别是拥护变古的言论，更为孔子托古立言的反动。道家指称时势常变，社会制度也因而改变，但真正予以理论化的，还是法家。《管子·明法解》把"法"定义为"天下之程序"，"万事之仪表"。他们重视"法"，又认为法并非定常不变的教条，需要随着时代不断更新，做到韩非子所主张的"法与时移"[3]。

当时的法家，深感旧日"用人群之道"已不能适用，为了促进社会进步，鼓吹法治，商鞅施行"变法之令"，设法引起大众的注意，竟然先在国都南门立一根三丈的木头，悬赏有人能搬到北门的，给他十两银子。民众认为是开玩笑，没有人肯搬。商鞅把赏金提高到五十两。有一个人搬着试试，马上得到五十两银子。因之下令之后，马上收到令行于民的效果。法治的过程，是使"人为"的，由国家机构"制定"的成文章则，在其影响人民行动的效力上，代替习俗上"因袭"而来由人民"内化"了的不成

---

[1] 参见韦政通著《中国的智慧》。

[2] 语见《商君书·壹言》。

[3] 语见《韩非子·心度》。原句为："时移而法不易者乱，能众而禁不变者削，故圣人之治民，法与时移，而禁与能变。"

196

文章则。所以权力机构必须率先尊重法律制度，民众才会跟着尊重它。[1] 轻易建立制度，又轻易予以破坏，则无论如何倡行法治，也很难收到实效。

合情合理的法，例如"万事皆归于一，百度皆准于法"[2] "君臣上下贵贱皆从法"[3] "不为一人枉其法"[4] "毋以私好害公正，察民所恶而自为戒"[5]、人人"奉公法，废私术"[6] 等等严谨公正而精确的原则，假若真正严格遵守，显然可以和德治、礼治相通，而常保国家的安全、人民的安详[7] 和社会的进步。

商鞅和李斯统治下的秦朝，和希特勒统治下的德国，都是属于摧残和压迫自由和人权的法治模式。法治只是一种形式，一种工具。同是法治，它所根据的，可能是极不相同的法律；它所追求的，可能是极端相反的目的。"法治"只是切实遵守"法律"而已，而"法律"则可能是保障自由和人权的，也可能是不保障自由人权甚至迫害自由人权的，[8] 所以传统的法家未能在我国生根发展，委实不足为惜。

戊　孙中山

孙中山说："社会者，即分工之最大场所也。合农工商等各种组织，而始成一大社会。故社会之事业，愈分愈多，则愈形活

---

[1] 详见徐道邻著《民主、法治与制度》，载《行为科学中的新概念》。

[2] 语见《尹文子》第一章。

[3] 语见《管子·任法》。

[4] 语见《管子·自心》。

[5] 语见《管子·桓公问》。

[6] 语见《韩非子·有度》。

[7] 参见方东美原著，冯沪祥译《中国人的人生观》。

[8] 详见徐道邻著《民主、法治与制度》，载《行为科学中的新概念》。

动。"[1] 所谓分工，孙中山认为"社会上之事业，非一人所能独任，如农业、如工业、如商业等，在乎吾人自审所长，各执其业"[2]，一个人单独生活，没有他人可以分工，生活十分困难；众人合群，诸事分工而为，劳苦减少，效果反而良好。所以一人的世界，和社会的世界，显然不同。

社会上形形色色的组织，有一个共同的需要，就是求生存。孙中山说："古时人同兽斗，只有用个人的体力，在那个时候，只有同类互助。……同类的集合，不约而同去打那些毒蛇猛兽，那种集合是天然的，不是人为的。把毒蛇猛兽打完了，个人才是自然散去。"[3] 这种自然生长性的集合，是基于人"赋有多少天生合群的性质"[4]，发展而成"莫之为而为，莫之致而致"[5] 的互助。孙中山认为人类与动物都求生存，而人类所以不同于动物的，主要即在互助这点。互助是人类求生存的起点和终点，从出生到死亡，我们无法一刻停止互助。

社会是必然进化的，而其原因，就是人类不间断的要求生存。人类因为要有不间断的生存，所以社会才有不断的进化，社会进化的定律是人类求生存，人类求生存，才是社会进化的原因。[6] 至于社会进化的因素，有保养、知行和互助三个条件[7]，分述如下：

---

[1] 语见孙中山《军人精神教育》。

[2] 语见孙中山《军人精神教育》。

[3] 语见孙中山《民权主义》第一讲。

[4] 语见孙中山《国民党奋斗之法宜兼注重宣传不宜专注重军事》。

[5] 语见孙中山《孙文学说》第四章。

[6] 语见孙中山《民生主义》第一讲。

[7] 参见崔载阳著《孙中山哲学研究》。

（一）保养条件

"保""养"是人类生存的内在条件。"保"是政治，"养"即经济。孙中山根据"保""养"两个条件，将人类历史分为"人同兽争""人同天争""人同人争"三个阶段。"人同兽争"是过去历史最长的阶段，人类处于自然经济时期，以果实为主，尚未发生养的问题。倒是保的条件，成为人类求生存的关键，因为不是人吃其他动物，就是其他动物吃人。"人同天争"由于人类经济生活无法完全依赖自然，产生人为经济，迈入渔猎和游牧时期，此时"保"和"养"已同等重要。"人同人争"进入农业和工商时期，人类经济生活完全由自然经济变为人为经济。这时"保"和"养"由人对自然转到人对人，形成支配者和被支配者对抗的局面，因此好人要同坏人争，公理要同强权争。

（二）知行条件

"知""行"是人类求生存的工具。人类运用知行，以实现保养，求得生存。孙中山根据人类求生存"知""行"的条件，分社会为"先知先觉""后知后觉""不知不觉"三系人，分历史为"不知而行""行而后知""知而后行"三个时期。最多数不知不觉的实行家，其"意识"完全被"存在"所支配；次少数后知后觉的宣传家，其"意识"一面为"存在"所支配，一面则支配"存在"；最少数先知先觉的发明家，其"意识"支配"存在"。三系人分工合作，社会即能进步。"不知而行"，人类仍属野蛮人，无意识，无目标，受自然的推动和支配，可以说是自然的奴隶。"行而后知"是过渡的半文明人。"知而后行"才真正进化为有意识、有目标，征服自然，支配自然的文明人。由历史来看，人类也是由被"存在"所支配的野蛮人，过渡为半文明人，再进化成为一切都被"意识"所支配的文明人。

（三）互助条件

互助条件介乎保养条件与知行条件当中，也是人类社会生存和历史进化所绝对不可少的。人类的保必须是互助的保，养必须是互助的养，而知行也必须是互助的知行。保养和知行都居于互助，人类才能够生存。人类越能互助，则生存的力量也越大。

"分知合行"，是孙中山对于人类进化的一贯主张[1]，述要如下：

1. 分知——各人根据天赋的聪明才力，自己去造就，因为各人的聪明才力有天赋的不同，所以造就的结果，当然不同。人的智慧既有高下，分知自属必要，否则也就无从互助了。

2. 合行——天生人有聪明才力的不平等，但人心则必欲使之平等，唯一的方法，即在人人当以服务为目的，不以夺取为目的。人人皆抱服务的人生观，则社会的进步，必能一日千里。

孙中山又认为进化有自然的和人为的两种，社会的进步，如果完全依赖自然的进行，速度很慢，因此必要时要用人为的进化，以资加速。但人为的进化，也有两种：

1. 改良方式——孙中山说："我们……想中国改良成一个好国家，便要想得有一个机会，令四万万人都变成好人格，这个方法……便是在改良人格来救国。"[2] 改良方式，是渐进的、部分的，也是温和的，它以协调为主，既可防范激烈的革命于未然，又可避免不必要的损害。

2. 革命方式——孙中山说："革命的方法，有军事的奋斗，有宣传的奋斗。军事的奋斗是推翻不良的政府，赶走一般军阀官僚。宣传的奋斗是改变不良的社会，感化人群……根本上，自人民的

---

[1] 参见邱有珍著《孙中山的民生法则与生存互助论》，载《邱有珍文集》。
[2] 语见孙中山《革命要以人格救国》。

心理改造起。"[1] 革命方式，是急激的、彻底的，也是猛烈的，它以破坏为主，所以是万不得已才用，不可频频用之，以伤国民的元气。

进步、进化与革命三者的关系[2]，要点如次：

1.进化与进步，一为过程，一为结果。进化的含义，第一是变化，指由一形态转到另一形态的过程；第二是创新，指由"无"而"有"，由"旧"而"新"的过程。变化或创新，均能带来进步的结果。

2.革命与进步，一为手段，一为目的。革命不只是"再进化"或"又进化"（Revolution），而且是人为的进化，较自然的进化更高一阶段。但革命与进化的目的相同，俱在追求进步。

社会进步，有其最高的向往与祈求，孙中山说："人类进化之目的为何？即孔子所谓'大道之行也，天下为公。'"[3] "大同"是孙中山高瞻远瞩，展望人类未来，得出的预言。孙中山根据《礼运篇》，用历史学的方法展望大同，把大同放在坚实的进化论之上，使它变成势所必至、理有固然的科学思想。"大同理想"，从"大道之行"到"讲信修睦"，"亲其亲，子其子"，是讲民族的平等，从"天下为公"传贤不传子，"选贤与能"没有贵族、平民阶级的区分，统包括于政治的平等。至于"所终"，"所用"，"所养"到"有分"，"有归"，是经济上的平等。孙中山的大同社会，是一个打破民族、身份、政治、经济的不平，呈现和则不战，平则不争的理想境界。[4]

在大同社会里，没有人可以不劳而食，也没有人得不到工作

---

[1] 语见孙中山《党员不可存心做官》。

[2] 参见崔载阳著《孙中山哲学研究》。

[3] 语见孙中山《孙文学说》第四章。

[4] 详见金平欧著《孙中山思想研究》。

的机会，凡是壮年的都应该各尽其力。而社会制度要使每一壮年人，都有义务，都有机会来各尽其力。各人所尽的力，是为了全民的生活，不是为了自己。这种化斗争为互助，化剥削、榨取为合作，化欺凌压迫为辅导协助，是我们极应学习的精神。

西洋以欲望尤其是个人小己的欲望——私欲为出发点的思想，充其所至，生产技术与国防技术，不独不能为民生服务，反而役使民生，甚至于毁灭人性。西方的科学与技术不能为人生服务，不能顺应人性，反而控制人生，戕贼人性。这个弊病如果不能改造过来，世界上的人类便只有毁灭的一条路。我国目前正极力发展科技，如何以"天下为公"的大同理想，来矫正随着西方科技而来的个人利己思潮，是值得深思的重要课题。

三、社会进步问题在管理上的运用

社会进步问题在管理方面的运用，说明如后：

甲　管理资源方面

如何建立正确的观念，并促成员工"社会化"？

我国先哲一致体认变是宇宙中根本事实之一，《易传》认为："在天成象，在地成形，变化见矣。"[1] 有象有形，即有变化，也唯有变化，宇宙才得以不穷而久。孙中山集诸家思想的大成，指出国家进步的标准，在由贫穷变成富强，由痛苦变成安乐。良好政治的标准，在于能使国家进步，能使国民安乐。人类文明进步的标准，系于太平之世。而民生进步的标准，则是社会的文明发达、经济的组织改良和道德进步。[2]

---

[1] 语见《易传·系辞上传》。

[2] 参见崔载阳著《孙中山哲学研究》。

促成进步的力量，有自然的与人为的两种。老庄道家主张自然无为；荀子则力主改造天然，努力有所作为。孔孟采取中庸之道，以人为为本，却又以无为为理想的境界。孙中山继承道统，指出："不知不觉是天然的进化，是自然的。有知有觉是人为的进化，是非自然的。前者进化慢，后者进化快。以进化快者补进化慢者，这是我们的责任。" [1] 自然与人为互为因果，而又互相补足。

自然的进步是缓慢的，赶不上时代的要求，我们有责任要以人为的进步，以资补助。人为的进步有改良和革命两种方式，实际上改良常常是温和缓进的革命，而革命也就是急激彻底的改良，彼此相辅相成。[2] 日人诸桥辙次自幼潜心研究汉学，深深体认中华民族是一爱好和平、崇尚民主的民族，由于长年战乱与不停遭受战争带来的祸害，因而更加渴望和平，[3] 我们对于革命或者激烈式的改良，都会尽量避免，希望通过温和的、渐进的改良，以求取社会的进步，做到真正的"从安定中求进步"。

改良的定义，就管理而言，乃是对工作情况或工作环境的改变。任何改良，都是"方法"或达成"目的"的手段，它自身并非"目的"。我们既没有理由为改良而改良，则每项改良，应先问清：有何目的？是否有价值？如果答案是肯定的，这项改良，才是有益的改良，才足以促使机构真正有所进步。管理者除了使员工有此正确的观念之外，尚须促使大家了解，各种机构团体的改良革新，汇集起来，即是整个社会的进步。

同时，机构相当于社会，可以说就是小社会。员工个人，刚刚进入某一机构的时候，不妨抱着新来者（Newcomer）的心情，

---

[1] 语见孙中山《学生要担当革命责任》。

[2] 参见崔载阳著《孙中山哲学研究》。

[3] 参见诸桥辙次原著，德华编译《中国人的智慧》。

企求"社会化"（Socialization）[1]；一方面通过团体主动过程而逐渐承认同僚的存在、同人的重要性而约制一己的行为，形成自我控制与忖度他人的能力；一方面则逐渐因个人的努力在团体中获得其地位而享有其身份。再说，每当机构内部有重大变革更动的时候，管理者也应该设法诱导员工再度以新来者的心情，重新社会化，以求得彼此间的协调和谐。

我们不赞成"机构是由个人组织而成，个人是原始的，也只有个人才是实在的；组织为员工而存在，一切团体的设施，都应该以员工的幸福为前提"的论调，这种员工（个人）本位主义，实际上并不能真正为员工谋取幸福，因为一旦机构自身无法维持，组织宣告解散，员工面临失业的问题，固然仍旧是社会的危机，而更现实的，则是员工个人及其家人的痛苦。

我们也不同意"没有组织，即没有员工的存在；机构是真实的整体，员工不乐意尽可以离开，难不倒团体"的看法，目前人浮于事，却也是人手不足，因为不合用、不需要而急于谋事的人极多，而真正合用、急切需要的人，往往很难寻求。管理人一旦抱持这种组织（社会）本位主义，员工流动率势必增大，对于机构的稳定和成长，非常不利。即使人才易觅，或者管理人心目中根本没有人才不人才的区别，处于这种机构至上的团体，员工精神上所受的漠视和压抑，也绝非组织之福。

个人和社会，根本没有必然的冲突，从社会演进的历程，不难发现社会组织和个人自由，彼此相需。管理者对于组织和员工，应予同等的重视，不可强调任何一方面的重要性。管理者持此正确的观念，才能顺利诱导员工迅速"社会化"，并能顺适接受机构内的变革改良，从安定中求进步。

---

[1] 法国社会学家涂尔干竭力主张"人只有加入社会才跟其他动物有别"，人人必须"社会化"才有价值。

如何讲求方法，以促进管理的功能？

管理的主要目的之一，在求机构内外各方面不断地进步，而欲达到此一目的，则非审慎讲求适当的方法不可。我们前已引证：凡是符合中庸之道的哲学，在我国较受欢迎，所产生的影响力也较大。作者愿以"中"为慎选方法的准则，其要点分述如下[1]：

1. 事理是相对的。相对的事理各有两端，不能仅固执一端，而忽略他端。

2. 走向极端，便是趋向相反的一端，也就是走往相反的方向。走极端并不是进步，反而是退步。走得太远，等于回头。最好"执中"，可以产生缓慢但极为稳定而真正的进步。

3. 如果不知两端，便把握不到中点。唯有找到中点以后，方能执中。假若能够把握中点，便能保持稳定平稳，把握住精神的重心点。

4. 事的两端，经常运动、变化，中点需要随时加以调整。如果不能注意到两端的运动，不能适当辨别邪正，明察善恶；不做适切调整，便不能"执两用中"。

5. "中"永远不走极端，绝无过度刺激，但能长期适用满足大多数人的需要。凡能长期适合大多数人的需要，绝对不是特殊怪异的，而是平凡无奇（庸）的。

"中"的应用，举例如后：

1. 员工和组织之间的关系，究应如何调整，才能协调和谐？最好的方法，即是观察分析团体的特性，如果它是组织健全，一切制度化、系统化、纪律化的机构，易于过分整齐划一而埋没个性，可以略偏于个人主义，重视员工个人的自我发展。假若组织散漫、纪律懈弛，员工已经过分任性自便，则须偏向社会主义，以资补救。

---

[1] 参见陈立夫著《人理学研究》。

2. 本科系的资格限制，应否严格遵守，以免造成"学非所用"的情况？许多人参观日本 Sony 株式会社，十分惊讶地发现营业部门中很多是学理工的，而制造单位中也有很多是文科毕业的，Sony 的社长盛田昭夫表示："异色"人才（非本科系毕业的）对事务创新与改良的意念，往往比科班出身的"本行人"更为强烈。他认为"用非所学""学非所用"都不是重要的问题，主要症结，乃在所用的人能否发挥才能。我们认为最好的方法是：

公开征求本科系的人才，也允许非本行的人毛遂自荐。

3. 研究开发，原则论者大声疾呼要把更多的资源、资金投入创新产品上面，是否合理？从原则上来看，这是很对的。但如果所动支的研究费用与自己的身份不相对称，那是极为危险的事。英国的罗尔斯·罗伊斯公司，其技术的优异，全世界无不闻名，却因过度重视技术的开发而濒临破产倒闭。所以上野一郎主张：既无资金又无人才的机构受了原则论者的鼓励而不顾本身的条件，想以研究开发来带动机构的进步，是十分危险的。[1]

乙　管理活动方面

如何组织，才能符合员工的理想？

人是社会的动物，无法离群索居，必须通过各种组织，借群体的力量以营共同生活。组织的发展，由静态的：分工、责任分配，以及层级节制的权力运用，到动态的：小团体（SmallGroups）、工作和行为标准（Norms）、非正式的行为（InformalBehavior）如装病逃避工作（Gold-bricking）、冷淡（Apathy）、漠不关心（Indifference），以及成员之间的"协同性"（Conformits）与不信任。组织已经成为一种社会体系（Social System），代表个人与组织相互利益（Mutual Interest）的组合，它一方面要顾及个人的人

---

[1] 参见上野一郎原著，何清钦译《经营法则集》。

格、需求、态度和价值观，一方面又必须重视团体的目标、分工的安排、权责的划分和工作的流通（Work Flows）。同时组织又受社会环境和文化背景的限制与影响，开放的社会（Open Society）由于教育程度普遍提高，员工的独立自主性增强，特别是具有专门技术能力的，往往自视甚高，他们对于组织的要求，通常倾向于自由放任。相反地，教育程度较低、技术能力较差的固着型（Locals）人员，则多强调层级节制的权力体系，指挥命令与严密的监督。

所谓小团体（Small Groups）是指一群结合在一起的人，经过一段面对面（Face-to-face）的相处之后，对团体中的某些事物有了共同的认识；而他们的这些认识，可能跟其他的团体不同。小团体的组成分子，至少要有两人，但其上限（Upper Limit）为何，则很难指出，我们只能认定：唯有当成员仍能保持直接的关系时，才能被称为小团体。一旦团体的成员越来越多，便极可能开始分裂为几个小团体，使得成员重新选择新的小团体归属。[1]

管理人应该明白：不论大小团体，成员个人，必须分配于"持续的、有持久性的单位"（Sequential Units）里以从事组织的活动。这种具有持久性的单位，就个人来说，称为"角色"（Role）；就群体而言，便是"部门"（Department）。[2] 社会学家帕森斯（Tarcott Parsons）认为角色构成人际关系的基本单位，是认识个人如何参与社会互动的焦点。个人在社会中产生良好的人际关系，端赖能够了解并正确地评量自身及他人的角色而发出适当的行为反应。人类学家林顿（Ralph Linton）则宣称角色与身份有如一体的两面，不可截离。身份通常包含职位（Position）与声望（Prestige），而且涉及一套权利与义务；将这些权利与义务表现在

---

[1] 参见黄森松译《行为科学导论》。

[2] 参见苏伯显著《领导与组织》。

实际生活中，便是在行使一种角色，因此身份是静态的、结构的，而角色是动态的、人格化的。我们在组织当中，获得相当的身份，也就是扮演适当的角色。

至于组织的形态，传统的金字塔式，包括直线式、职能式、混合式，各有其优劣所在；近年来由于行为科学的发展，一般研究人群关系的学者，为了提倡满足人类"荣誉感"与"成就欲"，主张以钯式的组织形态来代替前述的金字塔式，但孰是孰非，仍难遽下断语。

我国先哲，未主张个人主义，举凡有关人的问题，都从己与人的关系，直透人群社会。但是中国人又最为重视个人的尊严与生存的价值，因此对于组织体系，除了极为严格的团体如纪律森严的军、警以外，并不十分注重，形成"公私不分"，各人心目当中，有其独自认定的组织系统。中国人的团体，组织的力量有时反而不如私人间的情谊，有人即有派系，便是明证。影响所及，组织必须具有弹性，以便因人设事，使团体能和谐进步，也是不得已的。

如何领导，才能促成进步？

管理人要带动社会的进步，首须促进其所领导的团体不断革新。但是，团体如果已经形成了固定的规范，则不论管理人具有何德何能，也绝对很难加以改变。倘若他非变不可；那么，他越热衷，其领导地位（Leadership）也就下跌得越快！管理人必须练达地促使团体中的成员，依着成规旧例，去达成他们个人的目标。如果管理人想要指挥团体中的成员，按照管理人自己所熟练的方法，去完成工作，将是十分危险的，因为一旦遇到管理人所无法胜任的状况时，其领导地位便亮起了红灯。[1]

---

[1] 参见黄森松译《行为科学导论》。

管理人最好一方面是团体里的社会领导者（Social Leader），他容忍、喜悦、和谐、适应，是最受人欢迎（Best Liked）的角色。另一方面又是具有新观念、能解决问题、倡导新风气的知识领导者（Intellectual Leader），是最佳见解（Have Best Ideas）的拥有人。唯有同时具备这两种条件的管理人，才能真正为团体所接纳拥戴而愿意有所革新。事实上绝少管理人兼有两项修养，他们多半先行扮演易得人心的社会领袖，以免失去人望（Popularity），然后在获得团体的内在支持之后，设法引导团体自决（Group's Self Direction），有效地加以改变。

依我国传统的希望，领导者最好是有德有才的，他不但受人欢迎，而且受人爱戴，因为他待人以诚，对部属关心爱护；他也有充分的才能智识来促进革新，但是他严守"为政不在多言"的原则，并不口口声声改革求新；也不处处标榜自己和别人不同，似乎本机构历任领导者都不如他；更不轻视团体内的分子，好像大家的观念能力都跟不上他。他只是默默地、切实地一步一步去推动，多做少说，阻碍自然减少，效果反而更为宏大。

丙　组织目标方面

如何配合美丽的远景，求取适切的进步？

改良的目的，一般说来，都可以分成"近程目的""中程目的"和"远程目的"。"近程目的"就是"当前目的"，例如我们期望本年度终了时获得某一金额的盈余，那么我们就会从财务、设备、人事、销售等方面，做种种调整。我们也可以将一年分成四期，每三个月检讨一次，以发现改良的效果，是否能够顺利达到预期的目的，否则随时反映其差距，使资设法补救。"中程目的"通常需要五年或十年才能达成，我们希望届时机构在组织、人员、使命、绩效等各有何种程度的成长，必须事先有详细的规划和预测，才能适时调整一个紧接着一个的"近程目的"，循序渐进，朝向同一方向而努力。"远程目的"则至少十年以上，目标越远大，年限越长，否则欲速则不达，反而产生严重的不良副作用。

"近程目的""中程目的"和"远程目的"，实现的期限殊难固定，容易达成的改良，时间不需太长，例如组织扩大编制，增加三位人员，我们的"当前目的"，即在匀出办公室的部分空间，以便安排其桌椅及用具，此一目的，可能半天至一天即可完成。至于它的"中程目的"，则在重新调整工作，并诱导其熟悉环境，与原有人员和谐相处，进而开展其业务，所需期限，至少三个月至一年，视其职位及业务繁简、责任轻重而定。当然还有"远程目的"，则在增进机构的效益，加强机构的稳定性及成长性，以达到历久不衰、"老"而弥坚的境地，那就不是十年、二十年所能局限的了。

任何改良，如果没有"远程目的"，仅着眼于"当前"的变化，很容易陷入"头痛医头、脚痛医脚"的窠臼而不自觉，更容易自命为外科医生只将伤员外露的箭羽锯掉，把箭头留在伤者体内推给内科医生去治疗。德鲁克检讨昨天的成功，却遗下无尽的影响，这种"管理虚荣的投资"（Investment in Managerial Ego），每一个组织，尤其是政府机构，都极易感染，是流行的"管理病"之一。凡是与"远程目的"不相配合甚至有所危害的改良，应该加以避免，即使在当时确有"近程目的"。实施之后，必须随时检讨，发现偏差时，立即予以修正，才能符合美丽的远景——"远程目的"。

我国先哲，每以远古为黄金时代。孔孟一致推崇尧舜，后世也都景仰三代的隆盛，虽嫌守旧复古，却也指出"美景远景"的重要性。我们今天当然不能再抱同样的看法，因为完全复古，已经证实此路不通。不过任何组织目标，都不能过度近视，仍须树立"远程目的"，也就是建构美丽的远景，然后再依"近程"而

"中程"，最后达成"远程"目标的程序，逐渐向前推进，以获取适切的进步。

丁　业务改善方面

如何在安定中求进步？

儒、墨两家，虽然倾向于动，却未能建立动的理论。道家主静，老庄都有"以静为生活准则"的言论，力求虚静、清静，庄子的"形如槁木，心如死灰"[1]，简直静到了极点。影响所及，后来的儒者也跟着主静，程朱陆王提倡"动静合一"，王船山、颜习斋大力主动，也很难改变我国人"一动不如一静"的观感。尤其我国久处农业社会，安土重迁，更是求静怕动。我国先哲，固然肯定了变的必然性，所谓"穷则变，变则通，通则久"，但毕竟是因为"穷"才必要"变"，"不穷"似乎即可"不变"，变一旦象征了穷，就越发严重地转移成为"面子问题"。常见每一次人事命令发布之后，唯有升迁的心满意足，喜形于色，平调的心有戚戚，总觉得会引起人家"那个位子干不好，所以再换一个试试"，接下去便是"这一次假定又干不好，以后就没有份了"的猜测，构成重大的威胁，降调或"谪官"的，那就更无地自容，真的"穷"了。我们中国人用不着像西洋人那样冷酷无情地说："请你到会计室领取应得的薪给，明天起不必来上班了。"我们只要把他调来调去，两三次之后，他就会识相地自动求去，因为他受不了"变"，特别是心理上不能平衡的"变"。对于职位高的，根本无法可调，还可以用调换办公室的方法来刺激他，由"近"调"远"、由"大"变"小"、由"气派"到"普通"，一样会使他心里明白，自行辞职的。换句话说，我们盼望"变"，不是不得已的穷变，而是有利有喜的达变，不然的话，我们宁可安定，以不变

---

[1] 语见《庄子·内篇·齐物论》。

应万变，甚至抱着刘备式的"守时待变"的心态，必待"时来运转"，才乐于改变。安定与改变，本来就如同经济上的稳定与成长，可以说是矛盾的：要稳定即难于成长、要成长便难于稳定。但是近年来我国委实做到了"在稳定中求成长"的地步，更证实了"不稳定的成长是假的成长，不成长的稳定不是真的稳定"。前者例如由于通货膨胀而产生的成长，其成长是假的；后者例如只求稳健，不求进取，只有稳定而永远没有成长，其稳定也是假的，所以只有稳定与成长兼具的情况下，才是真的成长、真的稳定。同理也可以证明我们采取任何改良措施时，必须把持"在安定中求进步"的原则，当然，任何团体对于改良措施，都会产生若干阻碍，不过温和的抗拒应该是合理的，是当然的；不必大惊小怪予以强烈的压制，对于若干抱怨也应容许其作适当的发泄，无须重视或严厉禁止，因为这是求取进步的代价，是团体绩效成长所导致的结果。假若遭遇到剧烈地反抗，那便是危险的，非常态的，应该设法调整，谋求补救的。因为即使有进步，团体的安定受到影响，便是没有意义、没有价值的进步，何况我们已经证明：不安定的进步是假的进步，反而成为德鲁克所说的一种管理病，是没有必要的。

管理者希望因应我国的历史文化背景，施行改良，以获得良好的绩效，必须切记"在安定中求进步"的要领，贾逊的研究，提出若干意见，相当符合我们的要求，兹简述如下，以供参考：

1. 减轻阻力的方法，如果采取强制、威胁、或利诱，都足以减低革新的成功机会，最好避免使用。

2. 推行革新措施，有时可以采用较为正式的"协商"方式，而管理者也必须在必要时作适当的让步。

3. 员工对革新产生不安的忧惧，要提出适当的保证。例如保证不裁员、不减薪，甚至提供进修的机会使他们增强工作能力使有信心可以适应新的需要。

4. 推行革新时，许多在平常情况下非常通畅的"传讯径路"都可能受到影响，因此要特别注重"面对面的沟通"，在一种轻松的气氛，能够自由发言的情况下充分交换意见，使了解的员工人数越多，了解的程度越深，以减少反对的阻力至最低限度。

5. 妥善选择适当的推行时机：多点充裕的时间，让有关人员多了解，要比过于匆忙为好。同时要考虑机构内外是否有其他重大事件发生，如有别的有关事件，则须力求良好的配合。

6. "参与"是一种最为有效的管理技巧，足以化反对为支持。特别是"亲身体验"（Involvement），更能增加了解的深度。但是运用此一技巧，却须小心谨慎，以免弄巧成拙，反而引起彼此之间的怀疑和猜忌。

7. 管理人员不宜将过去的习惯和传统一笔勾销，也不应该忽略典礼和仪式的功能，因为尊重过去的态度和妥善运用典礼或仪式，将有助于革新的推行。事实上许多人就是凭着一句"萧规曹随"而赢得大家的友谊和信任，然后他才一步一步，推行他的改革构想。

8. 正式改革之前，如果可以安排一个试行阶段，当能减轻有关人员对革新的忧惧和威胁，因此也将减少与缓和可能产生的阻力。

9. 管理人提出改革的意见时，必须有自知之明：发动一项主意的人，总难保持客观。他不免夸大其优点，也难免否认、隐藏，或用种种理由来解释其缺点，他"只许成功，不许失败"，又认为任何人对他的主意有所批评，即等于对他本人的批评。我们希望他能冷静、客观，对改革的过程保持公正合理的观点，虽属苛求，却也不能不提醒他：千万不要把"目的"和"方法"混为一谈。

10. 大致说来，革新措施，如果按照革新措施的分析和策划、意见沟通、赢取有关人员接受、革新初期新旧交替的过渡，以及稳定新情势继续追踪等五大阶段，而管理人员自身又具备：智力、想象力、分析和逻辑推理的智能、能洞察别人需要的灵敏性和能重视别人需要的度量、善于听取别人谈话的能力、意见交流的技巧及良好的发表能力、能够说服他人、客观和超然的态度、对革新措施的推行方法保持可进可退而又愿意接受修改的适应性、在革新措施推行期间了解本身所担负的特殊任务等条件，则革新的效果必然良好，从安定中求进步，即可成为具体的事实。

如何"尊重制度"，鼓励员工守法，以促进业务的改善？

业务改善，除了配合远程目标的需要，从安定中求进步之外，员工的守法精神，也是不可忽视的因素。希望员工守法，首先要求管理者尊重制度，因为：社会是有组织的，它有如一栋房屋，而非一堆乱石，而这栋房屋的形式，则取决于制度（Institution）。所谓制度，根据罗勃（Robert）的定义，是"一群人依法律或习俗而建立的一套社会组织之基本形式或结构"[1]。也有人把"制度"看成一群具有组织的聚合人群所使用的规范。无论如何，制度乃是人类行为的一项准则，不管是在高度工业化的社会，或者是不识字的或原始的社会，制度的存在，都是相当重要的。[2] "制度"的含义，有时颇为含混，下列几点 [3]，可供参考：

1. 习惯上沿袭下来的制度，和随时建立起来的制度，必须详为分辨。

2. 具有一段悠久长远历史的，才能成为制度。换句话说，从习惯上因袭而来的，才是真正的制度。就行动论的观点，制度是"一个社会中各分子所内化（Internalized）了的各种社会规律"，

---

[1] 参见 Maurice Duverger 原著，张保民译注《政治之解析》。

[2] 参见黄森松译《行为科学导论》。

[3] 详见徐道邻著《民主、法治与制度》，载《行为科学中的新概念》。

这个社会里的人，在人与人的行为之间，根据他们自然的看法，一致认为应当如此，而且不应该不如此，这样才建立起此一社会里通行的"制度"。

3. 制度是人类文化的出发点。有制度，才有文化；制度愈发达，文化愈有成就，人类的生活条件，也愈为提高。

4. 任何社会都尊重制度，神治、巫师治、尊长治、族长治，这些和法治极端相反的治术，无一不是一种"制度"，可见尊重制度，不一定就是法治。

要讲法治，却必须首先尊重制度。因为法治的目的，要以法律的规范，代替风俗习惯的规范，作为一切社会行动最基本的、最具有强制性的准则，已见前述。我们希望通过管理，促使社会进步，固须不断检讨，力求革新。但从另一角度来看，一切管理，首应尊重制度，才是合法，如果所尊奉的制度又是合情、合理的，那么合情、合理、合法的管理，必定可以促使整个机构，在安定中日趋进步，社会也因而日愈安和乐利！

管理人如何尊重制度？兹说明其要点如下：

1. 先确认"制度"是大家所共同乐于接受的，而不是仅凭一己的偏见或基于少数人的利益来制定的，否则"制度"一词，在员工的脑海中变成"置他人于死地，度自己上天堂"的代号，何能期其内化？又哪里能够获得大众的支持？不合情理的制度，本身就是不合法的。

2. 制定任何一种制度，都应该预测可能遭遇的各种困难，予以充分的考虑，并有适当的对策，慎重研议，经过多次的倡导、公开的说明和普遍的沟通，肯定制度自身确属利多弊少，所有困难都能逐一克服解决，员工心里准备接受，这才付诸实施，大力推行。

3. 制度如果随时修改，即不称其为制度。常见若干管理人心血来潮，立即更改制度，这种做法，实属违背法理的行为。尽管他们表现得十分有魄力、敢冒险、肯承担，口口声声"不要让制度牵着鼻子走，制度不良，赶不上时代要求的，要改，而且要马上改！"他们似乎忽略了：制度是对大众的，不是专为少数人而设的；任何一种制度，发生关联的人太多了，说改就改，大家何以适应？他们的心里会有何等感觉？管理人大权在握，不待征求众人的同意，擅自改变制度，是不是独裁的心态？是不是犯了"轻易破坏制度"的过失？我们已经指出：发动一项主意的人，总难保持客观。他自己想得头头是道，百分之百正确，事实是否如此，依然是一个未知数。我们只能善意解释，他的动机是纯正的，出发点是良善的，行动是可爱的，却忍不住要问：这样做是否有点不应该？

4. 制度是要改的，否则迟早会变成"死"的，是必要改的，不然和时代脱节，不能符合实际的需要。改变制度，要有决心和毅力，也应该重视方法和程序。方法合适，改得大家乐于接受，衷心支持，热烈响应，因为只要是"好"的，大家终必看得出来，不会永远误解拒绝的。程序合法，才是法治的表现，否则改得再好，仍然是不合法的。例如我们眼见考核制度有若干不合理，但在"法"未修订之前，能否凭一己或少数人的意见，立予变更？是否因而构成违法的行为？管理者必然要担负改变制度的责任，请勿忘记方法和程序。

5. 制度推行以后，必然会遭遇到一些困难，这时千万不可为了顾全事实而牺牲了制度，因为那样一来，大众对制度的信心尽失，再求重建，真是谈何容易！所以制度自身，要预留若干弹性，以便必要时有活动的余地。弹性太大，制度即呈松懈，等于没有制度；弹性太小，实施十分困难。如何求得适中，应是事先详思熟虑的重点之一。至于执行时如何权变是一种艺术，我们留待下一章讨论。

6. 制度不能常变，否则容易引起怀疑和猜忌。例如宿舍分配制度，年年变更，必定有人气急败坏地提出抗议："我单身的时候，你们规定有眷才能分配宿舍；我结婚了，你们说眷舍不够，优先分配给有子女的；我好不容易盼到孩子出世，现在你们又规定四口以上才能申请分配。请问你们，是不是存心跟我过不去？"他们的看法："反正制度是你们几个人定的，你们想帮谁的忙，就会定出对谁有利的制度；你们要整谁，必然定出对谁有害的制度。"其实，这种年年变更而又每年引用一次的制度，根本就不是制度，不过滥用"制度"之名，替自己撑腰罢了，贤明的管理人绝不会"轻易变更制度"的。

总之，不轻易建立制度、不轻易变更制度、不轻易破坏制度，是尊重制度的具体表现。管理人真的希望推行法治，这是精确的起点。否则侈言法治，多少年下来，还是停留在"空谈"的阶段，天天指责员工没有守法观念、没有法治精神，是没有用的。

总之，依据我国先哲的社会进步观，管理者应该努力做到：

1. 以"安定进步"为努力的目标——孔子学说是"社会连带责任主义"，人与人之间，个人与团体之间，确有一种连带关系。员工的安定，才能构成团体的安定，也才能证明管理者的安定。我们要求进步，必先考虑安定的条件，设法在安定中求取进步，以避免造成管理病害。

2. 以"尊重制度"为努力的起点——推行法治，首先应该尊重制度。制度非不可变，而是要合情、合理、合法的变，才能在安定中获得进步。制度的制定或修正，往往费时甚久，赶不上实际迫切的需要，就算迅速建立，或立即予以修订，推行起来，所遇阻碍和困难亦多，容易导致畏惧而趋于保守。这守与变之间，"必既守且变，双方兼顾，而后始有进入至善境地的希望"[1]。一方面要尊重制度，切实执行；一方面要适时修订，合理合法。

---

[1] 参见陈大齐著《平凡的道德观》。

3. 以"服务互助"为行为的准则——要守变兼施，真是谈何容易！唯一解决之道，在于人人都以互助为天职，发扬服务的人生观，庶几有以致之。服务互助，必须"有目的""讲方法"，以组织的目标为服务的方向，用正确的方法来彼此互助，大家尊重制度，随时用心改良，则社会进步，必然在安定中获得良好的绩效！

第七章
管理与艺术问题

一、西方的艺术论说

艺术问题，主要在探讨"艺术是什么？""艺术因何而生？""美的哲学基础究为唯心或唯物？""美和艺术的关系为何？""艺术与文化有何关联？"等问题。

艺术是什么？自从包姆加登（Alexander Banmgarten）于一七五〇年始创"美学"（Aesthetics）以来，迄今仍无确定的解答，有人认为根本就不可能找出某种简单的公式可以充当艺术的定义。我们且举若干哲学家对艺术的见解如下，以资参考：

亚里士多德说：艺术是自然的模仿。

叔本华认为：艺术是使我们忘却现实苦恼的一种一时的解脱剂。

莱辛（Lessing）则强调：艺术是以美为理想而完成的自然。

其他如"艺术是思想与感情的表现""艺术是情感的自我表现，也是假想的产物""艺术的基本观念所根据的是美，而美就是使我们看了快乐的东西"不胜枚举。大抵西方在十九世纪以前，"艺术"一直被广泛用来指称人类所有的技巧，包括每一样人类有技巧或办法生产的东西。[1]狭义的艺术，就近代而言，常指绘画、音乐、雕塑、文学之类；广义的艺术，范围十分广泛，几乎遍及

---

[1] 参见韦政通著《中国的智慧》，原引自阿德勒原著，周勋男译《西方的智慧》。

人生的全部活动，例如教师有教学的艺术、处世有处世的艺术，当然管理也有管理的艺术。

艺术的起源，除了两种绝对对立的假设：一是"为艺术而艺术"（Art for Art or Art for-arts Sake）的"游戏说"；一是"为人生而艺术"（Art for Life or Art for Humans Sake）的"劳动说"以外，另有若干不同的主张，列举如下：

1. 康德的"脱离实感说"（Disinterestedness）认为美的创作系自游戏的本能出发，与实际生活无关，纯粹是消耗生活中过剩精力所产生的"游戏快感"（Play-impulse Hedonism）。这种学说普遍为人接受，除了杜威、现象学派及少数完形派心理学家以外，几乎没有一个美学理论不受其影响，可谓巨大而深远。[1]

2. 马克思（Karl Marx）与恩格斯（Fried rich Engles）强调劳动是一切财富的泉源，而艺术是向着形式创造的人类劳动的产物，是向功利的目的前进的。

3. "装饰说"指出原始民族的艺术作品，大多数不是由纯粹的审美动机而生，却有其更为重要的实际目的。例如原始装饰除了满足自己获得快乐，还含有供别人欣赏、激起彼此感情交流及对异性炫耀、引人崇羡等社会作用。

4. "宗教说"主张一切艺术源于宗教的祭坛，发自由衷的真诚情感。

5. "恋爱说"说明艺术起源于欲望不能满足的发泄，达尔文即认为艺术根源于人类一种"引人快感的冲动"，弗洛伊德（Sigmund Freud）则指出主要在满足我们的"美欲"。[2]

---

[1] 参见胡秋原著《美与艺术之原理与艺术批评》，载《中华杂志》一三八期。

[2] 弗洛伊德将人生的欲望分为五大类，即食欲、色欲、知识欲、道德欲与美欲。其中以食、色两欲最为强烈，与孟子所说"饮食男女，人之大欲"相同。原始人类生活简陋，无法满足其欲望而感到精神苦闷，艺术即源于不能满足的发泄。

以上所述各种活动，实际上并存而无法分离，它们共同构成了人类的生活。我们只能概括地说：凡与人生不可分离的所有生活因素，都是艺术的泉源。

西方哲学家，素来长于心物问题（Mind-bodyProblem）的论辩，对于美的哲学基础究竟是唯物或唯心的争执，当然也不会轻易放过。

黑格尔主张一切美都由心灵产生，他认为只有经由心灵产生的美，才是真正的美。自然美既不确定，也没有什么固定的标准，不能和艺术美相提并论。我们日常生活中所见美的景色、美的人物，都属于自然美，在黑格尔心目中，是把它们除开的。这种唯心主义的观点，强调美在于主观意识，而不在于客观现实。[1]

费舍尔（F. Theodor Fischer）说："美就是观念与形象完全的吻合，完全的一致"。他的论调，也是唯心论的。

唯物论者维护美是客观的存在、美是现实的见解，提出"美是生活"的主张，他们以为生活是人所最宝贵的东西；第一宝贵的是他所愿意过的生活，其次即是一切的生活，因为生活总比不生活好。凡是活的东西，本能上就恐惧死亡，恐惧不存在，而爱恋生活。美是生活。意味着任何东西只要独自表现生活或者使人忆起生活，那就是美。唯物主义者肯定真实的最高的美是在现实世界中存在的，而非经由艺术所创造。[2]

审美意识与审美活动是人类精神生活的重要部分，我们不可能否认美和心灵的密切关系，但是艺术美之外，自然美也真实存在。所以康德的美学理论，不否认物自身的存在，也不否认自然

---

[1] 黑格尔的美学是唯心主义美学的代表，他认为美学根本不必或不须谈论自然美的问题，因为在黑格尔看来，所谓自然美，概念既不确定，又没有什么标准，比较研究，也不会有什么意思。

[2] 唯物主义美学家一致认为：美是现实现象所固有的天然的自然属性，承认自然美的客观存在。

美的存在，他确认自然只是被人能知的心灵这一主体所认知、所统摄，因而超越心物的界限。自然界动、植物和谐生长的形态，就是优美美感的泉源。人感受到这种自然和谐的优美美感时，更能感觉人的心灵与自然合一。我们一方面根据客观自然的形式，一方面秉持有目的的存在，两者统合，便可凭以判断自然的美。[1]

美本有自然美与艺术美之分，所谓美学，可叫美的哲学，应包含有自然美与艺术美。而讨论艺术的学问，叫"艺术哲学"，所以艺术哲学只算是美学的一部分。[2]托尔斯泰认为艺术的基本观念所根据的是"美"，他在艺术论中提及：一般人深信那关于艺术的问题，只要承认艺术的美，就可能十分清楚地解决了。

一般说来，艺术的感情必须是美的感情，而艺术品的存在，也要求激起美的冲动与和谐的快感。艺术为感情范围内的理想价值，以品鉴（Taste）为表现，其本质为"美"。[3]

至于艺术与文化的关系，我们认为艺术是文化的一种代表，唐君毅比较中西文化，发现西方文化重心在宗教与科学，以"火"为其象征；中国文化重心在道德与艺术，以"水"为其象征。火热烈而水润泽；火有爆炸性，而水有涵容性。[4]程兆熊亦谓西方文化的基础在工业，中国文化的基础在农业。工业文明为火的文明，农业文明为水的文明。[5]西洋艺术中希腊的雕刻建筑，中世纪的建筑，以及近代米开朗基罗（Buonarroti Michelangelo）的雕刻，都以神像神庙为主，宗教意味甚浓；而西方绘画重观景，重

---

[1] 康德认为人的精神或心理，有理智、意志，也有感情，美即感情中的一种景状。但美之所以为美，却与我们的兴趣无关，这是美感与其他快乐的事不同的地方。美之为美以其能满我们的意，而非以其有兴趣。

[2] 参见吴康、周世辅合著《哲学概论》。

[3] 参见周辅成编著《哲学大纲》。

[4] 参见唐君毅著《中西文化之一象征》，载唐著《中华人文与当今世界》。

[5] 参见唐君毅著《中西文化之一象征》，载唐著《中华人文与当今世界》。

明暗，也代表了科学家观测实物的精神。现代艺术，逐渐趋向反"唯美主义"，走上社会的、教育的、哲学的道路，其与文化的关联，尤为密切。毕加索（Pablo Picasso）认为艺术乃文化的武器，而艺术家也不能脱离现实，对自身所处的环境毫不关心，他说："艺术家何许人也？是低能儿吗？是一个只有眼睛的画家，或只有耳朵的音乐家，或只有一只七弦琴的诗人，还是只有一堆肌肉的拳师？不然，艺术家同时乃是一个政治的动物，对于伤心的，激烈的或快乐的事情经常保持关心，并且以各种不同的方式表达出来。"他甚至认为艺术是用来攻击或抵御敌人的战争工具，而所谓的敌人，则是那些以自私自利的动机来剥削人类的存在的人。[1]

二、我国先哲的艺术精神

甲 儒家

诸子百家中，真正重视美的，只有儒家和道家。儒家之美的观念，源于诗、礼、乐之教。[2] 说明如下：

1. "美"字由羊大二字合成，象征羊的美味。《诗经》叙述很多器物之美，把艺术的美加在器物上，如鼎、彝之类，既是日常生活的用器，又是精美的艺术品。这种把器物之美和艺术之美合并在一起的做法，为我国所独有。中国艺术始于商周的鼎彝，西方艺术始于希腊的神庙雕刻。商周的鼎彝，中空而能贮物，是实用的器物，又是礼器，可上达于鬼神。同时表面所刻的图纹文字，即是我国图画、文字的原始，综合我国古代宗教、人伦、道德、

---

[1] 参见赫伯特·里德原著，李长俊译《现代绘画史》，译序。

[2] 参见唐君毅著《中国哲学中之美的观念之原始及其与中国文学之关系》，载唐著《中华人文与当今世界》。

政治、教育等思想，其价值远高于希腊神庙雕刻仅具宗教意义及审美意义，而无所实用。我国艺术家不讳言艺术的实用性，尤其是孔子，更重视艺术在伦理方面的功能，"文以载道""画助人伦"致用的目的与审美的价值，兼行并施，构成我国艺术的特色。[1]

2. 鼎彝中空而内虚，影响所及，中国艺术品中皆有虚白，如瓷器及书画。空而能容的精神，更表现于我国人的德行；度量、胸襟，能容人与天地万物。能容而能大，能容而能与人和。在上能容民畜众，在下能敬老尊贤。由于心中虚而能容，所以能通天地万物、古往今来于无穷。[2] 相反的希腊神庙雕刻的外形虽多极优美，但其内部则为质实的顽石，无法容物，以致人与自然对立，必欲加以征服；个人与个人对立，一切诉诸竞争。[3]

3. 希腊的雕刻外形虽美，却系人所外加于顽石的形式之美。这种美发自外加形式，而非源于质料自身。何况雕刻人所意想的形式，更是限定此质料的一种形相。黑格尔尝谓西方艺术由建筑雕刻进入绘画，是化立体为平面，企图超出定限的形式束缚，以达无限的境界。可惜西方绘画艺术循印象派而趋向抽象画，任主观的意想构造自由传达，超拔于客观人物的形相限制之外，不免与自然人物的形相，舛异乖忤，则又无异自行封闭限制在主观的"意"中，欲求无限而不得其道。[4] 我国艺术的精神，在巧不在力。例如塑捏瓷泥，由于泥质柔和，不若顽石之坚强，可容人自由加

---

[1] 参见郑德坤著《中国的传统文化》。

[2] 参见唐君毅著《中国艺术与中国文化》，载唐著《中华人文与当今世界》。

[3] 西方受达尔文"物种原始论"所提示的进化基本原则之影响，对"自然淘汰""生存竞争""适者生存"未予深入的批判，构成了"社会的达尔文主义"，使人类日困于残酷的竞争之中。

[4] 参见唐君毅著《中国艺术与中国文化》，载唐著《中华人文与当今世界》。

以塑捏，不受定限形式的束缚，意到手亦到，手到形即出，正如我国绘画的意到笔随而画成，自能轻易由有限以达无限。

4.《诗经》提供了关于语言上和祭祀礼仪上有关美的资料。从语言中演发出文学美；从祭祀礼仪中演发出人文美、人物美。人物美中包括人的外表的形态美与内在的精神美、心灵美或德行美。完整的美是以外表的形体美，配合内在的精神美而成的。[1] 儒家注重内在的精神美、德行美。孟子说："可欲之谓善，有诸己之谓信，充实之谓美，充实而有光辉之谓大。"[2] 内在的心灵、德行之美，表现于外，便形成整个的人格美。孔子之所以具有无比的说服力，即由于他是以全人格来面对被说服的人。

5. 西方人认为一切艺术，皆归趋于音乐。他们了解人类在未有其他艺术之前，就已先有音乐。音乐是直接与人的生命相连，为人所难以自绝的艺术。西方人未言人能见上帝的形，却言人能闻天音；又说鱼不能自发声音，但能听瓠巴鼓瑟，可见音声的大用，实上登于天，而下入于渊。我国艺术，文学始于《风》《雅》《颂》，都是可以配合音乐的诗歌。文章的章，也源于乐章。论画要求气韵；书法、雕刻讲究韵致；文章讲求声韵、神韵；其他如美人的风韵；高人的幽韵，都因契于乐意而得名。足证音乐的精神，遍及我国艺术人物的美之中。不但"趋于音乐"，简直所有艺术都是有形有字的音乐。[3]

儒家对音乐和诗十分爱好的原因，方东美分析如后：

1. 儒家审美的主要意向，是要直透宇宙中创造的生命，而与之合流同化，据以饮其太和 [4]，寄其同情。在孔子看来，宇宙之所

[1] 参见唐君毅著《中国艺术与中国文化》，载唐著《中华人文与当今世界》。

[2] 语见《孟子·尽心》。

[3] 参见唐君毅著《音乐与中国文化》，载唐著《中华人文与当今世界》。

[4] 孔子视宇宙人生为充满纯美的太和境界，因此对艺术价值特别注重。

以伟大，即在大化流衍，生生不息。天有原创力，好比"云行雨施"一般滋润万物，促使一切万有各得其养而蓬勃茂育。地具化育力，有如慈母一般照顾子女，温柔敦厚而又沉毅不屈，一切万有遍受其厚载以攸行书性。宇宙生命固能促使万物含生，也能感召人类奋然振作，这种积健为雄的艺术精神，儒家特别推崇。[1]

2. 一切艺术都从体贴生命的伟大处得来。生命的伟大，在于它无论怎样变化，如何进展，总不至于走到穷途末路。比方说，我们旅行的时候，所阅历的境界，假若山只是些童山，水只是些浅水，地只是些不毛之地，那么我们一定无法发生美感。方氏认为山之所以美，因为有幽深的丘壑，有曲折的峰峦，千山万山之间，气势雄壮，脉络连贯；水之所以美，因为有庄严的波澜，有绮丽的景象，千水万水之上，烟云缠绵，清光往复。我们看见这种山水，经历如此风景，便能发现这才是美。一切美的修养、美的欣赏、美的成就，都是人类创造的生命欲之表现。[2] 而我国的音乐和诗，总有一股盎然活力跳跃其中，都在颂扬神奇的生命精神，所以儒家特予重视和爱好。

孔子说："兴于诗、立于礼、成于乐。"[3] 他把乐当作人生修养的终极境界，乐有体育的作用，更具备道德的功能，但是儒家礼、乐并论，乐能合礼，才能免于偏失。

宇宙间真正美的东西，往往难以言语来形容，孔子对"无言之美"有深切的体认，"天何言哉！四时行焉，百物生焉，天何言哉！"正表明了孔子透彻了解"无言相对最魂销"的美，所以反而默然不说。[4]

---

[1] 参见方东美原著，冯沪祥译《中国人的人生观》。

[2] 参见方东美著《中国人生哲学概要》。

[3] 参见方东美著《中国人生哲学概要》。

[4] 参见方东美原著，冯沪祥译《中国人的人生观》。

"无言之美"影响所及，是国人的"以心传心"。我们常常觉得：真正彼此了解的人，用不着多说话，因为无声的心语老早已经沟通了他们的意见，更加深了彼此的感情。日人盛田昭夫形容日本是"心语相通的社会"，管理者不必像美国那样忙于口述、手写各式各样的沟通文件，只凭一句"各位拜托"便能"灵犀互通"，获得大家的了解，这种以"心语"作为沟通意见的工具，实在是得之我国优美的艺术修养。

乙　道家

道家和儒家一样，欣赏一切自然界的天地万物之美。老子认为宇宙间充塞了丰富的生命，流行贯注着无比的创造力，所以能够不断地创造奔进，直指完美。庄子则进一步指出天地的美，在于普遍生命的流行变化，创造不息。方东美解说庄子的"天地有大美"为："天地之美寄于生命，在于盎然生意与灿然活力，而生命之美形于创造，在于浩然生气与酣然创意。"[1]

除此之外，道家还注重"淡朴之美"和"无言之美"，分述如后：

（一）淡朴之美

唐君毅研究老子对美的观念，没有儒家看得那么重的原因，在于一个"朴"字，和一个"淡"字，他以为我国后来美学思想中"淡朴之美"的观念，即源于此。[2]老子的"淡朴之美"，也影响了中国人生活的艺术。先以"淡"为例，平淡无奇的反面，便是精彩丰富的花样翻新。变化方式刚开始时，当然可以增加新颖好奇的感觉，获得相当的愉快，但是一变再变，变了还要求变，越演越烈，结果花样越多，陈旧得越快，失去时髦的感觉来得快

---

[1] 参见方东美原著，冯沪祥译《中国人的人生观》。

[2] 参见唐君毅著《中国哲学中之美的观念之原始及其与中国文学之关系》，载唐著《中华人文与当今世界》。

速，追赶时髦的要求更形强烈。老子说："五色令人目盲；五音令人耳聋；五味令人口爽。"[1]新奇的花样越多，我们越疲于应接，结果因麻木而无法领略其快感，如果再加上赶时髦的心理作祟，那就更加不快乐了。丰富精彩的生活，虽为流俗所艳羡，但究其本质，实在都超出本然生理需要以外，形成后起的要求，换句话说，已经由躯体的需要，变成对心神的诱惑。心神既为吸引，内心便不再宁静平衡，狂乱而难以自制，不但不会带来幸福，反而造成人们莫大的痛苦。尤其越是丰富精彩，值人艳羡，越是强烈的诱引人们去追求，即令困身劳体，也自甘情愿；即使捐躯送命，也在所不辞[2]，这便是不能安于平淡的坏处，所以我国人民，常以"粗茶淡饭"而自得其乐。至于"朴"的美，更表现于老子"返璞归真"的生活理想。"见素抱朴"[3]是"崇尚自然"和"厌黜人工"的中心观念，我国人多半欣赏自然之美胜于人工之美；喜爱朴素之美甚于妖艳之美，便是深受道家的影响。

(二) 无言之美

方东美引述庄子的一则寓言，说：有一位"聪明"先生在游山玩水的时候，刚好遇见"无所谓"先生，于是问了他一些问题："如何思想，才能认识大道理？如何体验，才能得着大道理？如何修养，才能保守大道理？"这位"无所谓"先生，对于这一连串的问题，并不答复，他不是不答，只是不知从何说起。"聪明"先生在失望之余，前面忽然又撞着一位"疯狂"先生，他又问了原来的问题，"疯狂"先生说："啊，我知道，让我告诉你。"但是当他正要说时，却已把所要说的话都忘掉了。"聪明"先生无可奈

---

[1] 语见《老子》第十二章。

[2] 参见张起钧著《智慧的老子》。

[3] 语见《老子》第十九章。

何，最后去拜见黄帝，把如此这般的经过，陈述一遍，黄帝说："不用思想，才能知道；不用体验，才能得道；不用修养，才能守道。""聪明"先生接着又问："你与我明白这一层，那无所谓先生和疯狂先生都不明白，谁才算对呢？"黄帝回答："'无所谓'先生才是真正对的，因为他不明白。'疯狂'先生也很对，因为他好像明白，而又忘其所以。只我们俩察察为明，实在是差多了！这正是老子所说的：'知者不言，言者不知。'"后来"疯狂"先生辗转听到黄帝这一段话，也不禁赞叹黄帝确是智者，真能了解"天地有大美而不言，四时有明法而不议，万物有成理而不说"的道理。[1]

我国哲学家对"美"常欲辨己忘言，就如"疯狂"先生一样，因为他们都是伟大的天才，直透宇宙人生之美，要想说，却说不尽，要想不说，却又太重要了，不能不说，所以才用玄妙的寓言，对宇宙人生之美委婉曲折地巧为譬喻。[2]

这种无言之美的观念，对于我国后来的诗、画、音乐等艺术的风格，都有深刻而久远的影响。[3]

丙 墨家

墨子的功利主义，冲淡了他的艺术倾向。儒、道、墨三家，以墨家最不重视艺术的发展。儒家奠定了我国艺术在伦理方面的功能，道家开拓出我国艺术的空灵虚静的境界。儒家的长处，偏重于"生"，也就是使宇宙人生的庄严一面，能生生相续下去；道家的优点，偏重在"化"，也就是使宇宙人生的平凡庸俗一面，得

---

[1] 参见方东美著《中国人生哲学概要》。

[2] 参见方东美原著，冯沪祥译《中国人的人生观》。

[3] 参见唐君毅著《中国哲学中之美的观念之原始及其与中国文学之关系》，载唐著《中华人文与当今世界》。

以超拔转化出来。孔子说四时行百物生，《易传》讲生生，都注重"生"。老子说反复，庄子称变化无常，无非着重"化"。[1] 唯独墨家居于实效的观点，摈斥音乐、美术等缺乏功利价值的艺术，兹说明如后：

1. 子墨子问于儒者曰："何故为乐？"曰："乐以为乐也。"子墨子曰："子未我应也。今我问曰：'何故为室？'曰：'冬避寒焉，夏避暑焉，室以为男女之别也。'则子告我为室之故矣。今我问曰：'何故为乐？'曰：'乐以为乐也。'是犹曰：'何故为室？'曰：'室以为室也。'"[2] 儒家主张"乐以为乐"，正与康德所谓"无关心"（Disinterestedness）的论调不谋而合。艺术的价值并非在于希冀金钱或取悦他人，没有一位艺术家愿意在创造中熄灭自己燃烧的欲望，甘为功利的奴隶，就好像没有人愿意出卖自己的灵魂一样。这种"脱离利欲，以感情表现为最终目的"的"自我表现"[3]，墨子无法接受，他把音乐和房屋相比较，房屋冬天可以避寒，夏天可以避暑，又可使不同性别的男女以及结了婚的夫妇获得生活上的方便，是有其实际用途的。音乐呢？儒者虽然解说"音乐是情感凭借音符声响的一种自我表现"，墨子却不以为然。

2. 墨子不但轻视音乐，而且进一步反对音乐的存在，他坚持"弦歌鼓舞，习为声乐，此足以丧天下"[4]。提倡音乐一则浪费钱财，

---

[1] 参见唐君毅著《中国文学与哲学》，载唐著《中华人文与当今世界》。

[2] 参见《墨子·公孟》。儒家说乐以为乐，墨子则以其无用而断定其无价值。

[3] 艺术是情感的自我表现。它把假想表现在具体的事物当中，如诗文依据语言文字，音乐依据音符声响，绘画依据线条色彩，戏剧依据人物刻画，都是内在的美的假想，以有限的无生命的媒介具体表现出来。这里所谓"自我表现"，不是婴儿的啼哭或小鸟的歌唱，也不是激动情感的自然泛滥，而是康德的"脱离实感"，把美从功利中予以脱离。

[4] 语见《墨子·公孟》。

再则使人民养成奢侈的习惯，足以导致亡国的悲剧，理应予以废弃。墨子说："舟用之水，车用之陆，君子息其足焉，小人休其肩背焉。故万民出财，赍而予之，不敢以为戚恨者何也？以其反中民之利也。然以乐器反中民之利亦若此，即我弗敢非也。然则当用乐器，譬之若圣王之为舟车也，即我弗敢非也。民有三患：饥者不得食，寒者不得衣，劳者不得息，三者民之巨患也。然当即为之撞巨钟，击鸣鼓，弹琴瑟，吹竽笙，民衣食之财，将安可得乎？即我以为未必然也。意舍此。今有大国即攻小国，有大家即伐小家，强劫弱，众暴寡，诈欺愚，贵傲贱，寇乱盗贼并兴，不可禁止也。然即当为之撞巨钟，击鸣鼓，弹琴瑟，吹竽笙，而扬干戚，天下之乱也，将安可得而治与？即我未必然也。是故子墨子曰：姑尝厚措敛乎万民，以为大钟鸣鼓琴瑟竽笙之声，以求兴天下之利，除天下之害，而无补也。是故子墨子曰：为乐非也。"[1]

3. 艺术是超越利害的，只是为活动而活动，并不一定有其实际的目的，这种观点墨家是坚决否定的。墨子从极端功利主义的角度，来审视音乐、美术等艺术，发现它们都是情感的产物，不惟无用，且无意义，认为应该和"祭祀""六辟"[2]"厚葬""久丧"等一并予以摈斥。

墨家否定艺术的价值，主张非乐，摈斥一切无用的艺术，并未引起我国人的共鸣，因为任何人都不可能专以利害为中心来过活，特别是时代越进步，竞争越激烈，暂时脱离烦恼紧张的生活和束缚压迫的心情，而悠然忘我于艺术创作的自由境界，难道不是我们内心的要求？是否也具有一些"实效"？墨子出身贱民，急于改革社会，希望为平民开创出一个较为有利的社会环境，因

---

[1] 语见《墨子·非乐上》。

[2] 墨子以喜、怒、乐、悲、爱、恶为"六辟"，皆属于情感方面，必须一律去除。

而主张"非乐"、反对"守法",最后仅能以其侠义精神,遗爱人间,大概和他过激的言论,颇有关联。

丁 孙中山

孙中山一生奔走革命,从事实际救国救民的活动,殊少发表有关艺术方面的言论。我们只能欣赏他所创作的诗歌文艺,以及遗留的墨宝,去了解他的审美观念。崔载阳研究孙中山的艺术哲学,提出要点如下: [1]

1.人从动物进到人性与神性,人生就是一种从他律的被动的苦斗生活进至有自觉意义的自由境界的过程,人生也唯有能够抵达这一境界,才有人格进步与人生意义。而美的欣赏与创造的自由,正是使人逍遥于脱离利害的无私天地中。以陶冶这种人生无上的意义与价值。

2.在美的世界里,孙中山以一种共鸣的心情,来观看事物,对于草木鱼介以至一切天然存在,都不当作与我们隔离的物看待。因此我们眼前的天然,并非枯木死灰的天然,乃是能泣、能笑、有怒、有闷、有生、有死的天然,也就是天人合一的与心物合一的天然,这是孙中山心物合一哲学在美学上的最高应用。

孙中山一生言行,充满了艺术,值得我们效法,举例如后:

1.黄季陆"追忆中山先生的音容",记述孙中山的一段谈话说:"小时候在檀香山时,家兄的农庄养有很多马,一天我选了一匹很雄壮的无鞍的马来骑,马性欺生,骑上去时,它不断的一路纵跃,我在没有办法中,只好抓紧它的鬃毛,口里默念着一、二、三、四、五……""以后呢?"黄氏问。"以后我就不知道了!"孙中山答。黄氏又追问:"为什么不知道呢?"孙中山回答说:"等我知道的时候,我已经是在医院中躺着了!"孙中山把自己当作

---

[1] 参见崔载阳著《孙中山哲学研究》。

嘲笑的对象，才是真正的幽默！如果嘲笑人家，那就变成讽刺，使人受不了。

2. 一八九七年宫崎寅藏[1]请中山先生到东京去，一同拜访犬养毅，倾谈之下，意气十分相投。犬养毅托平山周陪伴孙中山寓于对鹤馆旅店；店主出旅客簿请签名，当时孙中山正流亡日本，不便使用本名，平山周乃持笔代书"中山"二字，孙中山立即加一"樵"字，谓即"中国山樵"之意。他"中山"的号，从此开始。平山周是一番好意，希望隐蔽孙中山的身份，孙中山加添一字，既可顾及平山周的心意，又能表现自己的立场。兼顾人我十分艺术化。

3. 一八九五年第一次广州起义，采用陆皓东烈士所绘青天白日旗。一九〇七年孙中山离日本赴南洋前，干部讨论革命军旗、国旗，决定使用青天白日旗。黄克强独持异议，主张以井字徽帜，象征社会主义。孙中山谓既不美观，又有复古之嫌。克强争之不能得，意颇怏怏。致书胡汉民，有"名不必自我成，功不必自我立，其次亦功成而不居"等语，不满孙中山"定须执着第一次起义之旗"。1915 年（民国四年）袁世凯独断独行，主谋刺杀宋教仁，孙中山由日本赶回上海，本拟发动讨袁，但克强反对，当时党内党外，均有"孙理想、黄实行"的传说，实行的克强既不主张实行，孙中山的倡议自然遭受挫折。同时孙中山改组国民党为中华革命党的入党誓约中，规定"附从孙先生再举革命"并加按指模，克强坚决反对。孙中山剀切说明，此乃党员表示革命决心，绝不含侮辱之意。克强仍不谅解，拒不加盟而径赴美国。孙中山意志坚定，毫不动摇，终使大多数革命志士，了解以往的失败，

---

[1] 宫崎寅藏，日人。胸怀大志，本欲自居领导，以改造东亚。同孙中山一夕谈话之后，敬仰钦佩，甘心为他宣传奔走。著有《三十三年落花梦》，详述其经过。

都是不服从孙中山所引起的错误。孙中山的处境和光明磊落的态度，出于大公无私和真诚待人。

4. 一九〇七年章太炎激烈反对孙中山，甚至散发传单于海外，说他借革命骗财。民国初创，太炎提出"革命军起，革命党消"的主张，并有反对他为总统的言论。但在提名部长人选时，他提太炎为教育总长。被代表会否决后，仍聘太炎为枢密顾问。因为能容忍太炎，在护法之役时，遂深得太炎的协助。

上面两例，何时何者应该坚持，何时何者又该容忍退让，处置得宜，便是无比的艺术。

5. 孙中山说过："我从前住在上海的时候，一天和一个朋友约定了时间，到虹口去商量一件事。到了那一天，把所约定的时间忽然忘记了，一直到约定的时间十五分之前，才记忆起来。当时我所住的是法国租界，由法国租界到虹口是很远的，用十五分钟的时间，很不容易赶到。我便着急起来，找着汽车夫，慌忙地向他说，在十五分钟之内，可以不可以赶到虹口呢？那车夫答应说，一定可以赶到。我便坐上车，由车夫自由去驾驶，向目的地出发。……当时汽车开得飞快，声音很大，我不能够和车夫说话，心里便很奇怪，以为车夫和我捣乱，是故意的走弯曲路阻迟时候。此时的情形，好比政府有特别缘故，要做非常的事，国民不知道，便生出许多误会来非难政府一样。至于那个车夫选择那一条路走，不过十五分钟便到了虹口，我的气忿才平。……假若当时我不给车夫以全权，由他自由去走，要依我的走法，一定是赶不到的。"[1]孙中山固然在昭示我们：权能区分的重要性；但是更重要的，则是启发我们：要随时随地向人学习。"学于众人，斯为圣人"的艺术，也是亟须修持的。

---

[1] 参见孙中山《民权主义》第五讲。

三、艺术问题在管理上的运用

艺术问题在管理上的运用，分别说明如下：

甲　管理性质方面

管理究竟是不是一种艺术？

关于这个问题，见仁见智，迄今亦无肯定的答案。主张管理是一种艺术的，认为无论从哪一个角度来比较，管理和艺术，都十分相似。例如：

1. 所有艺术，都以人为出发点，而又最终归结于人。管理也正好如此。

2. 艺术家对他所使用的用具，必须充分了解，并能熟练操作，才能创造出优美的作品。管理者的用具，是他自身以及所处人群的才能，他必须能够透过人群的努力，方得完成伟大的目标，所以法国名作家施赖贝尔说："管理是艺术中的艺术，因为它是人才的组织者。" [1]

3. 日人上野一郎认为管理学者的任务在发现优秀的管理理论与法则，而管理者的任务，在将这些理论完全掌握在自己的手中变成可以任意使用的东西，并且实地去运用。[2] 管理学者如同艺术理论家或评论家，管理者则有如艺术家，所以有很多学历不高、理论了解得不多的人，照样可以成为优秀的管理者。

4. 怀海德说："艺术是人类以有限的意识与能力，去追求无限的完美与满足的历程。"奥德威·狄德（Ordway Tead）则说："同样的，管理是以有限的智力与资源，来追求人类生活的完美与幸

---

[1] 参见苏修德译《管理是艺术》，载《不要把人当机器》。

[2] 参见上野一郎原著，何清钦译《经营法则集》。

福。"所以，不可否认的，"管理乃是一种高度的艺术"[1]。

5. 艺术固然以情感为重，但普遍而深厚的情感，则不能不以正确而清晰的思想作为基础，艺术的内容，即是"思想"与"感情"的"交互作用"。管理也是"思想"与"感情"并重的，管理者没有独特的思想，只能盲从附和一般的管理理论，难以产生坚强意志，更谈不上创新。管理缺乏感情，柯尔深（Palmer J. Kalsem）说：只要具备厌倦而冷淡的表情即可，并不需要漫长的岁月，马上就会变成"不关心型"的管理人而招致众叛亲离的。[2]

6. 艺术家所用的素材，层出不穷，有彼此调和的，也有互相冲突的，必须应用得当，处理合宜，才能产生优秀的作品。管理者面对人群，固然有调和融洽的；也难免没有"对立的结合"（Antagonistic Cooperation），充满了紧张、误解，甚至冲突，管理者必须妥为调整及激励，使其协调和谐、士气高昂，才是良好的管理。

7. 伯格森认为人类的基本需要不是知识而是行动。理解的作用不在透彻了解事物的真象，而在对事物产生适当的反应。艺术家独具慧眼，他们突破了一般人倾向行动的限制，以自由的心灵，在为知觉而知觉的方式下直接观照事物的本来面目。一般的管理者，仅知遵奉管理理论与法则，充其量只能成为画匠或琴师，如果能更进一步，超脱了行动的约束，一方面直观外界事物，一方面省察内心活动，必能自创新意，以特殊的方法来达到创作的境界，成为画家或音乐家同等的管理人，便是十分了解管理的艺

---

[1] 参见 Ordway Tead 原著，钟振华译《管理的艺术》。

[2] 参见 PalmerJ. Kalsem 原著，杜武志译《实用管理学》。缺乏感情的管理者，很容易变成"不关心型""不协调型""特务型""独占型""压制型"或"威胁型"的主管，是最会破坏士气、减低部属的工作热忱和降低产品的质量、数量的。

术了。

8.有的艺术品，初看并不觉得美，几经探索、研讨，才能深入其蕴蓄之美。有的艺术品，则虽经钻研仍无法发现其美，构成"鉴赏障碍"，此时可能由于"美"的自身过分繁复错综，使鉴赏者目迷心惑，因而难以辨识；也可能由于鉴赏者缺乏鉴赏的体味（Taste）而无从给予适当的评价。管理者亦然：有的初期表现得十分有效，不久即陷入困境；有的起初并不突出，却越来越获得大家的支持与激赏。当然，也有受到所处团体的特殊限制，而难以发挥的，那就牵涉到人群的鉴赏能力，必须耐心加以培养及陶冶，才能逐渐提升管理的层次的。

否认管理是一种艺术的，也有下列几种不同的说法：

1.道格拉斯·麦格雷戈肯定管理不是科学，因为两者的目的并不相同：管理注重实际目标的达成，而科学注重学问的发展。但他否认管理是一种艺术，他说："这样仅凭直觉与感受，无从严格评定管理所引以为据的理论假设；直觉与感受，顾名思义，就是不中肯之意。……坚持管理是一种艺术，无异否认其与系统的、实证的知识有关。"[1]麦格雷戈认为坚持管理是一种艺术，乃是不重视管理行为的理论之一。

2.主张管理是一种科学的，认为每项管理措施都应该获得理论的依据，他们不承认管理有所谓理论与实际的区分，肯定科学知识的应用，才是达成目标的保证，而成功的管理，则有赖于预测和管制人类行为的能力。他们强调决策理论（Decision Theory）、数理规划（Mathematical Programming）、排队理论（Quening Models）、竞赛理论（GameTheory）、存货理论（Inventory Theory）等等策略，希望把"可控制的因素"（ControllableFactors）与"不能控制的因素"（Uncontrollable Factors）一并予以控制，同时加强对人

---

[1] 参见 Douglas McGregor 原著，林锦胜译《企业的人性面》。

类行为的管制，以期有效达成管理目标。

3. 日人山城章以为管理应该是一种实践科学，而提出"KAE"原理。其中"K"是 Knowledge 的前缀，意指管理的知识原理；"A"为 Ability 的前缀，意为管理的能力和实践；"E"乃 Experience 的前缀，意即管理的实际经验和事实状况。K 系根据过去长时期对管理的研究所得，就如何适当推展管理活动而言，已获得一般性的基本原理。这个原理在实质上超越国界，在观念上也并不局限于某一特定范围。但这并不表示它已具有完完全全的普遍适应性，何况内在外在情况不时会有新的变迁，管理的作用，因而也须适时作新的修正与发展。这与自然科学法则，本质虽不相同，却也有其类似性的原则：就是凭经验加研究而得。我们要彻底了解管理的原则，应从长期累积的实际经验与研究，才能正确找出最佳的解答。然而目前对科学的研究，由于"知识主义"盛行，过分偏重于"K"的研究，形成所谓学院派的专注于知识，却忽略了、甚至根本就轻视"A"与"E"的探讨。管理一旦偏重于"K"的研究，就变成纯粹的科学了。

麦格雷戈把"艺术"视为"直觉与感受"的产物，假若换一种角度，可能会有不同的看法，例如佛洛姆认为"学习艺术的程序有二，一为精于理论，一为精于实践，而掺和上述二者，成为直觉，即为艺术也。"在这种观念下，视管理为艺术，应该不会被认为与系统的、实证的知识无关，而指责其为不中肯的。[1]

至于近年来发展中的管理科学所提供的各种策略，我们不否认其对于决策具有重大的帮助，但就近代管理发展的趋势来看，人性问题也是研究的主要重点，所以价值观念、休闲活动，以及人群关系等等，日益重要。史都华（H. Stowers）在其名著《合乎人情的管理》（*Management Can Be Human*）中提出多与员工接触，

---

[1] 参见 Ordway Tead 原著，钟振华译《管理的艺术》。

增进彼此了解，沟通感情；公正无私，以建立互信；个别了解员工不同的需要并妥为处理；领导不是压迫，是乐队指挥而非警棍镇暴；对员工守信；与员工有关的任何改革，必先告知，使其乐于接受；适当改正员工错误，勿公开谴责；设身处地，为员工着想；归功于有成就的员工，多加称赞与鼓励；积极坚定，不模棱两可为领导的十种维他命，运用起来，无一不需相当的艺术修养。

再就山城章"KAE"原理而言，K是知识即原则、A系能力即实践、E为经验即实际，果尔三者并重，走向机能主义（Functionalism），在实践时就对象的性质作充分的考虑，以便将原则与实际状况作适当而灵活的配合，并根据管理活动的经验来选择或修正管理原则。战后日本的管理，可以说就是用这种方式建立其特色而快速发展的。

孔茨、奥唐纳说："管理（Managing）是一种行的艺术，而管理学（Management）则是基于该艺术的一套有系统的知识。"[1] 我们认为这是合理的论调，因为成功的管理活动，不但要对原理原则有适切的分析与充分的了解，更重要的，还是这些原理原则的实际应用。如何在各种不同的情况下运用得宜，真是一种高度的艺术。

奥德威·狄德极力强调管理的艺术，他说："音乐是音响的组合，美术、雕塑是线条、色彩的组合，文学是语句与思想的组合；而管理的艺术，则是人与人、人与群体、人与资源，以及理想目标的组合。"他又说："这种种不同形态的组合，对于人类的生活与文化，是具有同等重要性的。"[2]

我们前已述及，西方文化系以科学、法律、和宗教为其支柱；

---

[1] 参见 Harold Koontz, Cyril O'Donnell 合著，潘志甲校阅、林柏梧等译《管理精论》。

[2] 参见 Ordway Tead 原著，钟振华译《管理的艺术》。

我国文化，则以道德、艺术为两大基石。但是中西文化精神最显著的差异，可以说西方文化是科学的，而我国文化是艺术的。因为西方人的法律和宗教，都受科学精神的支配，中国人的道德生活，却充满了艺术精神。就我国的环境来说：管理无论如何是一种艺术，也唯有管理艺术化，才能够真正有效。

乙　管理资源方面

如何管理艺术化，以提高人力？

西方人惯于"视人为物"，特别重视"行为管理"，人类行为专家麦康奈尔（J. V. McConnell）相信西方人急于利用各种药物和催眠术，以及有计划的使用奖励和处罚的原则，企求绝对控制个人的行动。哈佛大学心理学教授斯金那（B.F.Skinner）更认为只有肉眼可见得到的行为，才是真实的，他否定人类内心有一个精神主宰的说法，把它当作一种迷信。斯金那"所有存在于人心中的思想和感受，目的和期待……等等心绪，都是被人类虚构的"主张，使得西方管理人，始终错认人类的行为是可以被外力操纵的、也就是人类的典型，是可以被决定的。

我国先哲另有一套看法，中山先生把它整理成为人类社会进化的基本概念：人类的物质文明和心性文明，以人类精神为其共同母体。换句话说：人类精神，一方面克服自然环境，发展为物质文明；一方面克服本身气质，发展为心性文明。没有物质文明，固然谈不上人生幸福；缺乏心性文明，更谈不到人格尊严。所以人类精神才是人类社会一切力量的总根源。有了人类精神，物质文明与心性文明，才能相待而后进步。管理人必须了解：每当我们在物质文明有所变动，也就是管理方式或措施变更的时候，应该注意相关的心理建设，亦即是先期做好沟通的工作，使心性文明也能够同时适应而无所缺失，然后员工的精神才会愉快，士气才会高昂！我国人的最长处，在能运用一切艺术到日常生活中来，管理人自必深切体认其中的道理，使管理艺术化，才能符合国人的要求。

中国文化精神要把外面大自然和人的内心德行天人合一而艺术化，把自己投进生活在艺术世界中，使我们的人生成为一艺术的人生，则其心既安且乐，亦仁亦寿。[1] 管理艺术化，才不会产生"紧张不安、闷闷不乐""又是胃溃疡、又是心脏病，即使参加早安晨跑也治不了心病"的管理公害，才是管理人要培养善缘、积存善德的最好办法。我国艺术，以"虚空能容"为其特质，管理人宜把握下列重点，以资配合：

1. 管理人原本都是耳"聪"目"明"的，否则他就当不了管理人；但是管理人如不随时谨慎自省，可能会变成耳不聪目不明的人。听不见真实的情报，可以说任何传闻到了他的耳中都是被扭曲过的；看不见真实的形相，可以说所有数据到达他的眼睛都是经过修饰的。这时的管理人，自己肯定公正、公平，别人的心里，却未必有同样的想法。这时的管理人，尽管问心无愧，也不能对他无意造成的灾害有所补偿，因为沉默不语的老天爷是"不舍昼夜"在看着我们的。管理人的位置越高，这种情况越严重。

避免的方法，应效法中国绘画中无色无形的虚白处，或者音乐中的休止符，暂时不表示意见，不加以判定。"大胆假设"是十分危险的，一则管理人大胆假设之后，往往未经小心求证，便立为判断；再则管理人左右，经常埋伏着一群应声虫，管理人大胆假设，他们便迅速热烈反应，较为高明的甚至不马上说出赞同的语句，而旁证侧证，列举一大堆优点，使管理人不知不觉中心花怒放而误认为这么多人的意见与我不谋而合，可算是小心又小心求证过了。管理人最好尽量先让次级人员去分析拟议，自己退居

---

[1] 参见钱穆著《中华文化十二讲》。

监督、协调的地位，以便必要时有所缓冲，并能保持客观的立场。当机立断，听到什么、看到什么马上加以处理，是限于极少数特殊事件的，这才是真正"例外管理"的应用。

2. 管理人了解"耳朵中空，即是要我们能听"的道理，才能虚心求证，也才能谦虚地听取别人的意见。人的智慧固然有高下，但相差无几，除非管理人自省他所用的人都是愚蠢的、无能的，或者不负责任的，否则就应该让他们去想、去尝试，因为众人想的效果比一人想的好，而管理人的责任，便是设法叫他们动脑筋、动手。我们常见某甲领导时，所属员工主动而负责；某乙主持时，部属被动而不负责任。这提醒我们：员工会机灵地发现上司的意向，尽快把自己塑造成上司所企盼的典型，以满足其要求。管理人的地位高于所属员工，大可不必再时刻同自己的部属竞争，处处要压倒他们，赢过他们。反过来讲，同样的容器，所装的液体越名贵，这个器皿越有价值；下属都能积极发挥，才是上司善于领导的表现。

3. 盛田昭夫指出美国人都各有所长，每一个人都以自己的专长随时在找新的工作，致使人才流动性很大，而薪给也与工作发生直接关系，与年龄却没有任何关联。在日本，则人员几乎没有异动。管理人必须在现有的人才条件下设法经营。员工的薪水，也随着年龄渐长而逐年予以提高。盛田昭夫比喻美国机构先设计好组织蓝图，将每一项工作的范围和责任加以决定，再寻找正好合适的人员，有如"砌砖筑墙"，必须采用符合设计尺寸的砖，才能砌成"砖墙"。至于日本由于手头拥有的石块，其大小已经决定，形状也各不相同，必须巧妙地加以编配，才能筑成"石壁"。要构筑美国式的"砖墙"，采用科学化的工作方法，并无不妥，甚至于进一步做成预筑的砖墙，机动地用来拼合，更能迅速组成庞大的机构。我们中国的情况，则近于日式的"石壁"，石块有圆的也有方的，有长的也有短的，有大的也有小的，形形色色，不一而足。管理人必须依其艺术修养，妥善编配安排，庶几造成结构良好、造型美观的石壁。因此我们对于管理人的希望，第一便是胸襟广阔，能够容纳各种类型的员工，用其所长，以构筑良好的石壁。

4."虚空能容"的具体表现，在于度量的宽宏。管理人如无恢宏气度，则横逆之来，便无法动心忍性，茹苦饮痛，以底于成。气度狭窄的人，所谓"器小易盈"，最易刚愎自用，骄矜自大。既无接纳批评与建议的雅量，就容易为小人所利用，陷于不义。一个人要能够任重致远，主要具备容人成物的度量，所以君子有容，其德乃大。管理人往往看不惯所属闲坐休息，甚至于在上班时间内呼噜大睡，造成今日拖拉伪装的不良现象。例如某甲的工作，实际两个小时即可做完，但他唯恐做完后无事游荡，易招上司不满；又怕做完后另外交给他新的工作，而这一新的额外工作一旦接办下来，便经年累月变成他的固定责任，岂非自找麻烦，因此某甲自然巧妙地将两个小时的工作，转变为八个小时足以消磨一整天的活动。我们常常感觉团体内大家忙得团团转，却没有什么具体的工作成效，便不难了解拖拉伪装的严重性。川喜田二郎记得曾经为印度、尼泊尔的远征作准备工作而忙碌异常时，队员中虽然有甲、乙、丙三个人流着满头大汗吃力地工作着，旁边的长椅上却有一个丁君在呼噜噜大睡。可是过了一会儿，丁君醒来，马上开始大力工作，而轮由甲君去休息。因为他们认为没有必要大家都忙成一团大伙儿舍命陪君子似的扮演闹剧，必要的是：各人要以各人的步伐进度配合着工作的繁闲，而适当地作息。[1] 这种粗看无秩序、无效率的情况，实在才是天衣无缝的井然有序，才是呼应自如的密切合作。假若领班强调大家工作时不得偷懒休息，如果领班不能容忍自己忙碌时他人呼呼大睡，相信原本三个人合作效率最好的事也要变成五个人在那里忙成一堆了。我们不是鼓励工作人员闲坐休息，更不敢鼓吹上班时间睡大觉，我们只

---

[1] 参见川喜田二郎原著，邱庆彰、林彻、洪小乔合译《群策群力学》。

243

希望管理人能够巧妙地增加他们的工作，真正地增加效率，而不是一味要求他们面前摊开一卷资料，嘴巴老喊着工作做不完，徒然养成拖拉无效率的坏习惯。

5. 唐代大书法家李北海说："似我者死！"用意在警告一般学他书法的人，不可依傍门户，必须自辟蹊径。管理者大都主张创新，因为"太阳之下无新物"只是自然界的表面现象，实际上则是永远在变。但是管理者多半欣赏自己的创新，却要求部属唯命是从，连一点点细节都不能有所变更。因此每一创新，都会遭遇重重的阻碍，管理人如果将自己的创新意见，通过所属员工，让他们去创新，则由被动变成主动，势必减少许多阻力，不过管理人要有功成不必自我的气度，从创新者升高为鉴赏者，乐观其成，不是更艺术化嘛！

如何选用正确方法，以增强管理效果？

科学和艺术的主要区别，有下述几点：

1. 科学的目的在求真，其题材务必合理化和根据事实；艺术的目的是价值的欣赏和创造，其内容可以不必合理，也可以不必根据事实。

2. 科学的学习方式，以遵从为主，举凡定义、公式、法则及程序，必须小心遵从，否则易生危险。艺术的学习，则以模拟为基本方式，即使有原则，也是可以活用而深具弹性的。

3. 科学方法以分析为主，科学家对有生命的机体往往也当作无生命的物质来分析。艺术方法重直觉，由直接观照而心领神会，并不凭借理性。

4. 科学家要谢绝情感，把"有情物"当作"无情物"看待；艺术家却对万物都有情，宇宙万有，都是他情之所钟的对象。[1]

---

[1] 以上四点参见吴森著《中西道德的不同》，载吴著《比较哲学与文化（二）》。

近代科学思想，是从研究自然世界——研究物开始的。从天文科学、物理科学、发展到化学，再发展到生物科学，由生物科学再发展到社会科学、心理科学。因为近代科学的研究，最初是在物理科学上最有成就，于是一般人就自然而然用看物的眼光，来看生物，用看生物的眼光来看人，看社会。[1]

今日人类的中心问题，就是人不是物，人总要从物化里解放出来。人一方面不能视人为物，把人当作物来安排，另一方面我们自己的生活也不能物化。人只有从物化里解放出来，然后人才能成为人。[2]把人当人看待，正是我国文化可贵的所在，管理者务必谨记在心：要解决一切问题，其根本症结即在于此。

伯格森认为分析法只适宜研究无生命的物体，要洞察生命的本体，则须采用直觉法。唐君毅进一步提出我国人"圆而神"的智慧，实与伯格森所谓直觉十分相近。他说："'圆而神'是中国《易经》里的名词，与'方以智'对照的。我们可以说，西方的科学、哲学中，一切用理智的理性所把握之普遍的概念原理，都是直的。其一个接一个，即成为方的。这些普遍的概念原理，因其是抽象的，故其应用至具体事物上，必对于具体事物之有些方面，有所忽，有所抹杀；便不能曲尽事物之特殊性与个性。要能曲尽，必须我们之智慧，成为随具体事物之特殊单独的变化，而与之婉转俱流的智慧。这种智慧之运用，最初是不执普遍者，把普遍者融化入特殊，以观特殊，使普遍者受一特殊者规定。但此受某一种特殊之规定之普遍者，被人自觉后又成一普遍者；仍须不执，融入特殊中，而空之。于是人之心灵，得再进一步，使其对普遍者之执，可才起即化，而只有一与物宛转之活泼周遍之智慧之流行。因此中对普遍者之执，才起即化，即如一直线之才向一方伸

---

[1] 参见唐君毅著《当前世界文化问题》，载唐著《中华人文与当今世界》。

[2] 参见唐君毅著《当前世界文化问题》，载唐著《中华人文与当今世界》。

展，随即运转而成圆，以绕具体事物之中心旋转。此即为一圆而神之智慧。"[1]

利丽·亚白格（Lily Abegg）称这种方法为圆周性的思考方法，因为是把一个主题放在中间，用各种比喻来解释它，加强它的力量；那个主题根本不需要证明，一开始说出它时可以说已经非常明显。[2] 这种方法，和西方从已知粗浅的起点慢慢以直线方式进入未知的领域中，显然不同。但是我国人则随处以圆周式的方法，体会自然生命，观照天地万物，欣赏人格风度。因此在我国人的社会，希望有效管理，除了妥善运用科学方法及工具之外，最要紧的，还在于具有高度的艺术。

丙　管理活动方面

如何"心语相通"，以加强领导与沟通？

中华民族是世界上最重视"心语相通"的民族之一。我们所赞赏的"默契"，便是不用多讲话，彼此却能充分投合，这是"默"的艺术，唐君毅深入研究，发现我国语言哲学的传统，乃自始注意及语言与语言外围的默之关系，并视语言之用，唯在成就人与人之心意的交通。[3] 语言的功用，在"达人我之意"，但是有声的语言，固然可以达成人我之间心意的交通，而有时越说越糟，说得越多越无法沟通人我之间的心意，这时就不容不默了。我们更进一步发现默是"无言之言"，反而可以促成心意的沟通。

庄子说："言无言；终身言，未尝言；终身不言，未尝不言。"言语适当的沟通，是一种美的表现；无言沟通，更是难得的艺术。贝多芬（L. V. Beethoven）完成《第九交响曲》后，有人问他其中

---

[1] 参见唐君毅著《中国文化与世界》，载唐著《中华文化与当今世界》。

[2] 参见项退结著《中国民族性研究》。

[3] 参见唐君毅著《中国哲学原论·导论篇》。

的含义，他沉默以对，所能做的就是再弹一遍，当问的人还要追问美在哪里时，贝多芬只有落泪无言了。[1]

听觉型的管理人，善于用耳，喜欢从谈话中去了解对方；视觉型的管理人，则善于用眼，擅长观察对方的行为。孔子要我们"察言而观其色"，是耳朵和眼睛并重的意思。芝加哥大学心理学教授夏斯（Hess）提到有关行为解剖信号研究的成果：人们如果看到动念的事物，瞳孔便无意识地放大。这种"瞳孔反应"[2]使我们想起两千年前孟子教我们最快的知人法便是观察这人的眸子，而有"听其言也，观其眸子，人焉廋哉"的言行对照法。艺术型的管理人，精于无言的沟通，举例如下：

1. 传闻 T 城分机构主持人王某介入地方选举，有支持甲派的倾向，总机构唯恐引起派系恩怨，不利于今后的发展，特请高级干部李某前往劝阻。

李某来到 T 城，见及王某，寒暄之余，始终不提起选举的事。王某再三推测，也已猜到来意，但因李某一字不提，只好避而不谈。翌日李某托王某代购回程机票，王某顺便多购一张，随李某同机飞往总机构，拜会有关人员，大家都不谈选举，心里却完全了解，王某已不再介入此次选举。假设李某会见王某的时候，问："听说你支持甲派，总机构要我来查询。"王某答："并无此事，真不知从何说起！"岂非十分尴尬。又如王某始终装成不知来意，直到李某托购机票尚无任何表示，逼使李某非开口不可，那里会有如此圆满的结局？

2. 潘主管性急又容易发火，常常骂人。他的秘书都忍受不了而无法久留。新来的吕秘书了解以往的状况，决定每天提早上班，务必在潘主管到达之前，预测他所需要的三件事情，譬如问什么

---

[1] 参见方东美原著，冯沪祥译《中国人的人生观》。

[2] 参见 JuliusFast 原著，杨军译《行为语言的奥妙》。

问题、找什么资料、查哪一卷宗，并且准备妥当。潘主管一到，接连三件工作都进行得十分顺利，整个一天情绪得以稳定，减少发脾气的次数，同人大为安乐，而潘主管的血压，亦能维持正常。假设吕秘书照样不能和潘主管取得心语沟通，也就是无法预测当天前三件工作究竟为何，则吕秘书的遭遇，必定也有如前任，不久即行离职，潘主管也一定难以控制情绪而无法获得较佳的健康。

3. 心语相通并非完全无言，而是有言有默的适度运用，以及掺入旁敲侧击的巧妙。三国时代刘备就十分精于此道，他和诸葛孔明、关羽、张飞、赵云之间，可以说是心语相通的。话说孔明火烧新野，刘备携民渡江，曹操大军掩至，势不可当。刘备且战且走，奔至天明，闻喊声渐渐远去，忽见糜芳面带数箭，踉跄而来，口言："赵子龙反投曹操去了也！"玄德叱曰："子龙是我故交，安肯反乎？"糜芳说："我亲见他投西北去了。"玄德说："休错疑了，我料子龙必不弃我也。"原来赵云单骑救阿斗去了，他将幼主抱护在怀，一路力斩曹将，直透重围，好不容易赶上刘备，双手将阿斗递与玄德。玄德接过，掷之于地说："为汝这孺子，几损我一员大将！"赵云忙向地下抱起阿斗，泣拜曰："云虽肝脑涂地，不能报也！"假设刘备一听到赵子龙反投曹操去了的话，便立刻下令通缉，或者破口大骂叛逆之徒，请问后来子龙冒死救幼主归来，君臣何以见面！又假设刘备，看见赵云递上阿斗，似乎动也不动，心急得要死，直呼"速拿小儿惊风散来"或"快请曾小儿科"，请问赵子龙心里有何感想，周遭的人，以后还肯替刘备拼命吗？再如刘备，接过阿斗之后，向赵云说："亏得有你这样忠勇的将军，先记大功三次，将来再为你树立铜像，以资褒扬！"请问子龙的感觉如何？其他的官兵又会产生何种反应？

4. 许多会议刚开始时，发言人寥若晨星，往往主席三催四请，站起来的人，还要"蒙主席点名，不敢不讲"客套一番，主要的原因，是会议中的人，彼此犹未心语相通，谁都不愿意过分承担风险，落得"死脑筋"或"领会力差劲"的笑柄。慢慢地大家摸清底细，明白该说些什么样的话，哪些应该赞成，哪些不能不反对，这才踊跃发言，情况逐渐热烈起来。中国人常有会前会的习惯，会议前的协调重于一切，差不多所有结论都已经在会前有所决定。会议本身，多半是会而不议，做做样子而已。一些领会力较差的人，虽然亲身参与会议，却根本无法摸清究竟议了些什么，又决了什么。我国的老板，传统上也认为只有能够马上领会这种奥妙的人，才配当干部。所以中国人的会议艺术，也是深受"心语相通"的影响的。

5. 人与人间的不愉快，大半是由言语引起的，我国俗语："饭可以多吃，话不能多说"，便是告诫我们"祸从口出"的危险性。管理人的一言一语，更是众人注意的焦点，极易掀起意想不到的风波，影响团体的士气。所以由言而默，由多讲而少讲，最后"不言不语"而能如意指挥考核，那才是"为政不在多言"的艺术境界。

如何"适当权变"，以增强管理活动的效果？

任何管理活动，均不能一成不变，而又不能常变、乱变。有规律即有例外，但不能样样例外，成了没有规律。就我国管理而言，权变也是一种高度的艺术，不可不用心探讨。

"权"而能"宜"，作者以为至少有下述三个原则：

1. 权不越法：同人间因利害不同，难免有争竞之心，争而不得其平，竞而未能如愿，那么团体之中，就产生了怨愤之气，而内部也就无法和谐融洽，甚至形成派系之争，彼此忙于内斗，哪里还谈得上进步发展？但是管理人有"权变"的力量，又是众人皆知的事实，张三上一报告，说明情况如何特殊，目前怎样困难，洋洋数千言，无非要主管特准其增加人员、扩大编制。主管审视实情，特予照准，于是李四、王五、赵六，纷纷要求比照，一一核准，是绝不可能的，一概不准或王五准其余不准，怨愤之气自是难消。无论主管如何解说，总难摆平。反过来说，不准增加人员就是不准，谁也不能例外，则张三实有困难，何以解决？如不解决，势必影响工作成效，又引起大家的反感和责难。最好先根据法令的规定，如果不得增加员额，则开诚布公说明限制的原因和不能破例的理由，切忌以"法所不许，碍难照准"，或"实际有此需要，但受法令限制，无法照准"等辞，把责任推给法令或上级机构，因为员工心里不平，并不是这一推就可以消除的，必须以公诚为本，共同体谅的本意，进而"调整业务"、"临时支持"、"机动加班"或"化繁为简"、"用机械代替不足的人力"，用积极的方式来取代消极的推托。假若法令许可，则须深入了解，可以增加多少员额，然后就各单位实际情况，不管该单位是否申请，一律予以考虑，务求公平分配新增人员，才能获得大众的信赖。权不越法，是管理人应该坚持的原则，一切权变，都在法令许可范围之内，一开始就开诚布公地说："我可以尽量帮你的忙，但我相信你也不愿意叫我违法。"必能获得大家的谅解。

2. 权不损人——预算不够支出的时候，通常会向上司要求匀支，但匀来匀去，都在本机构预算的额度之内，甲单位匀支的，是原来乙单位或丙单位的预算，这时上司一令照准，虽不违法，却已严重地损害了他人。好争的人，立刻提出许多理由，申诉不能同意的原因，要求收回成命，或改向其他单位匀支，弄得上司左右为难，即使一意孤行，坚持依批示执行，也将怨愤猜忌，有害单位之间的和谐合作。不敢争或不愿争的人，表面唯唯诺诺，内心终是不平，特别是受此教训，下年度一开始便赶紧支用，或者造成不足，援例要求归垫或匀支；修养较差的，还会先花掉不必要的或次要的，把必要的甚至于最必要的留下来，请示是否匀支购用，造成莫大的困扰。但如严格规定，一概不得匀支，失去弹性事小，影响工作绩效，又是大家所不能原谅的。最好的办法，乃是编订预算的时候，不要百分之百分配到各个单位里去，掌握一部分作为重点支持之用。并且明白宣布，匀支的金额，最多不可超出这个额度，否则不予考虑，使大家心里有所准备。另外建立借支的制度，不足的单位，自行向有关单位协调借用，下年度归还，彼此两不吃亏。预算的通融，固然应该征得主管的首肯，但是匀支、借用、交换的手续，务必由各单位自行联系，上司顶多居于协调的位置，切忌摆出权威，立即批准，以免造成"几家欢乐几家愁"的场面，因为"权不损人"，才能得宜；权而损人，被损害的人，没有不奋起自卫，甚至于全力反击的。协调固然费时费力，但是不协调所引起的弊害，要设法加以消除，是更加费时更加费力的！

3. 权不多用——主管有"权变"的权力，但不可多用，因为每一次特准，总会带来许多想象不到的不良后果。我们很容易觉察，即使正常的奖励，也会产生不愉快的情绪："这样子就记功，这种功也未免太不值钱了！""看得见的记功，看不见的记不了功，这算公平吗？""他这样还记功，那我不是要天天记功！"真是不一而足。正规的惩罚，同样会有不良的反应："动不动便记过，以后谁敢做事，保平安算了！""是真的记过，还是报上一次对他不礼貌的怨！""没有查明真相，胡乱记过，哪里有良心！""权"是特别的变通，当然有更多的不满，何况每一件事，各人的看法未必一致，"公说公有理，婆说婆有理"，管理人既无法一一说明，也很难说得大家心服，所以最好的办法，是把持"权不多用"的原则，公开说明："我的确有这种权力，但是相信大家都不希望我多用它。因为权变的次数太多，会严重影响到常规，不如根本修订原来的办法，更加公平。大家都是爱护我的，不会害我，所以最好不要逼我动用特许的权。"权一多用，机构内首先失去层层节制的常态，员工都不理会组织的层次，只希望最高主管能够允准，其余一概不管。最高主管一旦如此处置，则各级主管，自然不敢负责，变成应付了事。因为他既发生不了作用，何必辛辛苦苦阻挡，又容易得罪同事，不如签个名字往上推，反正上级不尊重我的意见，我又何必空有许多意见？不担当责任的风气一旦形成，最高主管非但增加许多事务，而且招惹许多烦恼。有人批评诸葛孔明是"识治的良才"，但对他的"事必躬亲"，却不无微言。孔明的部属杨颙，看到他桌上的案卷簿籍，堆积如山，常常挑灯伏案，逐一校阅，备极辛劳，就曾经婉言相劝，说："古人说：'坐而论道，谓之王公；作而行之，谓之士大夫。'陈平在文帝问他国库收支时，他说各有负责的人，并非我分内的事。现在明公为治，不惜亲自校阅簿书，汗流终日，岂不太劳！"

丁　业务改善方面

如何美化工作环境，以促进业务改善？

业务改善，除了心理障碍必须列为克服重点之外，时间、方法、对象及环境，都是密切相关的因素，其中"环境"一项，更包括了社会环境及工作环境，所以美化工作环境，也是促进业务改善的重大要项之一。

美化工作环境，足以提高员工的工作情绪。例如工厂墙壁和光线，过去殊少加以注意。现在则一般科学管理专家，都认为这是一个重要的问题。墙壁的粉饰，和厂务的进行，关系十分密切。适宜的亮光，对工人直接有利；不注意工作场所的采光，必将影响产品的质量。但是帕金森（Parkinson）却指出：宏伟的建筑，象征事业生命的结束。他肯定完美就是结局，而结局就是死亡。许多新机构一诞生时便是人员编制及设备齐全，安置好副首长、顾问和高级行政人员，且占用一座特别为它设计的建筑物，则经验证明，这种机构必将死亡，它因为自己的完美而遭受窒息。

若依我国的艺术观点，美化工作环境，以美观、大方、自然、朴素、实用为原则，切忌浮华而不符实际，因此采光、通风，均以天然光线及自然空气为优，避免一旦停电，即形动弹不得。至于机构内部各种设施，亦宜尽量求其舒适合用，不宜奢侈豪华，或过分装饰，以免引起员工心理的不平。

基于我国先哲的艺术精神，我们对管理者建议如下：

1. 要以"虚空能容"为努力的目标——我国艺术的主要特性，在于"虚空能容"。空而能容的精神，如果得以融入管理的领域，将是无上的佳境。管理者的度量与胸襟，必须能容而能大，才能免于刚愎骄矜，功成不居，反而更受大家的崇敬。

2. 要以"心语相通"为努力的起点——孔子首创言外有默，指出言外尚有无言的存在。他说："可与之言而不与之言，失人；不可与之言而与之言，失言。智者不失人，亦不失言。"管理者常有说也不是，不说也不是的两难之感，孔子的原则当可为之解除：不应该说的话，一句也不多说；应该说的话，一句也不少说。言默的执其两端而用其中，才是心语相通的典型，而为艺术管理的起点。

3. 要以"适当权变"为实施的原则——权变的必要性，自古即已十分显著，因为：有道者未必能被接纳，所以孔子有乘桴浮于海之叹。孔子既不能乘桴浮于海，只好有些地方从"权"。管理者的意见，可能是最好的，却不一定为员工所赞赏，强制执行引起的抗拒力太大，得不偿失，这时不得不作适当的让步，换取员工的支持。适当权变，是艺术管理的原则，但是权而能宜，则是管理者自身的艺术素养了。

第八章

结　论

一、中国哲学对于管理的影响

　　纯正的中国人，应该是在生命思想上深受儒家、道家与墨子哲学所影响感召的人。[1] 但是中国人是善于模仿的，很容易用同情的眼光欣赏外来的价值标准，对于异族的观念理想以及社会架构，也都客观地加以谅解和容纳，表现出恢宏容忍的和平精神，甚至为了达成和平，牺牲自己以迁就对方，也所在多有。因为我们中国人认为"忍让"绝非懦弱，相反地，能忍人之所不能忍，才是最刚最强。由于中国人一向具有高度的自信心，不致盲目接受外来的思想；又有无比的道德约束力量，一切以道德为衡量取舍的标准。几千年来，我们颇能吸纳外来文化的优点，坚持"合乎道德的观念才予容纳，不合乎道德的观念即予摈斥或改变"的原则，形成"有所为，有所不为""择善固执"的独特风格。

　　然而，鸦片战争之后，西方文化以"霸道"面目出现，采斯宾格勒（Spengler）所称"浮士德式"向全球展开其"无限的追求"，我国首当其冲地受到"挑战"（Challenge），产生了一连串的"响应"（Response），分析如下：[2]

---

　　[1] 参见方东美原著，冯沪祥译《中国人的人生观》。

　　[2] 详见唐君毅著《西方文化对东方文化之"挑战"及东方之"响应"》，载唐著《中华人文与当今世界》。

徐桐的保守主义——曾、左、李、胡的"师夷之技以制夷"论——张之洞的"中学为体，西学为用"论——康、梁的变法立宪论——孙中山的三民主义——五四运动以后提倡西方的科学与民主，而以中国礼教为吃人、打倒孔家店，对中国文化价值的种种怀疑论。

种种变迁，不外循着"由保存传统文化到破坏传统文化"的方向进行，考其原因，主要有下述两点：

1.孔子哲学，原极注重人的心理因素，他目睹当时各种制度的崩坏，以为"天下无道"而常怀想"天下有道"的时代，提醒大家，要努力学习文王、周公，时时刻刻拿他们所制定的礼来约束自己，并不断演习，引为人生的第一乐趣。孔子这种针对当时实际情况而从事的心理建设，被后人视为"信而好古"而列入守旧的一派，这和孔子"圣之时者"的美誉，互相矛盾。加以中国人不求甚解，往往不追究真相，就牵强附会地下个判断，以致中国人普遍存有"我国道统，由尧、舜、禹、汤、文、武、周公，至孔子集其大成""这个道统使得中国从前非常强盛，是世界上最强的国家""全世界其他国家都十分钦仰我国的文化，也非常尊敬中国人"的结论，对于"我国道统究竟是什么？""我国文化的特性何在？有何优点？""为什么当时的外国人都敬佩我们，愿意为我们所同化？"等等内容，却不闻不问，以致"不知"。不知而自傲，是盲目而危险的，果然西方的冲激一旦排山倒海而来，中国人不知如何抗拒，何以自处，内心感到严重的屈辱，产生过当的反激，甚至对传统文化采取一种彻底否定的态度。我们从现代一般人对我国文字的隔阂，根本看不懂古代的典籍；对我国文化的断绝，无法承受祖先遗留给我们最丰富的精神遗产；甚至高级知识分子，言谈之间，也都在抱怨传统给我们的包袱太重。这是失去自信而又遭受严重屈辱的自然反应，也是暂时维持心理平衡不得已的心态。便不难想象上述一连串"回应"的理所当然了。

2. 道德教育失败，而又不愿意也不敢坦白承认。大家表面赞同民主与科学的教育必须以民族伦理教育为基础，实际的情况是，许多博学之士对于我们民族传统精神的礼义廉耻孝悌忠信的国民道德基本教育进行曲解，将四维八德视为封建遗物，认为其不合时代潮流、违背时代需要。更不幸的是，许多人心里，暗含着"现代生活以科学与民主为前提，而道德却是'反科学''反民主'的"念头，轻视道德，甚至采取一种完全污蔑的态度。这种道德观念的激变，固然不一定导致道德的崩溃，因为变可以是道德创新的先兆。例如在现代化过程中，少数知识分子，在家庭中主动放弃传统独尊的父权，尊重每一家庭成员的意见；在公务上，与下属有讨论问题的习惯，重视舆情，随时调整自己，使自己的工作能符合大众的愿望；在学校里，改变传统学徒制的师生关系，重视学生独立思考和独立判断的能力。但是这一类型的知识分子，在整个社会中所占的数量实在太微小，与道德败坏的现象，更不成比例。[1] 大多数的人，旧道德已经崩溃，新道德尚未建立，对人对事，又不能没有衡量、评判的标准，于是他们自然而然，基于"自私"的立场，尽量选用对自己有利的，而摈斥、放弃对自己有害的，加以个人的观点，总是比较短近的，因此"唯近利是图"，蔚为风气，即使"因小失大"，无心也无法计较了。

自信心丧失，易于盲目崇洋；道德的约束力量消灭，增强自私的心理，表现出媚外的行为而不自觉。试举例说明如下：

1. 某甲在国内从来不屑于排队，丝毫没有遵守秩序的习惯，到了美国，却规规矩矩，有队即排，并且绝不抱怨，后来回到台湾，起初看不惯不守规矩的插队者，继而怨言百出，终至故态复萌，加入冲锋陷阵的行列。

2. 妇女吕某，在美国时怀有长子，尽管大腹便便，乘车时仍

---

[1] 参见韦政通著《中国文化与现代生活》。

将所携物品放置自己身上，双手环抱，唯恐占据太大空间，予人不便。后来在国内又怀了孕，可是在公交车上却一人占用两个位置，把所携物品放在自己的身边，这时她只怕妨害到腹中的婴儿，毫不在意多占别人可以乘坐的空间。

3. 王生在国内读大学期间，经常逃课，只挑几位他看得起的教授，才给面子听他的"盖"，后来到了美国，非但不敢逃课，而且十分用心。

4. 国内人走惯了天桥，视为当然，周日例假到新竹"清华"大学观光，过马路时穿越而过，绝不再上下天桥。同样新竹人未必走得惯天桥，认为何必多此一举，一旦来到国内，却也视天桥为比较安全之道。

同样一个人，对人事物的看法，采取双重标准甚至多重标准，已属司空见惯，不足为奇。我们不妨随机录取一些人的话语，然后再播放给他们自己去听，矛盾而不能一贯之处，不胜枚举。这种情况严重地影响了我国的管理，"公仆难为"，管理人的苦经，越来越多，也越来越苦，兹列举其主要的难题如后：

（一）不能守分

护士不像护士，工人不像工人，名实之间的差距，往往大得惊人。上班第一天，大家都很像样，逐渐"劣货驱逐良货"，好人一个接着一个离开，剩下的抱"及格主义"，只要不成为老板开除的第一对象，便可以放心混下去。机构内各种该有的职位都有，遇到该做的工作却尽量往别人身上推，实在推不掉的，马马虎虎，应付了事，犹自诫"不要表现得太好，变成众人的眼中钉，总有一天要倒霉的"。

（二）勇于内斗

那些以管理人为中心，大家环绕着而彼此激烈竞争的机构，一方面互相默许，最好维持同等的距离，不要破坏眼前的均衡；一方面却又明争暗斗，务求有朝一日，把自己的距离缩成最短，以"一人之下，众人之上"为目标，全副心力用于内斗，大家都把"好"的一面，朝向管理人，同僚之间，反正你臭我也臭，架构虽美，而骨已蚀肉正腐烂，论绩效不过昙花一现而已。

（三）能屈能伸

受管理人重视的员工，恃才傲物，造成同人之间的不平，又趁势多求，形成特殊的待遇。受管理人忽视的人，则又怨愤难抑，满腹牢骚。甚至同一个人，管理人一褒上天，神气活现；一贬落地，却又到处乞怜。有办法时便是老虎，不咬人也吓人，倒霉时变成无家可归的狗，极力争取大家的同情。

（四）来往自如

求职的时候，待遇不佳不在乎，因为只要精神愉快，何必计较金钱？工作繁忙不介意，人生以服务为目的，多做事正可以多得学习的机会；路途遥远刚好训练耐力；交通不便适足强迫慢跑。一旦有了更好的工作，便"大丈夫合则留，不合则去"，任你如何诚恳挽留，也是"留得住人，留不住心"，逼得你非忍"气"欢送不可，因为不请他吃一餐饭，又要落得"绝情绝义"的恶名，何苦来哉！

（五）信古敏求

管理人遇到心目中的"诸葛亮"，仿效当年刘备三顾茅庐，现代化的孔明却未必鞠躬尽瘁，也不一定就忠心耿耿，数十年如一日。但是现代化的孔明，却斤斤计较于未曾受到上司"刘备模式"的礼遇，士为知己者死，既然不是知己，当然不能拼死命，身体健康才是根本，做事的精神可就大打折扣了。

（六）不知进修

时代的进步，越来越快速，不能时时进修，很快就会落伍。许多人却故步自封，优游卒岁，或勤于副业，没有进修的计划，更缺乏自习的精神。原本十分精明能干的人，几年下来，变成观念陈腐，判断不符实际，却又年资长久，没有功劳也有苦劳，管理人奈何他不得，真正急需的人才，既进不来，进来后也无法作适当的安排。

（七）重视面子

中国人爱好面子，是举世闻名的，主管有一件事不请教他，有一桩事件不让他参与，有一些事情未曾让他知悉，便是没有面子；有特殊的要求，未获同意，便是不给面子；犯错当面指责，则是不顾面子。所以重要干部，身兼数职，时时赶场，才算有了面子，可是这样一来，其他的人又没有面子，管理人左右为难，莫此为甚，因为每一件事都要顾虑大家的面子，实属不易。

（八）人情至上

人情专指对熟悉或友好的人表示情谊，一点不熟悉的人之间是无所谓人情的。中国人见面三分情，打电话是没有礼貌的，至少对尊长上司是不敢随手为之的。任何一件小事，也要找一些亲朋至友来关说，总以为"法令是死的，人则是活的"，有了人情成分，什么规定都可以不管，拿破仑的字典里没有"不可能"字样，在我国则唯人情能之，常常造成极大的困扰。

（九）父子骑驴

升迁的方式，如果采取年资序列，大家便讥讽为一种"看谁最长命"的竞赛，假若以才能贡献作为标准，立刻出现"空降部队""潜水人物"，以及"我们爬楼梯，人家坐电梯"的猜忌和不平，管理人每逢人事问题，都有父子骑驴，骑固不是，不骑也不是的感觉。

（十）沉默不语

民主社会一切要求公开，管理人常常被要求当众说明，然而大部分员工，还是保持沉默的习惯，他们偶尔慷慨激昂，厉声批评，立即成为团体中的英雄，但随之而来的，是大家都希望利用他作为发言的工具，终至有一天，害得他"对的说，不对的也说"而陷入悲惨的境地，这时大家反而唾弃他，把他当笑话，转而寻找继任的代言人，直到他也严重受害为止。于是看得透彻的人，就更不愿意多话，形成沉默的一群，沟通起来，的确十分困难。

以上十项，是公私团体、各种机构所共有而且由来已久、积重难返的，管理人一不小心，必将导致众叛亲离、怨声载道的后果，当然，管理人自身，未必觉察严重的情况，正在日渐恶化，因为我们前已提及，管理人尽管耳聪目明，也可能变成团体中最不明白真相的人。

至于不能守时、不重数字、不守纪律、没有组织观念、不重环境卫生，以及不重视科学等等农业社会的病态，如今可以说有了长足的进步，特别是卫生及康乐，更是普遍重视；科学方法的引进，也成为时代的潮流；守时守纪，逐渐为大家所认同而极力倡行。

为什么有的缺点容易改进，有的却非常困难？例如以往我们认为要中国人不随便吐痰，真是谈何容易？想不到没有几年，这个现象十分显著地减少了。但是我们希望中国人分工合作，却始终没有成效，"蜗牛角上的争夺"[1]，仍然是大家兴趣的焦点。可见

---

[1] 语见《庄子·杂篇·则阳》。原意在嘲笑人们为极小的事情，却认真地争执。

把所有病态一律怪罪于民族性或传统文化，实在是过分笼统而有失公平的。我们发现：凡是单纯与物质有关或者纯粹是一种习惯的弊病，比较容易改进；至于牵涉到心理倾向或者立身哲理的缺点，那就比较不易更改。

再进一步深究，我们发现前述管理上的难题，大都是曲解我国哲学所引起的病态，我们如能"正本清源"，很快就能够加以矫正，试分析如下：

1. 孔子的正名主义，"君君，臣臣，父父，子子"，便是看到当时"君不君，臣不臣，父不父，子不子"的乱源，欲正名以救时弊，但是孔子的主张，是从上级开始反正，他说："政者，正也，子率以正，孰敢不正。"[1] 我们目前不守分的现象，是不是孔子所说的"名之不正皆自上始"，护士不像护士，证明医院的院长没有管好；工人不像工人，象征工头自己不像工头，委实值得我们深思。至于有才干的人，为何不能发挥？好人为什么一一离职他去？员工何以互相推诿责任？为何大家不敢尽力？也是一连串的人事管理课题，管理人只要真的像管理人，这些问题应该都是可以解决的。

2. 以管理人为中心的形态，是管理人自己塑造成功的。他的目的，不外树立自我至高无上的权威，让所有的人，都了解机构内真正权力的所在，只此一处，别无分号。一、二级人员，有权无权，完全看管理人的高兴，于是三级人员，心目中可以没有一、二级人员的存在；一、二级人员也心里有数，岂敢贸然节制三级人员的行动？于是各级人员，有志一同，共同瞒骗主管，相机互揭疮疤，明争暗斗，唯恐不力，那里还有丝毫合作的诚意。孟子说过，天下有道的时候，小德役于大德，小贤役于大贤，[2] 最高位

---

[1] 语见《论语·颜渊》。

[2] 详见《孟子·离娄》。

置，必以最大的德居之，这也是今日"分层负责"的构想和"授权"原理的依据，管理人自己破坏制度，怪不得别人。

3. 激励不难，难在恰到好处，否则徒然引起反激励的副作用，为害更大。孟子"以羊易牛"[1]的故事，梁惠王看见待宰的牛十分可怜，下令以羊易之，因为他没有亲眼看到羊也同样的可怜。管理人看见某甲勤劳有加，便记功奖励，是否也想到，同样勤劳的乙、丙，内心有何反应？孔子说"为仁之方"在于"能近取譬"[2]，也就是推己及人，但这个人字，并非特定的某人，管理者果能多多推己及人，而且多推几个人，他就会更加郑重其事，不致任意奖惩，或滥奖滥惩了。再说未蒙嘉许的人，如果深切体会"人不知而不愠，不亦君子乎"的至乐，就知道天下间的事情，原本便是如此，孔子一辈子未受知遇，但是他能不愠，所以伟大，也就心平气和，对于同僚的挖苦嘲弄，一笑置之。

4. 管理人对员工高兴就职便来，想要离职即去的行为，一方面固然是觉得人才难求，另一方面也是留不住人的面子问题在作祟，格外难堪。还有一点，则是应该权在我，要你留即留，要你去即去才对，何以一下子调换过来，变成大权在你，心理上不能平衡，也是苦恼的来源。文王所管辖的领土并不大，邻国老百姓却纷纷来归，变成当时人口密度最高的国家，周公的管理，应该是最强大的号召力，管理人如何觅才、留才、用才，不妨多向文王、刘备学习。孔子说："视其所以，观其所由，察其所安，人焉廋哉？"[3]知人之道，分三个层次深入了解，"来往自如"的情况自能改善。

5. "三顾茅庐"所以成为千古美谈，主要原因是：每个时代

---

[1] 详见《孟子·梁惠王》。

[2] 语见《论语·雍也》。

[3] 语见《论语·为政》。

都有绝大多数的"受气阶层"，他们渴望为人所知，为人所器重，因而刘备模式，大家梦寐以求。不过"得人之心"则是我国一致推崇的王道管理，西方人"视人为物"，一切讲究管制人的行为，中国人却认为除非他心甘情愿，否则所有表现，都是虚伪而没有价值的。"为善不欲人知"，因为舍此一途，别无他法可资证明他"为善"的动机确实是纯正的。管理的良窳，同样的除了"人心向背"，找不出第二个价值判断的标准。可惜许多人又曲解了这一定律，极力讨好部属，说是与属下打成一片，结果"一团和气"，却又"一事无成"，到头来讨好不成，反惹众人的责骂，也是管理人不可不防的。

6.我国哲学，非但确认革新、进步的必然性，而且肯定其必要性，"不进则退"，是人所共知的事实。管理者应妥善安排，使所属适时获得适当的进修，但须保持相当的弹性，才能获得预期的效果。否则形成固定的形态，很快就会变质。例如现在施行的升级考试，由于考试未能配合实际的工作内容，因而工作马虎，服务不热心的员工，一味利用时间，专心准备应试，一考便及格，顺利升等。那些工作认真，热诚服务的"傻瓜"，时间、精力都花费在公务上，考试难望及格，升等也就落空。虽然老子哲学，带给我们"吃亏就是拣便宜""傻人自有傻福"的启示，但是那是"自然"的道理，处此重重"人为"的社会，考试不及格便是实实在在的"当"掉。我们社会所施行的制度，有些已经产生"反淘汰"的不当现象，管理人在机构内理应设法予以正常化，千万不要为了鼓励进修，又弄出许多花样，诸如"建教合作保送制度""在职进修办法"以及"半工半读员工可以提前下班"等规定，都是员工不平的祸源。当然，我们不能因噎废食，为了公平而废弃所有的权宜之计。但是，"权不越法""权不损人""权不多用"三原则，毕竟是不可不遵守的。

7.面子问题是中国人所独有的，它的起源，大概是人们得到或失去荣誉时脸上所有的感觉。面子和脸的界限有时很难区分，例如一个人有时会因为在社会上失"面子"而觉得"丢脸"。但是"脸"是自己对人格的尊重加上他人对我人格尊重的总和。[1] 爱好荣誉并不是坏事，过分讲究面子则是不必要的，因为这样一来，很容易造成虚荣而不实际的不良现象，团体中只爱面子而不要脸的人越多，越容易养成浮而不实的风气。我们希望大家多重视"脸"而不必斤斤计较争无谓的"面子"，才能因自己尊重自己的人格而促使他人也尊重我。例如不应该要求的，千万不要提请，否则主管不允准就是不给面子，允准了主管自己又会违反规定。令人左右为难，便是自己不尊重自己的表现。管理人不妨通过各级人员，共同沟通"脸"与"面子"的异同，让员工获得正确的观念，以减少面子所引起的消极不合作或积极报复的困惑。

8. 项退结把人情区分为三种：[2]

（1）具有真感情而真正为对方设想的人情，是"无私的人情"或"忘我的人情"。

（2）没有真感情而只以自己利害为出发点的人情，是"自私的人情"或"虚伪的人情"。

（3）为了事业的发展，不能不面面俱到，做好"公共关系"，是"事业的人情"。

中国人把"面子"和"人情"搅在一起，往往造成"公私不分"甚至"因私废公"的严重后果，同时心目中又只有私人的感情或利害的小圈子，圈子以外，对谁都淡然漠然，因此容易是非不分，滥做"自私的人情"。

管理人应该根据我国先哲的主张，如孔子认为情可以治国，他十分重视伦理的关系和珍惜人情的价值。但是儒家所提倡的情，

---

[1] 详见项退结著《中国民族性研究》。

[2] 详见项退结著《中国民族性研究》。

是纯真合礼的无私的人情。鼓励员工发挥真正忘我的人情，互相为对方设想，才是合作的基础。

至于发展事业的公共关系，也应该经由正当的途径，借着建立良好的人际关系，从而辅助事业日趋发展。主要目标，在确立"公众信心"，增进"公众了解"，而且百分之九十要靠自己好好去做，百分之十才靠建立关系。以往的请客、送礼、乱拉交情，实在是错误的观念。

9.人事升迁，原本几家欢乐几家愁，无论怎样顾虑周到，总不免议论纷纷。管理者须谨记《中庸》所言"唯天下至诚为能化"，当所有员工，都相信机构的升迁，是大公无私，唯才是用的时候，一切怨言都将化为乌有。即使有人提起，也立即有人会做如是的解答："我们相信这样安排，一定有他的道理。"管理人在团体中能建立这样的信心，才是真正的成功。

10.沉默是中国人固有的含蓄精神之一。含蓄精神可以代表中国文化的大部分，中国文艺和绘画的优点就在这里，中国人处世的可爱处也在这里。[1] 西方人常常不了解中国人的含蓄，说我们阴险，不像他们心里想什么，嘴上便说什么。也有人误认为我们感情麻木，所以没有什么表示。实际上中国人是非常敏感的，因为太敏感了，必须特别含蓄，许多事情我们中国人都有本领很快地便会意了解，并不需要把它用言语表达出来，而且说了就觉得没有意思，这是中国人的特点。孔子主张"直"，并不是赤裸裸毫不保留地有什么说什么，那样"口没遮拦"的后果是不堪设想的。"直"注重个人性情的自由，孔子喜欢我们的性情作真诚的流露，但他同时提醒我们，要以"礼"来约束自己，当作行为的规范。孔子说："刚毅木讷近仁。"[2] 他并不欣赏整天叽叽喳喳的人。中国

---

[1] 详见项退结著《中国民族性研究》。

[2] 语见《论语·子路》。

人十分敏感，只消稍为指点，立即心里明白，用不着把难听话全部搬出来，徒然伤害彼此的感情。何况庄子直言"言不尽意"，也告诫我们语言并不是万能的，有时越说越糟，不如恃默，反而可以传心。管理者应该发挥默的艺术，以减少对同人的伤害，而且要对大家的默，心怀感激，因为默才是尊敬的表现，一旦大家都不能再默，管理人的难堪是可想而知的。管理人假若多多接触中国艺术，便能够体会这种"妙在不言中"的含蓄气氛。

基于上述，我们发现许多管理上的实际困难，都源于对哲学的曲解或误解，尤其是"情"的滥用，更是显著的证明，中国人是有情的民族，但我们重视的，是"无私的""忘我的""己所不欲，勿施于人"的情，竟然演变为虚伪的、自私的情，造成无比的遗憾。我们也发现，要把管理导入正轨，必须首先建立哲学，才能够时时运用哲学的眼光，来透视管理的理论与实际，养成怀海德所说的"哲学习惯"。我们已经了解，中国哲学直接影响我国管理的进展，我们如果希望带动真正中国化的管理，务必及早确立中国管理哲学。

二、中国管理哲学的建构

陈大齐推定"安宁"为人生的根本要求。他根据儒家创始者孔子及其继承者孟、荀二子的启示，征以日常所见所闻，益信其符合根本要求的四个应备条件，述要如下 [1]：

1. 根本要求必须是出自人生自己的要求，不是出自人生以外其他事物的要求。人生自出生以迄死亡，时时处处在谋求自身的安宁。人生以外的其他事物，凡属可见可闻的，绝无一事一物关心人生的安宁。

---

[1] 详见陈大齐著《平凡的道德观》。

2. 根本要求必须是可能实现的，亦即必须是人力所能做到的。人生安宁正是可能实现的，是人力所能达成的。我们今日虽还没有达到全面安宁的境地，但比诸古代，其安宁程度已不可同日而语。

3. 根本要求必须是普遍的要求，也就是大众所共同的要求。人生安宁确是人们普遍的要求；我们早上各道早安，以互祝整日的安宁，晚间各道晚安，以互祝整夜的安宁。书信祝福，祈求平安，乃至兢兢业业，勤于工作，也是为了一家人的安宁，可见小自个人，大至国家，其所作所为，只要是正当的，无一不指向人生的安宁。

4. 根本要求必须是究竟的要求，也就是最终的要求。人生之所以求安宁，只是为了安宁，并非借径于安宁的实现以满足其他的要求，可证安宁即是人生究竟的要求。

人生既以安宁为其根本的要求，管理为人生活动之一，则中国管理哲学，自亦以"安宁"为其最终的目标，因而称为"安宁的管理"。

一般组织的目标，无论其为法定的（Legal）、机能的（Functional）、技术的（Technical）、盈利的（Profit Making）、个人的（Personal）或公共的（Public）[1]，由于缺乏更高的最终目标，以资统领，所以常有不能协调甚至严重冲突的现象。例如法定目标即往往因员工个人目标与股东盈利目标的不能一致而形同具文；机能目标也每因技术目标的盲目研究发展以致无法满足社会需求，连带影响了公共目标的达成。假若在这些目标之上，悬一"安宁"作为普遍而究竟的目标，则每项目标力求达成之际，有了一个共同的理想，自然易于协调而趋于一致。

陈大齐比较安宁的各种情况，发现下述四种不同的区分，有

---

[1] 参见 Ordway Tead 原著，钟振华译《管理的艺术》。

助于我们对于安宁的深切了解[1]：

1. 就范围的广狭而言，分为"寡安"与"众安"。寡安指一个人或少数人的安宁，众安为大多数人的安宁。众安固为人人所当尊重，寡安亦不可有所轻视。众安与寡安，通常系两相融洽的，众安集寡安而成。但偶有寡安阻碍众安甚或伤害众安，则应以众安重于寡安为原则，牺牲寡安以成全众安。

2. 自程度的高低而言，分为"小安"与"大安"。小安指安宁程度较低的或部分的安宁，大安为安宁程度较高的或整体的安宁。小安价值不如大安，但在大安尚未实现之前，应先求小安，因为小安总胜于不安。切不可安于小安或贪图小安而伤了大安或阻挠大安的实现。

3. 从维持时间的短长而言，分为"暂安"与"久安"。暂安为短期间的安宁，历时不久，便又不安。久安系长期间的安宁。久安的价值高于暂安，唯暂安如有助于久安的，亦不应轻视；至有害于久安的，乃饮鸩止渴，亟宜予以鄙视、轻视而避免之。

4. 自效果的虚实而言，分为"虚安"与"实安"。虚安虚有其表而无其实，只是一种幻象；实安既有其表又有其实，才是一种实况。有些虚安，起于不安的不知；有些虚安，起于故意的隐蔽。为害之大，均等于制造不安。至若干虚安，志在防患，用以阻止不安的滋长；若干虚安，志在抚慰，用以推迟不安的来临。都无害于实安，不必深责，有时且应加以赞许。

管理者如以"安宁"为最终的目标，而又深切明白安宁的真实性质与价值，则各种组织目标，均能在此大前提之下，共同以"众安""大安""久安"与"实安"为归趋，偶有必要而尊重"寡安"、先求"小安"、借助于"暂安"、假手于"虚安"，亦不致"以寡害众"、"因小失大"、"暂而害久"或"虚以害实"。兹举例说明

---

[1] 详见陈大齐著《平凡的道德观》。

如下：

1. 组织成员对其个人目标的重视，总是强于组织的总体目标，因而每有影响组织作业的现象。譬如个人喜欢多办旅游，而且经常提议前往某些危险地区，屡劝不听，少数员工，亦受其鼓动而情绪不安，渐有怠工的趋向。管理者即应相机解说，旅游有助身心健康，向受重视，只是交通安全、时间选择、人员组成及地点远近，都应该以多数人的意见，顾及众人的安全为原则，这些地点，列入选择的对象，并鼓励其他员工，也提出愿去的其他地点，一并予以考虑。同时答允这些少数有意前往偏远地区旅游的员工，将来特别为他们单独举办一次，这样使员工以"众安"为重，而对于"寡安"，又能先求"暂安"而逐渐化解求得"久安"。最后剩下极少数爱冒险的，坚持非去不可，不妨辅导其参加较有经验的社团旅游，务期在最小风险之下，满足其个人的欲望，相信这种诚恳的态度，会促使他们甘心改变初衷，至少也仅此一次，下次无论如何，不好意思再提起了。

2. 管理人本身的个人目标，常常是决策的主要依据。但管理人很难自觉，他的偏见、争逐名誉、好出风头、内向、外向，以及个人欲望等，总会掺入决策，形成总体目标的一部分。甚至为了个人的竞争心或报复心，置组织成败、存亡于度外，危害团体的安宁，实莫此为甚。但员工心里有数，难于启口，未敢贸然提出；即使据理力争，管理人也不一定承认。假若总体目标制订之后，一一检视其是否合乎"众安""大安""久安"与"实安"的要求，不然退一步检讨，确有其迫切的需要，最后还是以安宁为最终目标，上述倾向，便能大为减少。

3. 就公共目标来说，每随社会的需求、社会道德、社会风气而变易。组织本身，反而处于被动的地位，不得不随波逐流，例如电视、广播，尽管大家不满，仍难有所改进。假定小到个人，大至国家、社会，都以"安宁"为共同的理想，观众、导播、演员、广告商人、电视公司、政府人员，大家的看法趋于一致，因为凡有妨害观众安宁的节目，影响所及，亦将妨害广告商人、演员、导播等等，今天张三在电视上看到李四演员表演的勒索手法，明天张三便可能模仿同样的手法来勒索李四，或者正好转移目标找到出钱的广告商人王五。社会各界，政府民众，共同有此认识，公共目标仍依舆论公意而行，仍应社会需求而变，并不妨害安宁，也就不致构成组织的罪恶。

4.较高的投资报酬率，通常是大家所希望的。特别是投资者，更以盈利的高低，作为管理良窳的指标。实则过高的盈利，有害于机构的安宁，因为员工势必要求提高薪资，他们认为盈利偏高，即是人工成本偏低的反应。一旦增加薪资，又导致人力市场的不安宁，带动物价的波动，更是社会的不安宁。可见安宁的实现，有赖大家的通力合作，而大家也唯有一致以安宁为最高的目标，才能真正地通力合作。

要求安宁，必须兼顾"身""心"双方面，都能摆脱陈大齐所列举的冻馁的、病患的、牵挂的、慌乱的、嫉妒的、悲伤的、忧愁的，以及恐惧的等八种不安 [1]。管理人应该设法调整员工的物质生活与精神生活，使其远离上述八大不安的困境。实际上冻馁的、病患的、牵挂的、嫉妒的和悲伤的不安，可以合并称为忧愁的不安；而慌乱的不安又可并入恐惧的不安。孔子说："君子不忧不惧。" [2] 人生的不安，不外来自忧愁与恐惧。

但身生活与心生活是相通的。身的不安会引起心的不安，例如员工生病，是身不安，而请病假要扣工资，或年终时不予发给奖金，想到此处，心又不安。现行的限制请假日数办法，使未生病的人，可心安理得地告假，有法令的保障，用不着心生不安；

---

[1] 详见陈大齐著《平凡的道德观》。

[2] 语见《论语·颜渊》。

至于真正生病的人，唯恐病假逾期，犹未痊愈，原本身已不安，恐惧、忧愁，更增心的不安。若非辅以健全的社会福利制度，如公医、保险、失业救济等等，实非安宁之道。心的不安也会导致身的不安，例如按件计酬，原本不失为良好给付薪资的方法之一，但有一长女，上有寡母，下有二弟一妹，或老或幼，均有待她多赚工资以维持生活，在这种情况下，无论再怎样努力，总嫌所做件数太少，心易不安，终至越做越多，过分疲劳而累倒，即成身的不安。所以计件论酬，有时成为无形的凶手，特别对有良心、讲孝道的人，更是绝大的不公平。

管理者希望团体内每一分子都能身心安宁，必须时时把握道德的原则，事事不离艺术的精神。这"道德"和"艺术"两者，正是我国传统文化的两大支柱，所以中国管理哲学，固以"安宁"为最终目标，而欲达成此一究竟的要求，则须坚守"道德"与"艺术"两大原则。

中国人认为人生有三不朽：立德、立功、立言。我们活在世上，只有能够为别人立德、立功、立言，自己才会感到快乐与满足。而且中国人又普遍接受性善的理论，承认向善是人类的天性，我们为别人立德、立功、立言，别人必然会乐于接受，因了解而模仿，逐渐扩大其影响。[1] 凡人皆有死，而且生命是短暂的，中国人却借着向善的行为，把握到人类天性的共同趋向，用自己的善行，引起别人的共鸣，将自己的生命，长久地存在于别人的生命当中。中国人做人，要活在别人的心里；中国的管理人，要活在同人的心里。首先便须立德。

道德不够开明，则力行结果，最多获得寡安、小安、暂安与虚安，或竟一无所得而反招来不安。唯有开明即不闭塞亦不昏暗

---

[1] 详见钱穆著《中国历史精神》。

的道德，才能获得真正的安宁。[1] 本书以前各章，即秉此原则，将我国传统道德，择其开明的，分别列出"人道管理""真正平等""合用模式""广大和谐"及"安定进步"为管理者亟应努力的目标。兹说明其与安宁的关系如下：

（一）人道管理

安宁是人生最基本且最切己的要求，我们自己要求安宁，亦当将心比心，尽力为他人创造安宁。孔子告诫我们："己所不欲，勿施于人"，不说伤人安宁的话，不做伤人安宁的事，并非高不可及的难事，管理人只要把部属当人，不存心把所属当作非人，以己所欲的道理，来对待他们，则大家安宁，亦即保全了自己的安宁，实属利人利己，何乐不为？

（二）真正平等

平等的重点，在互相尊重，互不奴役。管理人慎防一旦有权有势，便唯我独尊，忽视员工的尊严，造成不平等或假平等的现象。因为受到不平等待遇的人，心既不平，便不能安宁，何况不平则鸣，到了忍无可忍的时候，更会引起团体的大不安。管理人在兼顾自由与安全的原则下，务须视人人均有同等尊严与同等权利，才能维持大家的安宁。

（三）合用模式

通观今日世界，工业化是必然的，工业化社会的观念形态却不必然，日本工业化，仍然维持其与欧美苏俄不同的心态，便是显著的事实。中国人的管理，要求安宁，自然依照中国人所以安宁的道理，以规划其合用的模式。否则事事追随在别人的后面，

---

[1] 详见陈大齐著《平凡的道德观》。

依样画葫芦，必将引起许多不安。任何管理知识与方法，均须调整成为适合于中国人的模式，方得安宁。

（四）广大和谐

西方人喜欢用"二分法"把事物分成敌对的两半，例如完整的人被划分为"身"及"心"，完整的团体被划分为"管理者"与"被管理者"，仿佛两者永远对立常相互斗。中国哲学家则抱圆满和谐的看法，无论个人或团体，处处融通一致，形成一个广大和谐的系统。打破这个系统，便不得安宁，所以管理者不可自绝于所属的同人，要以"尽己性、尽人性、尽物性、赞天地之化育，以及与天地参"的最高道德精神，与团体中所有分子浑然同体浩然同流，绝无敌对与矛盾，把"寡安"与"众安"结合在一起，求得久大的实安。

（五）安定进步

生活安定，是安宁的主要条件之一。生活不能安定，势将引起忧愁和恐惧，人们阻碍革新，这是共同的原因，所以任何变更，都要居于安宁的立场，向有关人员作详尽的解说，使其明了此种改变，不但无害于安定，而且改革之后，更有利于大家的安宁，即使招致暂时的不安，大家忍耐一时，即能获得久安；或者为了大安，必须牺牲目前的小安，心理沟通，才是安定中求进步。

本书第二章至第六章，分别依据我国先哲对于心灵、人性、知识、道德及社会进步的看法，说明其有助于管理的重点。例如希望达成"人道管理"，首须"沟通良心"，因为我国先哲，大多主张良心与生俱来；中国人又最怕良心的指责，俗云："天不怕，地不怕，只怕自己良心来说话。"可是良心日渐僵化，也是常见的事实，必须以"慎独"的功夫，来拯救这种心灵的危机，时常激发良心之声，则有赖对中国人特有的"民族心灵"做深入的了解，特别是中国人的赤子之心，更应该仔细体会。一方面重视自己的良心，一方面尊重员工的"十目所视、十手所指"，自不致有违"人道"。团体内"真正平等"，管理人首先要有相当的雅量，使同人得以"自发创造"，而非毫无自主的受控制者。管理人不凭权势，不用奖惩，纯以"高尚人格"来实施有效的管理。中国人自古以来，即有管理的事实，只因中国人重行不重知，对于管理理论，一直未予整理，迄今尚无完整的系统，但中国人的管理，自有其"合用模式"，要获得人心，必须依此而行，至于新的知识新的方法，中国人亦不盲目摈斥，本着"吸纳光大"的途径，有益的优点，尽量予以吸纳而融合成中国人所能接受的模式，同时"即知即行"，心理沟通，阻碍排除，困难克服之后，加速推行。中国人最喜欢"安定进步"，固然是历经战乱，触目惊心的一种反动，也是孙中山所说"革命是非常事业，不可频频为之"，以免有伤元气。任何团体，都不是革命的场所，机构内三天两次闹革命，人心惶惶，哪里还谈得上进步？所以先求安定，再求进步，一句"萧规曹随"，便能安定人心，收到很大的效果，减少许多阻力。具体表现，则在于管理人的"尊重制度"，因为执法者违法，谁会对法产生信心？又谁肯尊重此法？要求进步，呼口号、贴标语、出布告、发传单，俱归无效，孙中山说最好的办法，是"服务互助"。主管以服务代替领导，同人互助合作，快速进步自在意料之中。再如"广大和谐"，才是天人合一、性道合一的圆通关系。机构中人人浓郁亲密，毫无隔阂，何来疏离的感觉？团体内彼此和谐相处，协同一致，何来对立的倾向？人人重视道德，而又"所系正大"，有益于人生的安宁。过犹不及，均不得其中，初时未必显见其害，久则日越严重，因此所有道德，概以"合情合理"为其衡量的标准。

至于艺术的原则，中国人尤善于保持含蓄的精神。一言一行，都表现适度的矜持；一举一动，都含有浓厚的艺术气氛。甚至于

道德，也充满了艺术气息，譬如"自尊"与"自大"，"自谦"与
"自卑"，"自由"与"放纵"，"爱护"与"姑息"，"义变"与"佞
巧"，"智辩"与"强辩"，"勇敢"与"狠戾"，"忠告"与"诽谤"，
"称赞"与"谄媚"，"容忍"与"屈服"，"合作"与"合污"，"负
责"与"把持"，"坚忍"与"顽固"，"谨慎"与"畏葸"，陈大齐
认为都是形似而功异的德目[1]。人须"自尊"；切不可"自大"。只
可"自谦"；却不应"自卑"。我们一方面要尊重"自由"；一方
面也要慎防其流为"放纵"。"爱护"部属，可能养成其自尊；以
"姑息"态度对待属下，必将使其盲目自大。"义变"是变而合义，
如孔子的因材施教，实有必要；"佞巧"虽然巧妙，足以乱义，亟
宜尽力避免。为人应该尊重是非，只能"智辩"，不可"强辩"。
"勇敢"不是凶恶或残忍；"狠戾"却以伤害对方为目的，摧残对
方为乐事。"忠告"主旨在期待其改正；"诽谤"则止于指出过失。
"称赞"的动机纯洁；"谄媚"目的在于取悦。"容忍"出于自主自
发，是同情的产物；"屈服"出于畏惧，易招屈辱。所营事业正当，
大家分工"合作"；所营事业不正当，便是"合污"。一以事情办
得妥善为职志而不辞劳苦的，谓之"负责"；一以便利自己为职
志而不肯放手的，称为"把持"。"坚忍"是百折不挠；"顽固"是
回头是岸而不回头。适度有礼，是"谨慎"；过度恐惧得罪权势，
即成"畏葸"。话虽如此，真正区分起来，仍有赖于高度的艺术
修养。

本书第七章，提出"虚空能容"为我国艺术的特质。管理艺
术化，才不会造成不安，而欲达此境界，首须注重默的运用，也
就是致力于"心语相通"的体会与磨炼。同时世间事情，有常亦
有变，诚实是善的，说谎是恶的，这是就常而言，古今中外都公
认的标准，但是在某种情形之下，说真话会转而成恶，如向病人

---

[1] 详见陈大齐著《平凡的道德观》。

坦直地说："医师说你的病是没希望的，你的脸色，看起来也是接近死亡了。"向赠送衣服给你的人说："这种颜色是最难看的，要送的话，为什么不挑好看一些的？"说谎反而为善，如诡称病有转机，静养即可渐愈，使病人得以安心休养。或亲身参与最高机密，而亲朋好友问及时，推说刚好出差，未能参加会议，所以不得而知。可见通权达变，亦是事实所需，如何"适当权变"，则又是一种艺术了。

中国管理哲学，有了"安宁"的理想，又以"道德"及"艺术"为其不移的原则，因而它对管理的本质、内容、方法、目的与价值，均有其独特的观点，分述如后：

1. 关于管理本质论，这要根据"天人合一"哲学以及孙中山"心物合一"哲学来解决"管理究竟是什么"的问题。管理是一种始于"维护人生安宁"，继求"巩固人生安宁"，而终于"增进人生安宁"的过程。就整个社会而言，管理的进程，始于"农业社会的安宁"而终求"工业社会的安宁"。就机构、团体而言，管理的进程，始于"团体及个人的安宁"之兼顾，终于"机构内团体与个人合一的整体安宁"。就个人而言，管理的进程，始于"人性人格"的培育，以沟通良心，即知即行，终于"神性人格"的成长，以服务互助，自发创造。

2. 关于管理内容论，这要根据"安宁哲学"来阐明什么才是管理的对象，也就是哪些才是管理的内容。举凡与安宁有关的人员、金钱、物料、机器、方法等，无不影响及于机构及个人的安宁，例如人事不安定，引起员工的忧虑；积欠薪津，导致大家的慌乱；新方法未经正确教导及说明，造成牵挂的不安；机器故障，意外伤及员工，引起悲伤的不安；物料短缺，产品滞销，都足以招致恐惧的不安，必须予以妥善的管理，以保持整体的安宁。此外，工作环境、交通食宿，以及王云五常说的：进、退、奖、惩、教、养、老、死，均与人员有关。资金的募集、分配、运用，都和金钱直接相关。市场的动态、获利的可能性、供应的能量、生产的时间、种类、等级、数量和规格等，都和材料有密切的关系。厂房的设计与布置、生产方式的改变与调整，则是机器有关的问题。至于生产方法、销售方法，甚至管理方法本身，也是方法之一。各种因素，直接间接，都与安宁有关，无一不是管理的对象。

3. 关于管理方法论，这要根据"道德"与"艺术"的原则来阐明管理究应采取何种方法，才能达成安宁的使命。不论是古利克所说的计划、组织、用人、领导、控制、报告与复核、预算等方法，或是其他管理学者所强调的"业务研究""会计""经济理论""社会度量""精神测定"等等管理工具，我们都不反对，但先决条件，则是居于"道德理想"及"艺术精神"，将它们调整成为合用的模式，也就是予以充分的中国化，使能符合我们的民族心灵，才是真正的吸纳光大，运用起来，自能从安定中求取不断的进步，非但不危害原有的安宁，而且效率增高，更能增进整体的安宁。

4. 关于管理目的论，这要根据我国先哲的指引，使管理真正能够达到安宁的目的。中国哲人，一致承认良心的存在，我们务必设法沟通良心，唤醒良心，使其看清行为的方向，培养高尚的人格，以合情合理的态度，选用合法的步骤，一方面达到传统的社会标准，一方面又能吸纳光大，不断革新，以求取更大的进步。就我们而言，管理的目的即在完成中国的管理，而非盲目引进西洋的管理或任何一个国家、任何一种模式的管理。因为中国的管理，才真正符合中国人的要求，才能为中国人求得真正的安宁，所以中国的管理，实际上也就是安宁的管理。

5. 关于管理价值论，这要依据"安宁"的是否维护、巩固、增进来判断管理实施的结果，是否有价值。任何管理，假若引起团体或个人饥寒的、病患的、牵挂的、慌乱的、嫉妒的、悲伤的、忧愁的或恐惧的不安，久而久之，即将导致众叛亲离的后果，自是没有价值的管理。相反的，由个人及团体的安宁大为个人及团体合一的整体安宁，由小安而大安，由暂安而久安，由寡安而众安，由虚安而实安，终至"国泰民安""合境平安""安定进步""合家平安""身心俱安"，那便是具有价值的管理。

三、中国管理学术发展的途径

李约瑟的《四海之内》（*Within the Four Seas*）指出：只有科学是普同于人性的因素，其他如宗教、哲学、法律、艺术，既不能普遍划一，也无法断定孰高孰低。就李约瑟的观点看来，近代西方人的骄傲是完全缺乏根据的。他们自以为近代科学是欧洲人的发明，便因而轻视亚洲的落后，殊不知如果没有中国以往对世界科学文明的贡献，只怕西方根本不能开出现代科学的果实。科学是人类文化的公器，互相传播，绝非一个文化所能包办或独占。[1] 但是平心而论，近代西方文化的长处是科学，我国文化的短处也是科学，我们没有理由反对发展科学，来补救自己的不足。因此发展中国管理学术，必须运用科学方法，殆无疑问。

科学方法以分析为主，是最为踏实的方法。我国先哲的言论，在往昔被认为真理的，今日未必句句皆真，因此昔日以为当行的，今日可能不该遵行；尤其古人垂示的言行规范，用意虽佳，而方式未必可取。我们应该切实加以分析，取法其用意佳的，并改变成今日可行的方式。

中国人向来缺少分析的能力与习惯，往往道听途说，或片面之词，便信以为真。例如我们每因外国的道德重整运动以绝对的诚实为守则之一，便认为外国人诚实，并以绝对的诚实为善。但是凯泽林（Hermann Keyserling）说得好：外表上看来，西方的商人诚实，中国的商人奸诈，似乎西方人的道德更高。事实上西方

---

[1] 参见刘述先著《生命情调的抉择中国哲学智慧的现代意义》。

人只是套在一种机栝里的道德而已！正因为最合乎功利的也正就是最合乎正理的，所以西方的流氓也会在做生意的时候诚实，但是内心对德行的体会却是远不及中国人的。[1] 外国人是为了功利的目的而诚实，并非真的诚实。再说绝对的诚实也未必完全为善，例如：医师对于垂死的病人，告以危急的实况，徒足以速其死亡。老母有爱子爱女客死他乡，随侍的子女不设法隐瞒而告以噩耗，徒足以引起其悲痛而损害其健康[2]。经此分析，我们即知中国人当中，有诚实的，也有不诚实的；外国人亦复如此，并非外国人比中国人诚实。外国人诚实的动机，与中国人不一定相同。而且绝对的诚实，其致善亦非绝对的，因而证实了孔子"父为子隐，子为父隐"所持的真善不定一致说。[3]

处此知识爆炸的时代，我们不但要力求充实自己的知识，才能逐渐达到"知之为知之"的地步，而且要保持自家心境的清明，不为流言妄语的通路，才能确保"不知为不知"的纯真，因为知识如丰富而不正确，反不如贫乏而正确之有益。我们要发展中国管理学术，首须求取丰富而正确的有关知识，一则以"知之为知之，不知为不知"为正确的信条；一则以"道听而途说，德之弃也"[4] 为不正确的告诫。欲求达到上述要求，舍科学分析方法，实别无他途。

方法论既经确定，我们试拟"中国管理学术发展的途径"如下：

（一）先立基础

许多人受到胡适之读书人要有"问题"的影响，喜欢发掘问

---

[1] 参见刘述先著《生命情调的抉择中国哲学智慧的现代意义》。

[2] 详见陈大齐著《平凡的道德观》。

[3] 详见陈大齐著《平凡的道德观》。

[4] 语见《论语·阳货》。

题，然后搜集资料，分析比较，提出解决的方案。这种"专题研究"的模式，固然值得推广，但是研究中国管理学术的人，如果对中国哲学及管理学的基本知识没有相当的了解，便应该首先努力学习，等有相当基础后才来从事专题研究。否则盲目地找一些不成问题的问题，作出不能"一以贯之"的解答，纯属浪费时间和精力，实不值得。我们并不是希望把所有的有关知识全部弄清楚，然后才开始做专题研究，因为要把中国哲学搞通，不知道要花费多少时间，要看完所有管理学的书籍，也将耗尽一生大半的精力，既不可能，也不必要。我们只是希望，所有从事研究中国管理学术的人，先努力打好应有的基础，包括：

1. 从我国先哲的言论中，体认人生的根本要求究竟是什么？例如陈大齐根据孔子所说："修己以安人"[1]"修己以安百姓"[2]"老者安之"[3]"不患贫而患不安……安无倾"[4]，孟子所推崇的"安天下之民"[5]，荀子所指出的"人莫贵乎生，莫乐乎安"[6]，提倡人生安宁为根本要求说。本书基于管理的立场，探讨人类的根本要求，是孙中山所说的"求生存"[7]，既求生存之后，人生的根本要求，便是生存的安宁与生活的安宁，归纳起来，即是"安宁"。一切管理，如果不能维护安宁、巩固安宁、增进安宁，即无所谓绩效之可言。人生的根本要求在安宁，安宁的管理才能符合人生的根本要求，这是本书立论的基础之一。

2. 了解道德与艺术为我国文化的两大支柱。道德的任务在满

---

[1] 语见《论语·宪问》。

[2] 语见《论语·宪问》。

[3] 语见《论语·公冶长》。

[4] 语见《论语·季氏》。

[5] 语见《孟子·梁惠王》。

[6] 语见《荀子·强国》。

[7] 孙中山明确指示：古今一切人类之所以要努力，就是因为要求生存。

足人生的根本要求，因为道德的原义，是言行应守的准则。团体之中，人人遵守言行的规矩，养成良好的习惯，有了健全的道德人格，再加上团体自身，也有其高尚的理想，势必人人奋发努力，一层一层地完成预期的目标，收到管理最大的效果。中国人更进一步，认为道德是生命的本质，也是生命价值的具体表现；我们要不断提高生命的意义，增进生命的价值，也就是求得人生最多、最大、最久、最实的安宁，便非重视道德不可。至于艺术，则是一种虚白、一种沉默、一种权变。因为天天讲道理，不如彼此忍让、包容；多多解说，有时不及保持静默；不通权变，善德也会变成恶德。何况透过慧心，悠然传神，更是人间美事；虚空能容，益增人生的安宁。这是本书立论的基础之二。

3. 西方的工业化，带给人类富裕而舒适的物质生活，却也造成了严重疏离的病害。西方的管理，大大地提高了工作的效率，但也无可否认地，把人推向"变成机械"的可怕境地。以往哲学家，呼吁人们，小心不要变成动物！现代哲学家，则担心人类变成机械。孙中山提醒我们注意"思患预防"，我们是否在引进西方管理的时候，抱定"管理是必然的，西方管理的观念则是不必然"的原则，尽可能管理中国化，以避免西方国家所呈现的"管理公害"。中国人应该发挥自己的长处，创造自己的管理模式，这是本书立论的基础之三。

4. 管理的实然与应然应该明确区别，有许多管理法则或方法，在外国施行已久，而且效果颇为显著，实然如此，但引进之初，首先要判断其是否应然，千万不可以为实然者即是应然，形成盲目引进。因为各国情况不同，不能一概而论。例如工会组织，主要任务在解决劳资纠纷，而其方式，又每出于"罢工"，在国外司空见惯，亦有其不得不然的因素。我国情况不同，工会的任务，既已变质，"罢工"的方式，亦非应然。最好不要全盘模仿，应该根据我们的实际需要，赋予应有而又可能达成的任务，以免徒有其名，流于形式。任何管理理论与实际，均以"中国化"的眼光，严格评核，或者加以适当的调整，使其真正适合于我国，这是本书立论的基础之四。

5. 比较我国先哲与西方哲学家在心灵、人性、知识、道德、社会进步，及艺术等根本问题的主张及其对管理的影响。比较的时候，务须尽量保持客观，因为过分崇洋与一味卫道，都无法作持平的衡量。所选的言论，要具有代表性的，不可以偏概全。而且每一种文化传统，都有异于其他文化传统的特性，不必勉强凑合，作成对的比较。例如分析方法和逻辑系统为西方文化的特色，我们如果认为那是好的，不妨采取欣赏的态度而予以引进，一点也用不着自卑。相反地我们虚空能容的艺术特色，则为西方所无，也不能以西方的眼光来否定我们的艺术价值。我们应该平心静气，选取中外古今最合适于我国管理的主张，予以融会贯通，以期走出一条最为通畅有利的道路，这是本书立论的基础之五。

（二）次找问题

有了哲学和管理方面的基础，了解中国哲学的特色，明白中华民族的民族性，认识管理的最终目的，以及中国化管理兼具道德与艺术两大特性之后，便可以依自己的兴趣和能力发掘一些问题，例如：

1. 管理的本质为何？是一种目的，还是一种过程？如果是一种过程，又是什么样的一种过程？

2. 管理的内容为何？哪些是管理的对象？管理的范围为何？

3. 管理的方法为何？不同的对象是否有其不同的管理方法？各种管理对象是否有其共同的管理方法？如何选择合适的管理方法？又如何评鉴其效果？

4. 管理的价值如何衡量？其标准何在？只有统一的标准还是有不同的标准？应该一致或是不妨任其双重或多重？标准是固定

的还是变动的？应该固定或采取浮动？

5. 管理的目的为何？不同管理对象是否有其不同的管理目的？不同的管理目的是否影响及于管理的方法？管理目的从何而来？有何依据？又何以鉴定什么才是正当的管理目的？

6. 管理与道德能否配合？是否矛盾？是局部配合抑或全部配合？是局部矛盾或者全部矛盾？道德有否善德、恶德之分？如何区分？道德有无落伍或不合潮流的可能？何以补救？德治是否有可能？道德管理是不是过分理想化？

7. 管理是科学或艺术？或两者都是？或两者都不是？中国人如何管理艺术化？会不会引起障碍或产生反效果？如果管理者或被管理者有一方或双方缺乏艺术修养，如何克服彼此的困难？中国人传心时代是否已成过去？会错了意怎么办？彼此猜来猜去岂非麻烦又浪费时间？言默之间有何奥妙？如何配合？一切说明白宁非更佳？又有何不可？

8. 管理是否有模式？是否通用？是不是说来容易实施却甚为困难？理论与实际能否配合？如何配合？各种模式如何诊断？发现缺点如何更换或修正？

9. 完全采取西方的管理有何利弊？人家实施多年奏有奇功的方法难道也不能全盘引进？即使有利有弊甚至弊多于利，强制施行久而久之不也就习惯成自然，那时传统包袱尽除，正好完全学人家现成的模样，岂非轻松愉快？

10. 中国化管理能否实现？有何价值？会不会徒劳无功？是不是唱高调？西方管理如何才能中国化？科学与道德能否相容？科学渗入道德会不会变质？花费那么多时间和精力来试图改变是否值得？有无成功的可能？

（三）专心研究

管理的各项问题，无不与人事有关，因此十分灵动，也饶有趣味，而且关系人类的生活也最大。管理活动，实在是整体性的，不能割裂而个别独立的，例如研究销售的人，不能不顾及货品的成本及质量，也就不能不对财务和生产有相当的了解。我们研究管理的个别问题，应当注意其连续性与交互性。前者如选才不当，再用心育才，诚心留才，苦心用才，都难以收到预期的效果。中国人说"用人不疑，疑人不用"，便是用人和信人的连续性。后者如研究中国人的民族性，纯以儒、道、墨或任何一家的思想来探讨，都将难得其真，因为各家哲学甚至外来思想不断交互融合，才构成中国人独特的性质。研究的方法，前已述及，最好采用比较分析的方法，因为中国人一向重行不重知，没有具体的管理理论，更谈不上系统化；而国外的管理理论，又每偏重于工具的运用，主要在"视人为物"观念的作祟，认为人也可以像物一样地加以管制和任意摆布。特别是"角色扮演"暗示我们演什么角色应该像什么角色，当了总经理就得六亲不认加上冷酷无情，这即是方东美所说的：中国人做人，绝不是枝枝节节的只做人的这一边，做人的那一边，或只做一个完人的几分之几，而是要做一个顶天立地的大人完人，相形之下，最出色的总经理，如果不能同时又是慈母眼中的孝子，妻子心目中的好丈夫，部属发自内心尊敬的上司，社会大众视为优秀的企业家，那么他不过只是一个完人的小数点，瞬即萎缩消逝。但是我们也不能因此就断然否定"角色扮演"的正确性与实用性，只要用心深究，总可以化成合用的理论，推演出适合于中国人的模式。最要紧的，是保持客观，对于我国的和外来的理论，一律平等看待，不可先入为主，有所偏倚。同时也要格外虚心，因为外国的东西，不免有"雾里看花"的危险；我国的事物，也可能"不识庐山真面目，只缘身在此山中"。照样也会盲目的。根本问题，则是在替中国人找出妥善合适的管理方法，而不是替人类找出最理想的管理理论，这一点是研究的时候，切切不可忘记的。

（四）提出方案

研究而有心得，便可提出解决问题的方案，这时我们务须慎重评核，所提方案是否切实可行？是否真正符合中国化的要求？例如：

1. 外国人主张"坚持原则"，细思之下，极有道理，但为了坚持原则，必须六亲不认，时时处于紧张状态，常常引发火爆场面，却不是中国人所喜欢的。于是我们想起"坚持原则，广结善缘"的办法，以符中国人"外圆内方"的需求。再详细审思，这仍旧是半中半西的混合方式，未曾融合，实行起来自难顺适，因为坚持原则而得罪了人，又设法以其他方面给予补偿，以结善缘，结果天天坐跷跷板，这边高来那边低，那边高来这边又低，哪里有安宁的日子。所以"广结善缘，坚持原则"，用广结善缘的方法，来达成坚持原则的目标，平日多多服务，赢得大众的信心，一旦坚持原则，大家一致支持，这才是真正中国化的做法。

2. 美国式主管精明能干，不断发号施令，而且招招高明，样样正确，真是可敬可佩，然而一旦生病，或者一时糊涂，何以补救？所以时时刻刻，紧张万分，不能有片刻的疏忽，因而积劳成疾，只在早晚。尝闻主管住院治病时，属下多人去探望他，上司感慨地说：你们为什么平日不替我分劳，一定要等到我生病时才来看我？因而有人说，中国人当主管，应该睁只眼闭只眼，装迷糊。我们认为这可能是实然，却绝非应然。先决条件，主管要有识人的能力，用人的才能，所谓"知人善任"，再加上"疑人不用，用人不疑"，让属下放手去做，主管不妨学学郑板桥的"难得糊涂"，这种糊涂，是正、反、合第三阶段的糊涂，是大智若愚的愚，才能保持弹性，在必要的时候出面协调或做适当的调整，以免自己老是居于第一线，永无退让的余地。更重要的是，剥夺了属下"想"和"做"的机会，就像今日过分热心的教师，把学生思考和创造的能力全部扼杀了，一样的可怕。

3. 西洋人喜欢样样写清楚，契约，工作说明书，一目了然；欢迎有话说齐全，晤谈，沟通，意见得以交流。中国人比较含蓄，逢人只说三分话，猜来猜去，岂不是又费时又容易出错？我们可不可以把中国人的"不吭气""不则声"传统予以扬弃？如果我们断然提出此一方案，是否可行？于是我们又想到：中国人是十分敏感的，一句不相干的话，他可能想上老半天；明明不是说他的，他却认定"指着秃驴骂和尚"；原本没有问题的，几句话却勾出了多少恩怨与不平，试问一切说明白好呢，还是"无言为美"？于是我们又兜回原路，主张互猜，等于提出了另一个错误的方案。"传心"是高度的艺术，有心去了解对方，应该是不会太难的。故意令人猜不透，或者样样神秘莫测，不是心术不正，便是没有原则，已经不合乎管理的基本法则，与"默"的艺术，应无关联。如此一再检讨各种可能的方案，才能体会"言默适度运用原则"，是中国化管理的最适方案之一。

（五）归纳整理

慎重选定最适的方案之后，要加以分门别类，归纳整理，然后依"管理哲学""管理原则""管理方法""管理评鉴""管理教育""管理研究"等类别，加以系统化的整理，或予"小题大做"，或予"大题小做"，举例如下：

1. 小题大做：各种管理分项作深入研究后，撰成具体可行的手册，如"公寓管理""图书管理""自来水管理""电话管理""能源管理""家务管理""子女管理""医院管理""学校管理""幼儿园管理""餐饮管理""交通管理""高速公路管理""庭院管理""行为管理""语言管理"……等等，需要者人手一册，对于管理者与被管理者，无不称便。

譬如许多住公寓，却不了解有关道德与艺术，痛苦不堪，邻居也受害匪浅，假若各家自看"公寓管理"，既不伤人，又能自安，实在是促进个人安宁与公共安宁的有效途径。

2. 大题小做：题目大的，如管理哲学，不妨予以小做，因为大家一听到哲学，便觉得玄之又玄，高不可攀，尤其中国哲学，望文不知其义，更是无从读起。我们何不试用普通的语言来解说这些艰深的哲理？相信真理原本是平易近人的，少数人看得懂真理，大多数人要跟着倒霉，不如让多数人都看得懂真理，大家都得到好处！

中国管理学术，一方面有完整的理论系统出现，一方面有具体可行的方法可循，而道德、艺术俱涵化其中，则吾土吾民，斯为现世的乐园与幸福安宁的真正中国人矣！

分类参考书目

本书所应用的参考书，都在每章中分别注出。兹再分类列出若干主要参考书籍。

一、关于哲学

《人生哲学》，黎建球著。

《人理学研究》，陈立夫著。

《中国人生哲学概要》，方东美著。

《中国人的人生观》，方东美著，冯沪祥译。

《中国哲学大纲》，罗光著。

《中国哲学史》，劳思光著。

《中国哲学史》，谢无量编著。

《中国哲学史纲要》，蒋维乔编著。

《中国哲学的特质》，牟宗三著。

《中国哲学思想论集》，熊十力，唐君毅，殷海光等著。

《中国哲学原论》，唐君毅著。

《中庸诚的哲学》，吴怡著。

《中华人文与当今世界》，唐君毅著。

《比较哲学与文化》，吴森著。

《比较哲学与文化（二）》，吴森著。

《平凡的道德观》，陈大齐著。

《生命的学问》，牟宗三著。

《生命情调的抉择——中国哲学智慧的现代意义》，刘述先著。

《先秦七大哲学家》，韦政通著。

《西洋哲学史话》，邬昆如著。

《邱有珍文集》，邱有珍著。

《科学哲学与人生》，方东美著。

《哲学大纲》，周辅成编著。

《哲学浅论》，E. Brightman 著，刘俊余译。

《哲学阶梯》，刘强著。

《哲学概论》，吴康、周世辅合著。

《哲学概论》，范锜著。

《哲学演讲录》，吴怡著。

《哲学讲话》，谢幼伟著。

《现代哲学》，李石岑著。

《智的直觉与中国哲学》，牟宗三著。

《道德的理想主义》，牟宗三著。

《诸葛亮之管理哲学与艺术》，蔡麟笔著。

二、关于中国文化

《大学新论》，赖强著。

《中西文化之比较》，吴经熊著。

《中国人文精神之发展》，唐君毅著。

《中国人的智慧》，诸桥辙次著。

《中国文化史》，柳诒征著。

《中国文化的展望》，殷海光著。

《中国文化要义》，梁漱溟著。

《中国文化概论》，韦政通著。

《中国文化与现代生活》，韦政通著。

《中国史学名著》，钱穆著。

《中国民族性研究》，项退结著。

《中国的智慧》，韦政通著。

《中国社会史》，卫聚贤著。

《中国历代思想家》。

《中国历史精神》，钱穆著。

《中国谚语论》，朱介凡著。

《中华文化十二讲》，钱穆著。

《中华文化之精神价值》，唐君毅著。

《孔学漫谈》，余家菊著。

《文化与教育》，钱穆著。

《王阳明全书》，王阳明著。

《古代中国文化与中国知识分子》，胡秋原著。

《四书集注》，朱熹著。

《四书道贯》，陈立夫著。

《民族与文化》，钱穆著。

《生活的艺术》，林语堂著。

《白沙子全集》，陈献章著。

《名家与荀子》，牟宗三著。

《老子本义》，魏源著。

《吾国与吾民》，林语堂著。

《周秦诸子概论》，高维昌著。

《孙文学说》，孙中山著。

《荀子集解》，王先谦著。

《现代化与中国的适应》，韦政通著。

《现代生活与心理卫生》，杨国枢著。

《庄子集解》，王先谦著。

《逍遥的庄子》，吴怡著。

《陆象山全集》，陆九渊著。

《智慧的老子》，张起钧著。

《蔡元培民族学论著》，蔡元培著。

《诸葛亮》，姚季农著。

《论语臆解》，陈大齐著。

《墨子闲诂》，杨家骆主编。

《墨子学案》，梁启超著。

三、关于管理

《不要把人当机器》，史莱坡著，苏修德译。

《企业的人性面》，Douglas McGregor 原著，林锦胜译。

《企业组织与管理》，任维均编著。

《行为科学中的新概念》，徐道邻著。

《行为科学导论》，黄森松译。

《行为管理学》，Hersey, Blanchard 原著，王琼玲译。

《怎样改善人际关系》，朱秉欣著。

《美国人的挑战》，J. J. Servan-Schreiber 原著，林锦胜、何清钦合译。

《现代管理科学》，朱承武著。

《干部及领导者的文化修养》，Joseph Basile 原著，徐锡廉、何清钦合译。

《经营法则集》，上野一郎著，何清钦译。

《群策群力学》，川喜田二郎原著，邱庆彰、林彻、洪小乔合译。

《实用管理学》，Palmer J. Kalsem 原著，杜武志译。

《管理心理学》，Harold J. Leavitt 原著，刘君业译。

《管理行为》，雷动天著。

《管理的技术》，谢正一译。

《管理的艺术》，Ordway Tead 原著，钟振华译。

《管理新论》，谢长宏著。

《管理新论》，龚平邦著。

《管理精论》，H . Koontz，C. O'Donnell 原著，林柏梧等译，潘志甲校订中文版。

《管理学》，Peter F. Drucker 原著，侯家驹校订中文版。

《管理学概论》，施俊文编著。

《说服——行为科学实例》，Marvin Carlins，Herbert Abelson 原著，游建泰译。

《丰田式生产管理》，大野耐一原著，黄明祥译。

Albers，H. H.：*Principles of Organization and Management.*

Anderson，H. W.：*Management Responsibility for Discipline.*

Bayliss，W. H.：*Management by SCROMPE.*

Brown，J. D.：*The Human Nature of Organization.*

Cribbin，J. J.：*Effective Managerial Leadership.*

Davis，Keith：*The Dynamics of Organizational Behavior.*

Davis，Keith：*Human Relations at Work.*

Drucker，Peter F.：*The Practice of Management.*

George，Jr.，C. S.：*The History of Management Thought.*

Gellerman，S. W.：*Management by Motivation.*

Haire，M.：*Psychology in Management.*

Koontz, H. & O'Donnell，C.：*Principle of Management.*

Koontz，H.：*Toward A Unified Theory of Management.*

Likert, R. L. : *New Pattern of Management.*

Likert, R. L. : *Motivational Approach to Management Development.*

Maslow, A. : *Motivation and Personality.*

Mayo, E. : *Human Problems of an Industrial Civilization.*

McGregor, D. : *The Human Side of Enterprise.*

Mee, J. F. : *Management Thought in a Dynamics Economy.*

O'Donnell, C. : *The Source of Managerial Authority.*

Roethlisberger, F. G. : *Management and Morale.*

Schleh, E. C. : *Management by Results.*

Tead, O. : *The Art of Administration.*

This, L. E. : *The Leader Looks at Communication.*

中国

哲学

管理